Martin Klapheck

Lebe Deinen Beat

Martin Klapheck

LEBE DEINEN BEAT

Anstiftung zur kreativen Verrücktheit

Bildrechte Autorenfoto: Martin Klapheck
Bildrechte Umschlag: Fotograf Stephan Pick

Der Verlag und sein Autor sind für Reaktionen, Hinweise oder Meinungen dankbar. Bitte wenden Sie sich diesbezüglich an verlag@goldegg-verlag.com.

Der Goldegg Verlag achtet bei seinen Büchern und Magazinen auf nachhaltiges Produzieren. Goldegg Bücher sind umweltfreundlich produziert und orientieren sich in Materialien, Herstellungsorten, Arbeitsbedingungen und Produktionsformen an den Bedürfnissen von Gesellschaft und Umwelt.

ISBN Print: 978-3-903090-46-0
ISBN E-Book: 978-3-903090-47-7

Friedrichstraße 191 • D-10117 Berlin
Telefon: +49 800 505 43 76-0

Goldegg Verlag GmbH, Österreich
Mommsengasse 4/2 • A-1040 Wien
Telefon: +43 1 505 43 76-0

E-Mail: office@goldegg-verlag.com
www.goldegg-verlag.com

Layout, Satz und Herstellung: Goldegg Verlag GmbH, Wien
Druck und Bindung: CPI books GmbH, Leck

Für meine Eltern Margot und Ludwig Klapheck,
die mich zu Freiheit und Vielfalt im Denken und
Handeln erzogen und ermuntert haben.

Lebe Deinen Beat

Geleitwort von René Borbonus

Von Musik kann man ja eigentlich nicht leben. Jedenfalls, wenn man nicht gerade Lang Lang ist oder die Stones oder Adele. Martin Klapheck tut es trotzdem, und dabei ist er nicht einmal hauptberuflich Musiker. Vielmehr nutzt er die Musik, um seine Botschaft von einem erfolgreichen Leben nach eigenen Regeln an den Mann und die Frau zu bringen: Als Vortragsredner hat er mit seinen ‚Piano-Referaten' ein ganz eigenes rhetorisches Genre erfunden. Oder ein musikalisches, je nach Sichtweise. Das muss man erst mal hinkriegen.

Eigentlich hätte das schon gereicht, um mich für dieses Buch zu gewinnen. Denn Martin Klaphecks eigenes Beispiel scheint die These zu untermauern: Wenn wir unseren eigenen Beat leben, im übertragenen und im Wortsinn, scheint das dem Erfolg durchaus zuträglich zu sein. Und wenn man sich schon einem so vielfach bespielten Motiv widmet wie dem Erfolg, warum dann nicht so, dass es Spaß macht – mit Musik? Die Ekstase und die Euphorie, der Schwung und der Rhythmus der Musik: Das sind genau die Elemente, die laut dem Autor dieses Buches auch dem Leben den richtigen Groove geben. Es hat nur ein paar Takte gedauert, bis ich überzeugt war. Ohne den folgenden Seiten – und Tönen – vorgreifen zu wollen: Musik ist hier wortwörtlich drin.

Bei aller Energie des Autors, die aus den Seiten quillt, ist dies jedoch auch ein geradezu meditatives Buch. Wie die Musik und das Leben bezieht es seinen Reiz aus dem anregenden Wechsel zwischen Anspannung und Entspannung. Martin Klapheck holt weit aus und setzt seine Erfolgsprinzipien auf eine breite Basis aus Menschenkenntnis, Lebenserfahrung und musikalischen Geschichten. Gemeinsam mit uns, den Lesern, ergründet er die Lebensmotive, die wir alle aus unserer Jugendzeit auf die Lebensreise mitgenommen haben – und was daraus geworden ist. Er beleuchtet das hemmende Korsett des Alltags auf seine zahlreichen Erfolgsfallen. Und er schaut zwischen die Zeilen von Musikerbiografien, um deren Erfolgsgeheimnisse zu ergründen: Was haben diese Menschen anders gemacht? Welcher Antrieb hat bei ihnen das Unmögliche möglich gemacht: von einer vermeintlich brotlosen Leidenschaft leben, ja sogar reich und berühmt werden zu können?

Man muss keineswegs Musikkenner sein, um dieses Buch zu genießen. Wer sich auf die feinsinnige, gründliche Tiefenreflexion einlässt, wird mit vielen (Selbst-) Erkenntnissen belohnt. Viele mentale und auch handlungspraktische Schritte zum Erfolg erschließen sich in dieser musikalischen Variation auf das Thema auf ganz neue Weise. Von der Zielsetzung über das Brainstorming bis zur Umsetzung ist hier alles enthalten. Der Nutzwert ist erfrischend anders verpackt als in vergleichbaren Büchern, nämlich in eine wissensreiche und sehr melodische Lebensbetrachtung. Auch subtile Tritte in den Allerwertesten fehlen nicht, den großen Zielen im Leben nicht abtrünnig zu werden. Martin Klaphecks Erfolgstheorie ist konsequent, ausgewogen und voller Spielfreude.

Musik ab – kommen Sie gut an!

René Borbonus

Inhaltsverzeichnis

Intro

Vielleicht stehen Sie beruflich gut da, haben Karriere gemacht und von außen betrachtet ist alles gut in Ihrem Leben. Aber Sie spüren, dass etwas nicht stimmt, dass Ihnen etwas fehlt. Möglicherweise haben Sie zu wenig Zeit, um das Leben jenseits der Arbeit zu genießen.

Vielleicht haben Sie Ihre Jugendträume den Zwängen und Erfordernissen des »normalen« bürgerlichen Lebens geopfert.

Oder Sie haben einen Beruf gewählt, der vermeintliche Sicherheit versprach, der aber mit Ihren Träumen und Talenten rein gar nichts zu tun hat.

Möglicherweise üben Sie zwar einen Beruf aus, der im Großen und Ganzen okay ist, aber mit dem Sie wenig verdienen, und Sie glauben, dass das eben normal sei.

Vielleicht spüren Sie Ihre kreative Verrücktheit nicht mehr, weil sie von den Routinen des Alltags verschüttet wurde. Oder Sie schaffen es nicht, in dem ganz normalen Wahnsinn des Alltags Raum für Schwung und Abenteuer zu finden.

Oder Sie sind zwar Ihrer Leidenschaft gefolgt und leben und arbeiten als Künstler, aber Ihr Geld reicht vorn und hinten nicht.

Möglicherweise haben Sie Ihre eigenen Interessen und Wünsche zu oft fremden Vorstellungen untergeordnet – sich zu oft angepasst – und leben nicht mehr Ihr Leben, weil »man« das eben so macht.

Oder Sie haben sich den Wunsch nach einer Familie mit Kindern erfüllt und fragen sich jetzt: War das alles – soll's das schon gewesen sein?

Holen Sie sich alles zurück – ja, das geht. Und dieses

Buch inspiriert Sie dazu und hilft Ihnen dabei. Möglicherweise haben Sie schon mehrere Bücher zu diesem Thema gelesen, ohne dass sich der erwünschte Erfolg eingestellt hat. Dann habe ich eine gute Nachricht für Sie: Ich gehe mit diesem Buch einen neuen, ungewöhnlichen, aber vielversprechenden Weg. Denn in diesem Buch ist so richtig Musik drin.

Ach, wie oft bin ich durch die Buchhandlungen der Republik gestromert. Vergeblich habe ich nach einem Titel gesucht, der den Schwung von Rhythmen, Tönen und Musik nutzt, um zu kurz Gekommenes aufzuspüren und Gestaltungskraft zu mobilisieren. Ein Buch, das die Magie von Musik aufgreift und überträgt. Ein Buch, das das Leben leichter macht. Etwas, das dem Leben die Schwere und Ernsthaftigkeit nimmt. Etwas, das wie eine Erektionsstörung für den erhobenen Zeigefinger ist.

Fündig geworden bin ich nie. Da habe ich dieses Buch eben selbst verfasst.

»Lebe Deinen Beat« bedient sich so häufig wie möglich an Beispielen aus der Musikwelt, außerdem gibt es am Ende eines jeden Kapitels ein für Sie von mir komponiertes und gespieltes Musikbeispiel. Ein Musikbeispiel, das Sie beim Erreichen Ihres Weges unterstützt.

Übrigens, um gleich möglichen Missverständnissen vorzubeugen: Dieses Buch setzt keinerlei musikalische Grundkenntnisse voraus. Auch ist dieses Buch trotz aller Inspiration zur Veränderung kein Arbeitsbuch. Ich habe es so geschrieben, dass Sie es auch im Urlaub, z.B. im Liegestuhl, mit viel Vergnügen lesen können.

Und welche Rolle spielt die Musik in diesem Buch denn nun genau?
Eine ganz bestimmt nicht: nur gefällig dudelndes, akustisches Dekor zu sein. Musik kann so viel mehr. Musik ist eine kraftvolle und universelle Sprache. Sie kennt keine Hierarchien und keine Befindlichkeiten. Sie ist zugänglich

für jedes Alter und für jedes Geschlecht. In der Musik stecken Ausdauer, Emotionen, Mut und Leidenschaft.

Denken Sie nur daran, wie Sie Musik beim Sport pushen kann. Oder an das Gefühl, das sich bei Ihnen einstellt, wenn Sie die Augen schließen und die Musik noch einmal hören, die Sie gehört haben, als Sie Ihrer großen Liebe näherkamen. Vielleicht war es ein erster Tanz oder die erste Berührung, bei der ein bestimmtes Musikstück lief.

Musik hilft sich zu erinnern, verstärkt, richtet aus und aktiviert. Und deshalb nehme ich die Beispiele aus der Welt der Musik und derer, die uns diese Musik schenken, als Vehikel, um Ihnen Grundlagen, Zusammenhänge und Schlussfolgerungen »anhörlich« zu machen.

Früher ging es mir wie wahrscheinlich den meisten Menschen: Alle hatten wir in unserer Jugend große Träume, alle wollten wir etwas aus unserem Leben machen. Aber nur die wenigsten haben es wirklich geschafft, ihre herzklopferregenden Zukunftsvisionen als Erwachsene wahr werden zu lassen. Was ist aus all diesen spannenden Kopf-Abenteuern geworden? Was wurde aus den Berufswünschen, die Sie mal gehegt haben? Haben Sie wirklich Ihre Talente voll entfalten können?

Wahrscheinlich nicht, stimmt‘s? Verdammter Alltag aber auch! All diese Routinen, Dauerschleifen und Wiederholungen! Dieser Schraubstock aus zu vielen Pflichten und zu wenigen Freuden lässt unsere Träume schmelzen wie einen Schneemann in der Sonne. Und das so lange, bis sogar die Pfütze aus Schmelzwasser verdunstet ist.

Das vielleicht Schlimmste an dieser Entwicklung ist, dass diese Erosion an Lebensfreude uns als unaufhaltsamer, ja sogar notwendiger Prozess schöngeredet wird. Dass man an diesem »Ernst des Lebens« eben nichts ändern könne. Dass das nun mal so sei.

»Stuss!«, rufe ich dazwischen. »Das stimmt nicht! Ich selbst bin das beste Gegenbeispiel!«

Lassen Sie sich anrühren, berühren, verführen! Ihre großen Wünsche von einst darben als fast vergessenes, laues Glimmen? Wäre es nicht klasse, wenn daraus wieder ein hell und heiß prasselndes, inneres Feuer auflodern würde? Indem Sie sich zu diesen verschütteten Wünschen zurückspüren, wird eine Sehnsucht geweckt, die Ihrer Gestaltungskraft völlig neue Flügel verleihen wird. In Jumbojet-Größe. Darüber werden Sie ins Handeln kommen und Ihre Wünsche Schritt für Schritt umsetzen.

Lösen Sie sich von fremden Vorstellungen, den kleinen Schwestern der Fremd-Bestimmung. Geben Sie lieber Ihren eigenen Sehnsüchten nach. Sie werden überrascht sein, wie groß der Gewinn an Energie und Lebensfreude für Sie sein wird.

Zu sich selbst und seinen eigenen Wünschen zu stehen, ist schon schwer genug. Die eigenen Wünsche wahrwerden zu lassen, noch schwerer. Zum Glück gibt es dafür so etwas wie Spielregeln. Und auch, wenn manche Veränderung am Anfang schwerfällt – so ist es erfreulicherweise so, dass bereits kleine Veränderungen große Wirkungen haben. Ein kleines bisschen Mut zum Alltagsabenteuer, ein wenig Spontaneität führt schon zu einem neuen Weg. Und einen neuen Weg zu gehen, kann einen Heidenspaß machen.

Ich will Sie mit Erfolgsgeschichten von Musikern inspirieren. Freuen Sie sich auf Anekdoten von und über Instrumental-Virtuosen, Mikrofon-Dompteuren und Tonschöpfern.

Sind Musiker bessere Menschen? Sicher nicht – aber sie verfügen über eine niemals versiegende Kraftquelle. Profitieren Sie von dieser Kraftquelle! Denn auch die Stars der Musikszene mussten sich häufig durch schier ausweglose Situationen beißen.

Popsänger Stevie Wonder ist blind; Komponist Ludwig van Beethoven war taub; der Jazzpianist Michel Petrucciani litt an der Glasknochenkrankheit; die Mitglieder der Punkband »Sex Pistols« waren schon mit dem bloßen Einstöpseln ihrer E-Gitarren heillos überfordert – und dennoch haben sie der Musikwelt jeweils ihre ganz eigenen Stempel aufgedrückt und sind ungewöhnliche Wege gegangen. Wege, die niemand für möglich gehalten hat. Wege, die entweder die Lage dieser Menschen entscheidend verbessert oder sie auf eine andere Art und Weise zum Erfolg geführt haben.

Jede dieser Anekdoten wird Ihnen Mut machen. Lassen Sie sich von großen und auch weniger großen Gestalten der Musikgeschichte zeigen, dass es – um es mit der französischen Schauspiellegende Brigitte Bardot zu sagen – »im Leben immer irgendwie weitergeht«. Sogar wenn die Umstände dagegensprechen.

Wir Menschen sind von Natur aus Wissens-Riesen, aber Taten-Zwerge. Sie wollen das ändern? Sie wollen wachsen? Dazu brauchen Sie manchmal einen Tritt in den verlängerten Rücken. Einen Anschubser halt. Und in welchem Anschubser ist wohl »mehr Musik drin« als – ja, als in der Musik eben?

Musik ist der Energieriegel für die Seele. Musik lässt Sie spüren, was in Ihnen steckt. Musik verwandelt Sie vom armen Hund zum tollen Hecht. Musik schafft Klarheit im Kopf. Musik stärkt Ihr Selbstbewusstsein.

Deshalb unterstütze ich Sie am Ende eines jeden Kapitels durch Musik: Eigenkompositionen, die ich am Piano für Sie spiele. Diese Musik wird Sie dabei unterstützen, Ihren Weg zu finden und erfolgreich zu gehen.

Scannen Sie mit Ihrem Smartphone oder Tablet einfach den QR-Code am Kapitelende ein – schon gelangen Sie zu den Musikbeispielen. Natürlich können Sie die Internetadresse auch von Hand eintippen. Wenn Ihnen die Stücke gefallen, freue ich mich, wenn Sie diese in Ihren Netzwerken teilen.

Dass auch meine eigene Geschichte in dieses Buch einfließt, hat einen guten Grund …

Sie ist ein gelebtes Beispiel, wie lohnenswert es ist, mutig aus eingefahrenen Gleisen auszubrechen und etwas ganz, ganz Neues zu probieren. Interessiert?

Vor meinem heutigen Leben verdiente ich meine Brötchen mit einem ganz gewöhnlichen Job – ich war Bankkaufmann. Finanziell konnte ich dabei nicht klagen. Denn ich hatte eine Top-Führungsfunktion in der größten deutschen Bankengruppe inne. Aber ich hatte eben auch Routine und ein »gewöhnliches« statt »kreatives« Leben. Irgendwann spürte ich ein nagendes Unwohlsein: »Das kann es nicht gewesen sein – da steckt mehr in dir.« Und so folgte ich meiner großen Leidenschaft, der Musik. Ich verband Musik mit meinem zweiten Talent, dem motivierenden Einsatz von Sprache und Rhetorik. Ich schuf das Piano-Referat. Seitdem ist es ein großes Glück für mich, andere Menschen zu inspirieren, ebenfalls mehr aus ihrem Leben zu machen.

Ob ich diesen Schritt jemals bereut habe? Nein, niemals. Weshalb nicht? Alles, aber wirklich alles in meinem Leben hat sich enorm verbessert: Ich bin freier, glücklicher, kreativer und finanziell erfolgreicher als zuvor. Mein Leben ist vielfältiger und aufregender geworden.

Das zu der weit verbreiteten Volksmeinung »Von Musik kann man nicht leben«.

Egal, ob meine Geschichte Ihnen jetzt schon Mut macht oder nicht – ich rufe Ihnen zu: Das können Sie auch! Nur zu! Wobei Ihre Leidenschaft ja keineswegs die Musik sein muss. Hauptsache, Sie lassen sich ein auf die glutvolle Liebesbeziehung zu Ihrem wahren Wesen. Unabhängig davon, in welchem Ofen das Feuer Ihrer Leidenschaft brennen soll.

»Lebe Deinen Beat« macht
Lust auf mehr Leben.

Es inspiriert, es macht Mut, es gibt Kraft, es unterhält, es amüsiert und es liefert Ihnen Unmengen von jenem Stoff, der Ihr Leben besser macht: MUSIK.

Ich wünsche Ihnen viel Spaß beim Lesen, Staunen und Hören. Und gebe gleich mal das Startkommando: Lebe deinen Beat!

KAPITEL 1
Immer nur Standards spielen? Die Gewöhnlichkeitsfalle

»Das Gewöhnliche gibt der Welt ihren Bestand, das Außergewöhnliche ihren Wert«, hat schon Oscar Wilde treffend festgestellt.

Sie und ich, wir brauchen für gewöhnlich beides, um wahre Lebensqualität zu genießen: den gewöhnlichen, bisweilen langweiligen, aber Halt gebenden Tagesablauf ebenso wie die außergewöhnlichen, glücklich machenden, erfrischenden Highlights, die kreativen Verrücktheiten.

Das können aufregende Reisen in fremde Regionen sein, ein Gleitschirmflug, ein Sprung ins Meer von einer Klippe, mit einem Katamaran übers Wasser zu gleiten oder einmal DJ zu sein und Musik aufzulegen, ein Spaziergang barfuß über nasses Gras, durch Schlammpfützen zu springen oder die Füße in einen Bach zu legen und die Sonne im Gesicht zu spüren.

Das Fatale an der Gewöhnlichkeit ist nicht deren Existenz. Nein, die Gewöhnlichkeit wird zur Gewöhnlichkeitsfalle und schnappt zu, wenn das Ausmaß an Gewöhnlichkeit in unserem Leben ständig und unbemerkt steigt, bis ein Übermaß erreicht ist.

Zu viel ist eben zu viel. Das gilt für beide Pole, fürs Gewöhnliche ebenso wie fürs Ungewöhnliche. Sobald einer davon zu lange das Leben beherrscht und bestimmt, sehnt sich jeder Mensch nach dem Gegenpol. Denn die Dosis macht das Gift.

Die Musik liefert uns dazu schlagende Argumente. Wortwörtlich. Es geht um das Schlagzeug, genau genommen um Schlagzeug-Soli. Ein Schlagzeug-Solo verleiht einem Konzert oft erst die richtige Würze. Wenn der Mensch an den Drums im Laufe so eines Gigs zeigen kann, dass er handwerklich so richtig was draufhat – dann flippen die Zuhörer meist aus vor Begeisterung. Super! Klasse! Das fetzt! Eine Solo-Minute, zwei, drei ... all das ist toll. Drischt der Drummer nach 200 Sekunden allerdings immer noch als One-Man-Show selbstverliebt auf die Felle ein, wird's langsam, aber sicher unschön. Dann driftet das ungewöhnlich Faszinierende in nervende Gewöhnlichkeit ab. Das ist dann des Guten zu viel.

Apropos ungewöhnlich Faszinierendes: Wie viel Spirit und Swing weist Ihr Leben im Moment auf?

Womit wir beim Allerwichtigsten angekommen wären – bei Ihrem Leben. Bei Ihren Träumen, Wünschen, Zielen und Erwartungen. Um die geht es schließlich hier.

Und? Stimmt in Ihrem Leben das Mischungsverhältnis von gewöhnlichen und ungewöhnlichen Ereignissen? Wie steht es um Ihre persönliche Balance zwischen Normalität und Besonderem?

Fraglos sind Sie als Mensch etwas Besonderes, etwas Einmaliges. Aber spüren Sie das auch? Leben Sie entsprechend? Oder stecken Sie gerade in einer mentalen Fallgrube fest?

Leben Sie Ihr Leben gerade in dem richtigen Groove?

Groove ist schwerer zu beschreiben, als zu fühlen. Ich versuche es dennoch. Groove ist die einem Musikstück innewohnende Rhythmusfigur, die den Charakter des Stückes entscheidend prägt. Groove entscheidet in besonderem Maße, welches Gefühl Musik in Ihnen auslöst. Groove begeistert und aktiviert. Wenn Sie bei einem Stück nicht ruhig sitzen bleiben können und es Sie auf die Tanzfläche zieht, ist meist der Groove dafür verantwortlich. Wissen Sie, was ich meine?

Die Gewöhnlichkeitsfalle hingegen ist ein trauriger Ort. Denn sie ist völlig frei von Begeisterung und inspirierender Aktivität, also frei von Groove. Diese Mentalturbos aber sind ungeheuer wichtig für Ihr Leben. Sie bilden das Treibmittel, das aus rohem, ungenießbarem Teig erst einen leckeren Kuchen macht. Sie sind das Düngemittel, das aus zarten Pflänzchen gewaltige Erfolge erwachsen lässt. Sie sind der Spirit in Ihrem Leben.

Hand aufs Herz: Gehen Sie das, was Sie im Leben schaffen wollen, mit dem richtigen Groove an? Halten sich Spaß und pralle Lebensfreude zumindest die Waage mit den unvermeidbaren Widrigkeiten, die der Lauf des Lebens für uns alle bereithält?

Oder lassen Sie sich von gerade diesen Widrigkeiten derart unterdrücken, dass in Ihrem Leben kaum noch etwas Aufregendes passiert; erst recht nichts, das Sie in Ekstase versetzt oder gar zum Jubeln bringt?

Wenn Sie bei dem letztgenannten Satz einen Haken setzen müssen, dann zappeln Sie in dem, was ich »die Gewöhnlichkeitsfalle« nenne. Sie können es auch ein »geducktes Leben« nennen.

Der größte Teil dieses Buches widmet sich den Antworten auf die Frage, wie Sie dieser Gewöhnlichkeitsfalle entkommen können. Wie Sie, um im Bild zu bleiben, von Frust und Ärger umschalten können auf Fröhlichkeit und Zuversicht, musikalisch betrachtet von Moll zu Dur. Und das möglichst oft in Ihrem Leben.

Dieses Buch wird Sie dazu bringen, aus Ihrem Leben immer häufiger das Gegenteil von Gewöhnlichem zu machen. Es stiftet Sie zu kreativen Verrücktheiten an. Also dazu, etwas für Sie Besonderes zu kreieren. Wobei das Besondere, ähnlich wie die Schönheit, stets im Auge des Betrachters liegt. Was für andere vielleicht kaum der Rede wert ist, kann für Sie ein bahnbrechender Meilenstein sein. Beispielsweise einfach mal nur dazusitzen und gar nichts zu tun, egal wie lang. Sie, der Sie gerade diese Zeilen lesen, sind der alleinige Maßstab dafür, was gut ist und was nicht.

Lassen Sie sich niemals von anderen vorschreiben, was Sie in Ihrem Leben erreichen müssen, damit es das Prädikat »besonders« verdient. Pfeifen Sie auf gesellschaftliche Konventionen, familiäre Erwartungen, Political Correctness und wie die unsichtbaren Fäden sonst noch alle heißen mögen, an denen wir Menschen wie Marionetten häufig geführt werden. Zerschneiden Sie diese Fäden und gehen Sie Ihren eigenen Weg. Leben Sie Ihren Beat. Dieses Buch wird Ihnen dabei helfen.

Etwas Überragendes und Beständiges, etwas von Bedeutung zu schaffen – das ist keine Frage des kulturellen Genres, der Umstände, der Schulbildung, der Erbanlagen oder des Milieus, in dem Sie aufgewachsen sind. Umgekehrt wird ein Schuh daraus: Egal, wo Sie in Ihrem Leben gerade stehen, ob Sie im Moment erfolgreicher Unternehmer sind oder Pizza-Bote – Sie haben jetzt, in dieser Minute, in diesem Augenblick die Chance, der Gewöhnlichkeitsfalle zu entkommen und Ihr Leben mit mehr Bedeutung aufzuladen. Und mehr Bedeutung – das bringt auch mehr Lebensfreude mit sich. Und mehr Spaß. Das werde ich Ihnen noch beweisen.

Wie heißt es doch so treffend im Neuen Testament – sinngemäß? Wenn Ihr nicht werdet wie die Kinder, dann wird das nichts mit dem Himmelreich. Wobei Sie sich ein Stück vom Himmel schon zu irdischen Lebzeiten gönnen sollten. Also …

Zurück auf Anfang: Werden Sie wieder zum Kind!

Mal ehrlich, wann haben Sie zuletzt in der Dachkammer Ihrer Kindheitserinnerungen gestöbert? Das kann aufregend sein, aber auch beängstigend, vielleicht sogar niederschmetternd. Denn es dürfte Ihnen Mut und Größe abverlangen, Ihre aktuelle Lebenssituation offen und ehrlich im Licht Ihrer Kindheitsträume zu betrachten.

Sind Sie bereit dazu?

Worin konnten Sie sich als Kind völlig verlieren, die Zeit vergessen? Wovon konnten Sie nicht genug bekommen? Was hatten Sie für große Pläne und Träume? Wie haben Sie sich Ihr Leben vorgestellt?

Vielleicht haben Sie in Ihren Träumen ja die ganze Welt bereist. Erinnern Sie sich noch an Ihren Reiseführer von damals? Haben Sie etwa mit großen Augen »Lederstrumpf« von James F. Cooper verschlungen und sich geschworen: »Ja, eines Tages, da wandelst du selbst mal auf den Spuren von Trappern und Indianern!«

Zugegeben, Trapper und Indianer gehören nicht nur im Siebengebirge zu den eher aussterbenden Berufsgruppen. Aber die große, weite Welt bietet immer noch Platz genug für jede Menge handfester Abenteuer: Beispielsweise warten allein im brasilianischen Regenwald, entlang des Amazonas, rund einhundert bislang noch »wilde«, völlig unbekannte und ziemlich gefährliche Indio-Stämme darauf, von Ihnen entdeckt zu werden. Inklusive Beschuss mit Pfeil und Bogen.

Gut möglich, dass Ihre Kindheitshelden Pippi Langstrumpf, Tarzan und Winnetou hießen. Oder Sie haben im Fernsehen mit Wicki mitgefiebert. Oder sich jeden Samstagabend durch Daktari darin bestätigt gefühlt, dass als Tierarzt in Afrika an schielenden Löwen herumzudoktern der megacoolste Beruf auf Erden sein muss.

Was ist aus all diesen Träumen geworden?

Oder zaubert die Erinnerung an den französischen Comic-Autorennfahrer Michel Vaillant ein Lächeln auf Ihr Gesicht? Ganze Generationen von Jugendlichen mit Benzin im Blut sind mit ihm die Asphaltpisten dieser Welt entlanggebrettert. Wer oder was hat Sie eigentlich davon abgehalten, es dieser Figur gleichzutun?

Halten Sie diese Rückschau auf die Leichen im Keller Ihrer Kindheitsträume noch aus? Wie dem auch sei: Da müssen Sie jetzt durch.

Vielleicht haben Sie sich vor dem schleichenden Tod Ihrer Träume als reisenden Abenteurer gesehen, der eins mit der Natur ist und staunend mit offenem Mund vor den atemberaubenden Naturwundern dieser Welt steht. Vielleicht als Schriftsteller, der auf der Terrasse seines Hauses auf Sardinien an seinem neuen Buch schreibt, während sein Blick über die fantastischen Spiegelungen streift, die die Herbstsonne auf die sich sanft bewegenden Wellen zeichnet. Und deren Anblick sein Herz hüpfen lässt.

Und jetzt schauen Sie sich Ihr Leben heute an. Wo stehen Sie? Womit verbringen Sie den größten Teil des Tages? Was ist aus Ihren Träumen geworden? Aus Ihren großen Plänen? Sind Sie glücklich? Wie oft spüren Sie elektrisierende Vorfreude?

Kennen Sie das Gefühl, dass Sie sich auf etwas dermaßen freuen, dass Sie eine Gänsehaut haben – dass Sie sich buchstäblich freuen wie ein Kind auf Weihnachten?

Oder wann hat es zuletzt in Ihnen gebebt, dieses Gefühl, das aufkommt, während Sie etwas zu 100 Prozent tun, also mit Haut und Haaren? In diesem wunderbaren Moment, in dem bei Ihnen alles im Fluss ist und den wir als »Flow« bewundern und herbeisehnen – in diesem magischen Moment greift das Leben mit vollen Händen in die Schatztruhe, um Sie so reich zu überschütten wie Goldmarie von Frau Holle. Großartig! Und Sie können dann nur noch eins hervorbringen: »Dieser Moment ist so schön, dass ich jetzt sterben könnte – ich habe alles erreicht. Ich habe das Leben in seiner intensivsten Form nicht nur geschmeckt, sondern ich war mitten in ihm. Ich selbst war dieses pure Lebensglück.«

Solch wunderbare Augenblicke kennen Sie nicht? Nicht mehr? Und das wollen Sie einfach so hinnehmen?

Und wie steht es mit dem mächtigsten aller Gefühle – der Liebe? Gibt es Menschen, die Sie lieben und welche, von denen Sie geliebt werden? Wenn ja, wie viel Zeit verbringen Sie mit diesen Menschen? Und vor allen Dingen – wie verbringen Sie diese Zeit? Schauen Sie gemeinsam fern? Oder albern Sie mit Ihren Lieben in der Natur herum oder führen ein gutes Gespräch, während Sie sich gegenseitig ineinander einfühlen?

Ich wünsche Ihnen von Herzen, dass es Ihnen häufig so geht. Erfüllt und »never ending«, sozusagen. Aber gerade jetzt, wo ich in einem Café in Bad Honnef sitze und diese Zeilen schreibe, werde ich unfreiwillig Ohrenzeuge eines Gesprächs zwischen drei Frauen, die sich über Ihre Beziehungen austauschen.

»Wir kommen überwiegend gut zurecht. Wir versuchen auch immer viel gemeinsam zu unternehmen. Ich habe gar nichts gegen ihn, als Team funktionieren wir oft gut.«

Ehrlich, ich dachte zunächst, dass sich diese drei Damen über Arbeitskollegen oder den Müllmann austauschen. So kalt und gefühllos redete diese Frau von ihrem »Liebes?-Partner«. Zugegeben, so etwas wie Teamwork mag ein nützliches Brettchen einer »Beziehungskiste« sein. Aber wenn eine Beziehung nur noch auf solche Späne reduziert wird, ist vom spannenden Spirit einer innigen Verbindung zwischen zwei Menschen nicht mehr allzu viel übrig.

Wenn ich solche Gesprächsfetzen aufschnappe, stimmt mich das sehr traurig. Die Liebe, neben der Musik eines der schönsten Dinge im Leben, ist zur Funktionsgemeinschaft verkümmert. Das ist meist nur zu ertragen, wenn die emotionale Messlatte immer tiefer gehängt wird, bis sie im Schlamm versinkt.

Je tiefer Sie die Messlatte haben rutschen lassen, desto intensiver bestimmen Standards und Routine Ihr Leben. Aus dieser Falle müssen Sie raus.

Um mein Anliegen mit einem Begriff aus dem Jazz auf den Punkt zu bringen: Spielen Sie weniger Standards, und holen Sie sich hier die Inspiration zu mehr Groove und Improvisation.

Jazz? Standards?

Gut, ich sehe ein, dass meine Leserschaft nicht nur aus versierten Jazz-Kennern besteht. Ist ja keine Schande.

Sie sollten wissen, dass unter Jazz-Musikern eine Notensammlung kursiert, die es als »Real Book« zu, sagen wir mal, berüchtigter Berühmtheit gebracht hat. Dieses Real Book enthält die bekanntesten Jazzstücke wie »Summertime«, »The Girl from Ipanema« oder »Autumn Leaves«. Allerdings nicht als straffgezurrtes kompositorisches Korsett; die Melodie wird lediglich in ihren Grundzügen locker skizziert. Bereichert wird dieses flaumige musikalische Aquarell nur noch durch die Symbole für die Akkorde, also etwa C, C-7 oder Eb7.

Wozu das Ganze? Diese so genannten Standards sollen Jazzmusikern eine Basis liefern, auf der sie sofort miteinander musizieren können – ohne langwierige Abstimmung und tagelange Proben. Mit dem Blick ins Real Book können sie fast aus dem Stand heraus loslegen.

Da das Real Book nur die Rohfassung eines Jazzstücks vorgibt, liegt es an den Musikern selbst, ob und wie sie diese Standards abwandeln und ausschmücken. Sie kennen das Prinzip bestimmt aus dem Reich der Kochkunst: Sie können ein Grundrezept aus dem Schulkochbuch zubereiten – und sich anschließend ganz nach Ihrem Geschmack für zusätzliche Gewürze, Saucen und andere Beigaben entscheiden. Und es sind ja gerade diese Zugaben, die den Unterschied ausmachen. Die das Gewöhnliche zur Besonderheit erheben.

So auch im Jazz: Das Real Book liefert die Grundlage, die Brot-und-Butter-Melodie. Aus der die wahren, hoch kreativen Jazz-Cracks etwas zaubern, das durch markante Eigenständigkeit besticht und kreativ verrückt ist. Was nicht selten so weit geht, dass die Grenzen des Genres namens Jazz gesprengt, Stilelemente gemischt und völlig neue musikalische Terrains betreten werden. Und wie es Neuland nun mal so an sich hat: Wenn Sie solchen Meistern zuhören, können Sie sich auf Jazzstücke freuen, deren musikalischer Ursprung aus dem Real Book kaum noch zu erkennen ist. Auf Unerhörtes im besten Sinne des Wortes eben.

Und wenn keine Könner aufspielen? Dann leider nicht. Wenn die Instrumente von Jazzmusikern in die Hand genommen werden, die in einer musikalischen Gewöhnlichkeitsfalle stecken, klingen die Standards aus dem Real Book wirklich so, wie es ihr Name vermuten lässt: standardisiert und gewöhnlich. Und für gewöhnlich schalten die Zuhörer dann recht schnell ab. Oder sie geben sich einer Unterhaltung oder dem Small Talk hin, während die Durchschnitts-Jazzer die triviale Hintergrundbeschallung übernehmen.

Ich habe das Beispiel dieser Jazz-Standards nicht ohne Grund gewählt. Denn so, wie auch Jazzmusiker zumindest einen kleinen Vorrat an Vorgaben und Routinen brauchen, damit sie überhaupt erfolgreich »in die Gänge kommen« können, so kommen Menschen generell im täglichen Zusammenleben nicht völlig ohne »Standards« aus. Gemeinhin nennt man diese Standards dann »geregelter Tagesablauf«, »geregeltes Einkommen« usw.

Was gegen einen geregelten Tagesablauf einzuwenden ist, fragen Sie? Nichts, sage ich. Jedenfalls so lange nicht, wie er Sie unterstützt – und nicht einengt.

Doch genau da liegt der Knackpunkt. Bis zu welchem Maß helfen uns Termine, Erwartungen und Absprachen, unserem Leben eine Struktur zu geben? Und ab wann mutieren solche hilfreichen Strukturen zu unsichtbaren Kerkerzellen, deren Wände zudem von Tag zu Tag näher zusammenrücken und Ihnen jede Bewegungsfreiheit nehmen?

Die Antwort auf diese Frage ist so individuell wie wir Menschen selbst. Es gibt – glücklicherweise! – keine DIN-Norm für das Freiheitsgefühl. Freiheit regeln zu wollen – das wäre ja auch ein Widerspruch in sich.

Und obwohl der russische Dichter Fjodor Michailowitsch Dostojewski Geld, insbesondere möglichst große Mengen davon, als »gemünzte Freiheit« gelobt hat, hängt diese Freiheit nicht von Ihrem Kontostand ab. Jedenfalls nicht in erster Linie. Sogar gemeinhin beneidete Multimillionäre können sich heimlich vom Korsett der täglichen Routine eingeschnürt und schier erwürgt fühlen.

Da stellt sich doch die Frage …

Warum sind so viele von uns (vielleicht auch Sie?) mental wundgelegen, vom Schraubstock der Routinen eingezwängt und unglücklich?

Was läuft schief in all diesen Leben, die doch zumindest nach außen hin in gar nicht so seltenen Fällen alle jene Kriterien erfüllen, die man gemeinhin mit einem glücklichen, zumindest aber zufriedenen Dasein verbinden würde?

Ich sage es Ihnen: Es sind Zwänge, Abhängigkeiten, Alltäglichkeit, Vorhersehbarkeit und bleierne Routine.

Ich denke gerade an einen Studienkollegen, der Vorstandsvorsitzender einer Sparkasse ist und über Fremdbestimmung und viel zu wenig Zeit für seine Familie klagt.

Auch erinnere ich mich an ein Gespräch mit einer Mutter, deren Kinder wohlgeraten sind und deren Mann viel Geld verdient, die sich aber fragt, ob sie nicht etwas verpasst hat in ihrem Leben.

Wenn Glück seine Ursache folglich allein in rein materiellen oder »oberflächlichen« Dingen und Gegebenheiten hätte, müssten wir hierzulande allesamt vor sprühender Lebensfreude regelrecht überschäumen. Aber schon ein einziger Blick in die verbiesterten Miesepeter-Gesichter, die uns beim Gang durch eine ganz normale deutsche Fußgängerzone an einem ganz normalen Werktag über den Weg laufen, beweist unmissverständlich: Daran, an Geld und Gütern, kann es allein nicht liegen. Glück und ihre dunkle Schwester, das Unglücklichsein, dürften ihre Ursachen vielmehr in ganz anderen Bereichen haben.

Gemessen an den Idealen der Jugend sind die meisten Ü-30er allesamt wandelnde Zombies, die spätestens mit 25 Lenzen innerlich gestorben sind.

Ja, so Anfang zwanzig beginnt es wirklich – das langsame, kaum merkliche Sterben unserer kindlichen und jugendlichen Träume, Wünsche und Ziele. Tag für Tag werden sie ein Stück weit kernsaniert, unsere prachtvollen kindlichen und jugendlichen Wolkenkuckucksheime; auf grauen, emotionalen Plattenbau reduziert; zurechtgestutzt auf den Ernst des Lebens; mehr und mehr überwuchert von den ach so notwendigen, »alternativlosen« Standards unseres alltäglichen Daseins. Standards entwickeln sich mehr und mehr zu Würgepflanzen, die unserem wahren Ich, also dem, was wir von Herzen wollen, die Luft abdrehen.

Und ehe wir uns versehen, stecken wir mitten in einem Leben, das erfüllt ist von Fremdbestimmung, Fremdvorstellungen, Fremdzielen. Ohne es zu merken, übernehmen wir die erdrückenden Konventionen unserer Umwelt, stellen sie zunächst klag- und danach fraglos über unsere eigenen Wünsche – und sind innerlich irgendwann tot: eingeschnürt von Standards und Zielvorstellungen, die mit dem, was wir in jungen Jahren einmal sein wollten, so gut wie nichts mehr zu tun haben. Wie soll man da ein glückliches Leben führen können? Wie soll man da seinen Beat leben?

Vielleicht haben Sie Lust bekommen, sich ein paar Notizen zu machen: Was ist in Ihrem Leben so richtig gut gelaufen? Was haben Sie – noch – nicht umsetzen können, obwohl Sie das gern getan hätten? Nur zu: Schreiben Sie es auf. Bitte! Notieren Sie alles, wobei Sie sich pudelwohl fühlen und all das, was bei Ihnen Unzufriedenheit auslöst oder bei dem Sie sogar das unbehagliche Gefühl einer unerfüllten Sehnsucht verspüren. Lösen Sie sich dabei bitte vom Alltagstrott, von gefühlten Möglichkeiten, von Begrenzungen, die Sie innerhalb Ihrer aktuellen Lebenssituation empfinden. Anders ausgedrückt: Bringen Sie die gute Fee beim Formulieren Ihrer Wünsche nicht zum Gähnen.

Wie sieht Ihre Bilanz aus?

Wenn Sie sagen können: »Ja, es ist genauso gekommen, wie ich es mir als Kind gewünscht habe, ich bin überwiegend glücklich«, freue ich mich von ganzem Herzen für Sie. Wenn Sie aber spüren, dass in Ihnen unerfüllte Bedürfnisse schlummern, die dringend gehört und befriedigt werden wollen oder wenn Sie sich sogar fragen, wie groß der Teil Ihres Lebens ist, der tatsächlich den Namen »Leben« verdient, sollten Sie etwas verändern. Dringend.

Wie, bitte? »Überwiegend« glücklich?

Viele Menschen streben nach permanentem Glück ohne Unterbrechung. Wenn ich Glück als einen prickelnden, elektrisierenden Zustand verstehe, der das Gefühl der Zufriedenheit deutlich übersteigt, halte ich permanentes Glück für nicht erstrebenswert. Weshalb? Ganz einfach – Sie können Glück nur spüren, wenn Sie auch das Gefühl des Unglücklichseins kennen.

Sie lieben die Wärme? Dann müssen Sie vorher der Kälte ausgesetzt gewesen sein, sonst wüssten Sie die Behaglichkeit nicht so zu schätzen. Licht kann seine Wirkung nur bei Dunkelheit entfalten. Den Anblick eines Regenbogens gibt es auch nicht »umsonst«, müssen Sie dazu doch unweigerlich einen unerfreulichen Regenguss in Kauf nehmen.

Glück braucht ein Kontrastmittel, damit Sie es erkennen und wertschätzen können. Dieses Kontrastmittel muss nicht zwangsläufig gleich das krasse Gegenteil von dem sein, was Sie für sich als Glück empfinden – das Desaster also. Nein, oft reicht schon das Laue und Flaue, das Langweilige, das Gewöhnliche eben, um früher oder später die Sehnsucht nach dem nächsten Glücksmoment zu wecken. Und das ist gut so.

Das Schlimmste, was man Ihnen demnach wünschen könnte, wäre eine kontinuierliche Aneinanderreihung von Glücksmomenten. Denn Sie könnten diese Glückseligkeitskette dann gar nicht mehr als Glück wahrnehmen. Wäre dieser pausenlose Dauerritt auf Wolke Sieben dann nicht die wahre Katastrophe?

Wahrhaft glücklich sind Sie, wenn Sie aus der Gewöhnlichkeit heraus aus eigener Kraft Glücksmomente abrufen können, spontan, wann immer Ihnen danach ist. Wenn Sie ein gewisses Maß an Gewöhnlichkeit als unverzichtbare Basis für ein glückliches Leben akzeptieren, ohne dieser Gewöhnlichkeit dauerhaft in die Falle zu gehen, also außer dem Gewöhnlichen gar nichts anderes mehr vom Leben haben.

Hier geht es um Sie. Nur um Sie. Und Sie werden es gemerkt haben: Es dürfte Sie ein gewisses Maß an unbequemer Ehrlichkeit gegenüber sich selbst, ja sogar Überwindung kosten, sich darüber klar zu werden, in welchem Teil Ihres Lebens es gerade nicht zum Besten steht.

Denn natürlich haben Sie im Moment schon einige Jahre, wenn nicht gar Jahrzehnte der gesellschaftlich abgesegneten »Gehirnwäsche« hinter sich.

Wie oft haben wir schon zu hören bekommen, dass es nur diesen einen Weg zum Leben gibt und nur diese eine Methode, irgendetwas zu machen. Andere meinen, Ihnen laufend vorschreiben zu müssen, was geht und was nicht geht. Den einen sicheren Beruf statt Talentenfaltung mit Risiko. Angestellt zu sein statt selbstständig. Die feste Beziehung oder Wirtschaftsgemeinschaft statt emotionale Vielfalt. Sich an einem Ort niederzulassen, statt als Weltbürger wechselnde Wohnorte zu genießen. Einen geregelten Tagesablauf mit festen Arbeitszeiten, statt flexible Arbeits- Freizeitmodelle. Und schneller, als Sie denken, haben Sie ein Fremdbild zu Ihrem eigenen erkoren – ohne die Chance genutzt zu haben, überhaupt zu merken, dass dieses Idealbild gar nicht aus Ihrem eigenen Inneren kommt.

Hier gilt es, zu Ihren eigenen Wünschen und Motiven vorzudringen.

Sie wollen wirklich spüren, was leben für Sie bedeutet? Was Ihr Beat ist?

Dann werden Sie zum Archäologen – zum »Mental-Archäologen«. Graben Sie sich tiefer und tiefer zu Ihrem eigentlichen Wesenskern hinunter. Dieser Wesenskern ist ein wertvoller Schatz. Freuen Sie sich darauf, ihn (wieder) zu entdecken.

Dieses Buch reicht Ihnen quasi die Schaufel – graben müssen Sie allerdings schon selbst.

Ich kenne viele Menschen, die zwar nicht als Lebenskünstler durchgehen könnten, sich aber zu wahren Künstlern in der Disziplin entwickelt haben, sich von einem dauerhaften, nagenden Schmerz abzulenken: dem Schmerz einer unerfüllten Sehnsucht.

Natürlich sind Schmerzen niemals schön. Wer schon mal unter Zahnschmerzen gelitten hat, weiß, dass diese dauernde Qual zum richtigen Schritt führt: dem dringend notwendigen, aber viel zu lange herausgezögerten Gang zum Zahnarzt. Auch dieser seelische Schmerz, von dem ich eben geredet habe, bleibt nicht ohne eine gewisse Funktion. Er soll Sie dazu bringen, dass etwas Verschüttetes, Vergrabenes, Verstecktes, Verborgenes und Verkapseltes endlich nach außen dringt. So, wie eine frisch geschlüpfte Schildkröte aus dem geplatzten Ei ans Tageslicht kriecht.

Gerade eben habe ich Ihnen von den Leuten erzählt, die sich als Schmerz- und Ursachen-Verdränger durchs Leben schlagen. Ich denke gerade an ein Nachbar-Ehepaar. An dem Mann fiel mir immer auf, dass er permanent mit irgendwelchen Renovierungs- und Umbauarbeiten am Haus beschäftigt war. Jeden Tag nach Feierabend. Und jedes Wochenende. Und das über Jahre.

Als es nichts mehr zu renovieren gab, begann er, das wieder umzubauen, was er kürzlich fertiggestellt hatte. Meine Frau sagte damals bewundernd: »Guck mal, wie toll der B. alles im Haus ändert – und du holst sogar zum Wechseln einer Glühbirne einen Handwerker. Die I. (seine Frau) hat es echt gut.« Der Umfang der Arbeiten und vor allen Dingen die Unruhe dieses Renovierungsteufels schienen mir schon damals sehr suspekt. Nie habe ich beobachten können, dass er seine Werke auch genießen konnte. War eines fertiggestellt, ging es auch schon an das nächste Projekt.

Als es beim besten Willen wirklich nichts mehr um- oder anzubauen gab, kauften sich B. und I. ein neues Haus und zogen um, obwohl sie sich in dem alten Haus und der Umgebung sehr wohlfühlten. Wieder ließ es der liebe B. krachen, und die krankhafte Renoviererei ging von Neuem los. Eines Tages kam meine Frau nach Hause und sagte zu mir: »Hast du schon gehört? B. und I. trennen sich.«

Warum? Die ganze Renoviererei war eine Ablenkung davon, dass etwas sehr Gravierendes in ihrer Beziehung nicht stimmte. Und als es sogar nach dem Umzug nichts mehr zu renovieren gab, entfiel die Ablenkung. Die beiden wurden auf sich zurückverwiesen, und der Schmerz wurde schließlich unerträglich.

Lassen Sie es nicht so weit kommen. Nehmen Sie sich regelmäßig Zeit, in sich hineinzuhören und -zuspüren. Zeit, zu überprüfen, ob Sie Ihre Lebenszeit richtig einsetzen und nutzen. Zeit, zu überprüfen, ob Sie den Dingen die richtige Bedeutung beimessen. Überdenken Sie Ihre Prioritäten, und verändern Sie, was Ihnen nicht gefällt, Sie vielleicht sogar quält. Leben Sie Ihren Beat.

Warum aber begraben wir ohne große Gegenwehr so viele Träume, vor allem die aus unserer Jugend?

Die Gründe dafür möchte ich nun gemeinsam mit Ihnen betrachten.

Als Jugendlicher haben Sie sehr genau gespürt, was Ihnen gefällt und was Ihnen guttut. Jugendliche haben zwar oft noch keinen sicheren Plan für ihr Leben, ja sind sogar manchmal etwas orientierungslos vor den Eindrücken der ganzen überwältigenden Möglichkeiten. Aber sie sind auch mutig, abenteuerlustig und ungestüm. Als Jugendliche drängt es uns dazu, mit wehenden Fahnen die Welt zu erobern. Wir stürzen uns oft in Abenteuer, ohne deren Ausgang zu kennen und ohne nachzudenken. Dabei gehen wir Risiken ein, aber wir sind auch mittendrin in einem prallen, kreativen Leben.

Wir haben die Fähigkeit, uns völlig zeitvergessen hinzugeben. Zum Beispiel mit Freunden bei einem Lagerfeuer im Park abzuhängen und Musik zu hören. Und das ohne schlechtes Gewissen und ohne darüber zu nachzudenken, wie lange etwas dauert und ob es sich lohnt, diese Zeit dafür zu investieren. Ja, selbst der Gedanke des Investierens (also etwas unter Verzicht einzusetzen, das erst später Früchte trägt) ist uns fremd. Wir spüren einfach: »Das ist geil!« Und wir machen es.

Wir sind noch nicht von Erwartungen und gesellschaftlichen Normen verunreinigt wie der Golf von Mexiko nach der Explosion einer Ölbohrplattform.

Wir beschäftigen uns noch nicht mit der Frage: »Ist das gut für meine Karriere? Was ist der nächste sinnvolle berufliche Schritt, um weiterzukommen? Wie ist das Prestige von dem oder dem?« Die Frage, deren Antwort uns antreibt, lautet: »Macht das Spaß, ist das geil, geht das ab?« Niemand muss uns anstiften, verrückt zu sein.

Dann werden wir älter und erwachsener; manche sagen: »vernünftiger«. Wir übernehmen Verpflichtungen – teilweise freiwillig, teilweise unfreiwillig. Wir lassen uns auf eine berufliche Laufbahn ein. Auf einen vermeintlich sicheren Beruf, der große Zukunft hat. Auf eine Ehe oder eine andere Art von Lebensgemeinschaft. Große idealistische Träume werden uns als »Flausen« ausgetrieben. Wir werden gleichgemacht, unser Profil abgeschliffen, der Sand aus unserem Getriebe entfernt, bis alles schön glatt läuft. Wir werden nach dem Motto »Der Spatz in der Hand ist besser als die Taube auf dem Dach« unserer Träume und unseres Mutes beraubt.

Und wer hat uns das angetan? Jetzt müssen Sie ganz tapfer sein: Sie waren es selbst. Keiner wie immer gearteten »Macht«, vielleicht gar mit Hörnern, Dreizack und Pferdeschwanz, können Sie die Schuld für diese Misere in die Schuhe schieben. Nein, letzten Endes lassen wir das selbst mit uns machen.

Ja, auch Sie.

Sie hätten es – wenngleich nicht in jedem Fall abwenden – doch zumindest aufhalten oder dosieren können. Sie hätten rebellieren können; Sie hätten das tun können, was Ihnen lieb und wichtig ist, unabhängig von Erträgen oder gesellschaftlichem Prestige. Sie tragen die Verantwortung.

Das einzig Teuflische an diesem Absturz, das Sie nicht auf Ihre Kappe nehmen müssen, ist, dass Sie solche schleichenden Veränderungen schwerlich bemerken. Gehen Sie also nicht allzu hart mit sich ins Gericht darüber, dass Sie seinerzeit nicht energisch genug gegengesteuert haben.

Lassen Sie sich zu Ihrer eigenen moralischen Entlastung eine Parabel in Erinnerung rufen. Man ließ einen bedauernswerten Frosch in eine Schüssel mit kochend heißem Wasser plumpsen. Was passierte? Klar – der kleine Quaker ist sofort panisch aus diesem alles andere als kühlen Nass geflüchtet.

In einer zweiten Phase wurde der Frosch wieder in die Schüssel gesetzt – diesmal jedoch in angenehm kaltes Wasser. Aaaah, was für eine Wohltat; das Tierchen fühlte sich absolut behaglich. Was das Kerlchen aber nicht ahnte: Unter der Schüssel hatten hinterlistige Forscher eine Herdplatte angebracht, die das Wasser langsam zum Kochen brachte. Was meinen Sie: Wann hat der Frosch wohl diesmal die Fliege gemacht?

Gar nicht.

Selbst als das Quecksilber jene Marke erreichte, bei der der Frosch beim ersten Mal erschreckt aus dem Wasser gesprungen war, blieb er diesmal arglos hocken: Die zerstörerische Aufheizung ging derart langsam vonstatten, dass das Tier die tödliche Gefahr nicht im Geringsten erkannte. Traurige Folge: Der niedliche Hüpfer ließ sich buchstäblich zu Tode kochen, lebendigen Leibes. Und absolut freiwillig.

Da kann ich nur wirklich jedem Menschen raten, besonders den jüngeren: Sei kein Frosch. Achten Sie mit Argusaugen auf jede noch so kleine Änderung und Einschränkung, die andere Ihnen fast unmerklich aufbürden wollen (natürlich nur zu Ihrem Besten, weil das ja alles alternativlos ist): Jede einzelne dieser wohldosierten Freiheitsberaubungen rückt die Temperatur, kaum spürbar, ein Stück näher ran an die tödliche Zone.

Zurück zum Kern. Besagte Verpflichtungen führen dazu, dass wir immer mehr Organisationsaufgaben am Halse haben. Nebensächlichkeiten, die einen zunehmenden Anteil unserer Lebenszeit erfordern.

Wir beschäftigen uns mit Versicherungen, städtischen Behörden, Energieversorgern, Angeboten, Vergleichen von Konsumgütern, Einkäufen, Kapitalanlagen auswählen, dem Beantworten von IHK-Schreiben, Müll rausbringen und sortieren, Softwareupdates machen und sogenannte virtuelle Freundschaften pflegen.

Ich weiß aus eigenem Erleben, wie schnell man sich in Nebensächlichkeiten verlieren kann …

Ich erinnere mich noch, dass meine Frau und ich mal einen elektrischen Milchaufschäumer kaufen wollten. Meine Frau wollte einen zweckmäßigen. Also einen mit einem großen Volumen; einen, mit dem man den Milchschaum für drei Cappuccino gleichzeitig hinbekommt. Wir hatten im Internet auch schnell ein entsprechendes Model identifiziert, das sah in meinen Augen aber aus wie ein Krankenhaus, also hässlich. Mir war das Design wichtiger als die Milchmenge, die man bei einem Aufschäumvorgang in Schaum verwandeln konnte.

Es begann eine Odyssee. Wir haben uns auf Amazon etliche Modelle angeguckt und Rezensionen gelesen. Laut dieser Bewertungen war bei dem einen die Konsistenz des Schaumes zu fest, beim anderen zu lose. Der Nächste war schwierig zu reinigen, beim anderen der Stromverbrauch zu hoch. Der Nächste setzte beim Dauerbetrieb minutenlang aus, und der Geräuschpegel war zu nervig. Als wir schließlich nach Stunden drei Modelle in die engere Wahl gezogen hatten, haben wir noch auf YouTube nach Videos über Milchaufschäumer gesucht usw. (Übrigens – sehr aufregend, in Videos zu sehen, wie Milch aufgeschäumt wird.) Der Tag war fast zu Ende, und wir waren uns immer noch nicht einig.

Und dann hatte ich eine Erleuchtung.

Schlagartig traf mich folgende Erkenntnis: Zu viele Informationen sind mindestens genauso schlecht wie zu wenige Informationen.

Ich denke, Sie wissen, worauf ich hinaus will: Schütten Sie mit dem Bad nicht das Kind aus. Informieren Sie sich bitteschön, aber bemühen Sie sich um ein ausgewogenes Verhältnis zwischen Informationsaufwand und dem Stellenwert dessen, worum es dabei geht.

Natürlich macht es Sinn, ein paar Basisinformationen über ein Produkt zu sammeln, das Sie kaufen wollen. Die Betonung liegt auf »ein paar«. Die Zeit, die Sie investieren, sollte zur Bedeutung des Artikels passen. Es ist sinnvoll, beim Hauskauf im Vorfeld mehr Zeit zu investieren als beim Kauf eben eines Milchaufschäumers. Bei Artikeln des täglichen Bedarfs ist es wichtig, sich einer konsequenten Informationsdiät zu unterwerfen. Sie würden ja auch niemals einen kompletten LKW ordern, nur um einen einzigen Brühwürfel zu verschicken.

Manche Menschen haben aber bereits Schwierigkeiten, sich ohne viele Informationen bei Alltagsartikeln wie zum Beispiel Zahncreme oder Erdbeermarmelade zu entscheiden. Wenn Sie zu diesen chronisch Unentschlossenen gehören, empfehle ich Ihnen, sich ohne nachzudenken vor das entsprechende Regal zu stellen und das dritte Produkt von links zu nehmen. Einfach, oder?

Zeit geht auch dadurch verloren, dass vieles immer komplexer wird. Versuchen Sie mal, vor dem Abschluss einer

Reiseversicherung, die Sie schnell kurz vor dem Urlaub abschließen wollen, die Bedingungen zu lesen und zu verstehen. Oder bei einem ios-Update die neuen Geschäftsbedingungen, die gern gleich 26 Seiten umfassen.

Nachdem Sie eine Familie gegründet haben, steigt der Anteil an Organisationsaufgaben noch einmal exorbitant. Kindergartenanmeldungen, Schulaufgaben, Kindertaxi zum Sport, zu Freunden, zur Nachhilfe ... Das alles führt dazu, dass wir die Dinge, die unserem Beat entsprechen, aus den Augen verlieren.

Damit Sie mich nicht falsch verstehen: Ich bin nicht gegen diesen Lebensentwurf oder halte Familie gar für unwichtig. Meine Familie – und meine Kinder in ganz besonderem Maße – sind das Beste, was mir je passiert ist. Aber auch da gilt es, richtige Prioritäten zu setzen und bestimmten Kleinkram in die Schranken zu verweisen.

Dieser und anderer Kleinkram frisst Zeit und Energie. Das überfordert uns schließlich. Für ein Leben vor dem Tod ist gar kein Platz.

Oft steigt mit zunehmendem Alter die Zahl der materiellen und immateriellen Dinge, die wir besitzen. Das kann auf den ersten Blick schön sein. Aber jeder Besitz bringt gleichzeitig enorme Nachteile mit sich: Häufig wird ein Wust an Informationen gesammelt, es wird ausgesucht, angeschafft und der Besitz schließlich gepflegt und verwaltet. Ich glaube, insbesondere wir Deutschen hegen zudem die irrige Vorstellung, dass Besitz so erhalten werden muss, dass er sich möglichst nicht verändert. Dass er auch nach Jahren noch keinerlei Gebrauchsspuren zeigt und wie neu aussieht. Wir reinigen, schleifen, konservieren und lackieren.

Mir tun stets einige meiner Nachbarn leid, die zwanghaft damit beschäftigt sind, ihren Besitz zu pflegen, statt ihn zu genießen. Die beispielsweise ihre Teakholz-Gartenmöbel jedes Jahr zweimal abschleifen und neu einölen (und das mehrmals), während ich mit einem Drink in der Hängematte liege und Musik höre. Ich gebe zu, meine Frau kritisiert mich gelegentlich und wünscht sich diesbezüglich etwas mehr Engagement von meiner Seite. Aber ich bin ganz im Reinen mit mir. Denn der von mir zu zahlende Preis für das Einölen der Teakholz-Stühle wäre der Verlust von Lebenszeit, die ich erfüllender verbringen kann.

Ich habe noch ein besonders paradoxes Beispiel vor Augen: Ich stattete mit meiner Frau einem befreundeten Paar einen unangekündigten Besuch ab. Als dieses nach dem Klingeln öffnete, trafen wir beide überraschenderweise in Jogginganzügen an; auch noch in der gleichen Farbe und vom selben Modellzuschnitt. Im Partnerlook setzten sie sich auf ihr Sofa. Das an und für sich optisch ansprechende Sofa wurde jeglicher Wirkung beraubt. Nein, nein, nicht wegen der beiden Couch-Potatoes in der Dienstkleidung eines typischen Bildungs-Fernbetrachters der Marke »Cindy aus Marzahn«.

Vielmehr: Da, wo schöner roter Samt das Auge erfreuen wollte, versperrte eine hässliche graue Decke den bewundernden Blick. Nach dem Grund gefragt, teilten sie uns mit, dass sowohl die graue Decke als auch die freiwillig gewählte mehr oder minder sportliche Bekleidung angeblich den Stoff des Sofas schonten. Nachdem sie sich endlich zu dieser teuren Anschaffung durchgerungen hatten, wollten sie deren Schönheit möglichst lange unversehrt erhalten. Dass damit der eigentliche Zweck eines Sofas – nämlich die Wohnungseinrichtung optisch zu bereichern und dazu einzuladen, ohne substanzerhaltende Vorbereitungen spontan darauf zu lümmeln – ad absurdum geführt wurde, schien nicht weiter zu stören.

»Ja, soll ich denn alles komplett verrotten lassen, was mir gehört?« Ist das so bei Ihnen angekommen? Dann haben Sie mich missverstanden.

Wenn Sie mögen, kümmern Sie sich gern um die Sachen, die Ihnen gehören. Aber halten Sie bitte Maß dabei.

Verlieren Sie den hauptsächlichen Daseinszweck eines Gegenstandes niemals aus den Augen – den Zweck nämlich, Ihr Leben zu bereichern. Wir sollen an und mit diesem Gegenstand unseren Spaß haben. Es ist wie mit dem Geld: Auch das soll unser Diener sein, keinesfalls unser Herr. In ähnlicher Weise empfiehlt es sich, die unheimliche Macht der Dinge in ihre Schranken zu weisen.

Mein guter Freund Gascho, der eine liebenswerte Frau geheiratet hat, die einer recht konservativen Familie entstammt, sagte mal zu mir: »Ich bin nicht gerne bei meinen Schwiegereltern. Deren Haus ist wie ein Museum, da darf ich nichts anfassen oder einfach nur benutzen.«

Vielleicht gehören Sie zu den Glücklichen, die ein eigenes Haus mit Garten besitzen. Glücklich wird Sie Ihr Domizil aber nur machen, wenn Sie seine Vorteile genießen können – wenn das Haus Ihr Diener ist und Sie nicht der Diener Ihres Hauses.

Haus und Garten sind dazu da, dass Sie Spaß darin haben. Ein Garten wird zum Feind, wenn er Sie permanent nötigt, ihn sauber zu halten, jedes so genannte Unkraut zu entfernen, Struktur zu schaffen. Wenn Sie sonntagabends feststellen, dass das Wochenende wieder einmal nicht gereicht hat, Ihren Garten in Schuss zu halten und an Relaxen im Garten und ans Genießen der wunderschönen Pracht der Natur schon gar nicht zu denken war … dann ist Ihr Garten Ihr Sklavenhalter, und Sie sind sein bemitleidenswerter Leibeigener. Und genau deshalb ist unser Garten – nun, ich nenne es immer ganz gern »naturbelassen«. Weil ich dort lieber mit meinen Kindern Fußball spiele und tobe, bis der Rasen zu Matsche geworden ist, als zu versuchen, einen englischen Rasen anzulegen. Weil ich lieber bei Tapas und Wein mit meiner Frau den Sonnenuntergang draußen beobachte, als Büsche zu schneiden.

Fassen wir zusammen: Wann schnappt die Gewöhnlichkeitsfalle zu?

Dann, wenn das Dringliche das Wichtige erdrückt.

Dann, wenn wir uns von unwichtigen Aufgaben und dem Verwalten unseres Besitzes dominieren lassen, statt etwas für unser Herzensglück zu tun.

Dann, wenn unsere Arbeit nur ein Beruf ist und keine Berufung.

Apropos Beruf, wie schaut es mit Ihrem Beruf aus? Wie oft freuen Sie sich am Sonntagabend auf Ihre Arbeit? Von wie viel Prozent Ihrer Arbeitszeit können Sie sagen, dass Sie Spaß hatten? Spüren Sie durch Ihre Arbeit, wie wunderbar es ist, wenn durch den Einsatz Ihrer Talente etwas entsteht? Wie Sie durch Ihren Einsatz etwas Schönes schaffen oder etwas Sinnvolles bewirken?

Mir tun Arbeitslose nicht nur wegen des wenigen Geldes leid, das sie gewöhnlich zur Verfügung haben. Mindestens ebenso traurig finde ich, dass diese Menschen nicht nur ihren Job verlieren, sondern auch das Gefühl, durch eigenen Einsatz etwas zu bewirken. Das hinterlässt dramatische Spuren in der Seelenlandschaft. Oder sagen wir treffender: Furchen, Schluchten und Abgründe.

Gerade bei der Berufswahl haben wir oft das Gefühl, zwischen finanziellem Wohlstand und Selbstverwirklichung wählen zu müssen. Warum eigentlich?

Ich weiß nicht, welchen Einfluss Ihre Eltern bei Ihrer Berufswahl gespielt haben. Ich jedenfalls wollte Musiker werden; meine Eltern jedoch haben mir in bester Absicht geraten, keine brotlose Kunst als Beruf zu wählen. Ich solle lieber etwas Solides, Sicheres anstreben.

Mein Problem war, dass ich im zarten Alter von 16 Jahren eigentlich überhaupt keine Lust hatte, zu arbeiten. Ich habe »mit Schmackes« Musik gemacht und intensiv Partys gefeiert. Das füllte mein Interesse komplett aus. Wie sollte ich mich da für etwas entscheiden, nachdem Musik als lukratives Betätigungsfeld ja offensichtlich nicht in Frage kam? Zum armen Schlucker wollte ich aber auch nicht verdammt sein. Ich fühlte mich schlichtweg damit überfordert, eine sinnvolle Entscheidung zu treffen.

Wegen meines offensichtlichen handwerklichen Ungeschicks glaubte ich damals, dass eben nur ein Bürojob in Frage komme. So bin ich bei einem Kreditinstitut gelandet. Nicht bei etwas Schlechtem – aber bei etwas Gewöhnlichem.

Dass Lebensfreude und Berufsalltag schluchtenbreit auseinanderklaffen können, sprang mir förmlich entgegen, wenn ich mit der Stadtbahn zu meiner Arbeit gefahren bin. Die Menschen im Abteil waren meist durch Gesichtsausdrücke gezeichnet, die ich bei Menschen, die in einem Kriegsgebiet leben, eher vermuten würde. Wenn ich mich auf einen leeren Platz setzte, wurde mein gut gelaunter Gruß sehr selten erwidert. Meist gab es gar keine Reaktion. Manchmal traf mich ein Blick, der mir sagte: »Was bist du denn für ein armer Irrer?« Besonders ablehnend waren die Reaktionen, wenn ich mir erlaubte, ein Lied zu pfeifen oder zu summen. Die Menschen schauten mich dann entgeistert an, als sei ich ein Perverser. Manche wechselten sogar den Platz.

Was, wenn Ihnen Ihre Arbeit nicht gefällt, vielleicht sogar Abscheu in Ihnen auslöst? Dann ist die Auswirkung für Ihr Leben dramatisch. Sie können diesen Widerwillen nämlich nicht einfach abstreifen, wenn Sie den Arbeitsplatz verlassen. Sie nehmen diese negativen Gefühle mit nach Hause, und diese Gefühle werden Ihnen noch Etliches Ihrer Freizeit vermasseln. Und wenn es ganz schlecht läuft, reißt Sie dieses Nadelkissen in der Seele nachts aus dem Schlaf und erinnert Sie deutlich daran, dass Sie etwas verändern müssen.

Oft wird uns eingeredet, dass die Gewöhnlichkeitsfalle im Beruf gar keine Falle sei, sondern ein notwendiges Übel. Doch das stimmt nicht. Weshalb, erfahren Sie im Laufe des Buches anhand meiner eigenen beruflichen Geschichte.

Wenn sich eine Maus in unseren Keller verirrt, fange ich Sie grundsätzlich mit einer Lebendfalle. Und jedes Mal, wenn ich so ein kleines Tierchen erwischt habe, sehe ich, dass sich die Maus extrem unwohl fühlt, ja sogar unter starkem Stress steht. Und das, obwohl sie noch lebt und etwas zu essen hat, nämlich den Köder in der Falle. Die Maus fühlt sich also extrem schlecht – dabei sind ihre Grundbedürfnisse gedeckt. Es fehlt ihr aber an etwas ganz Entscheidendem. Es ist zu eng in der Falle. Es fehlt die Freiheit.

Können Sie sich gerade besonders gut in diese hilflosen Nager einfühlen, weil Sie selbst in einer Falle stecken: der Gewöhnlichkeitsfalle? Haben Sie alles, was Sie zum Leben brauchen und das sogar im Überfluss – aber Ihr Hunger nach Freiheit, nach Selbstentfaltung, nach Lebensfreude und Lebenssinn ist ganz und gar nicht gestillt?

Nun, gegenüber dieser kleinen Maus haben Sie als Vertreter der Gattung Homo sapiens einen Riesenvorteil …

Sie können sich aus eigener Kraft aus der Falle befreien. Worauf warten Sie noch?

Es lohnt sich, alles dafür zu tun, dieser Gewöhnlichkeitsfalle zu entkommen. Wirklich alles. Ich werde Sie in den nächsten Kapiteln spüren lassen, wie viel Lebenslust für Sie drin ist – wenn Sie nur den Mut aufbringen, diese Falle zu verlassen.

Das Gute daran ist, dass Sie dazu keine totale Kehrtwende brauchen. Sie müssen nicht gleich zum radikalen Aussteiger werden (obwohl Sie das natürlich in Erwägung ziehen können). Statt völlig abzuheben, geht es auf den nächsten Seiten darum, Ihnen tiefflugtaugliche Methoden zu zeigen, mit denen Sie frischen Wind in Ihr Leben bringen können, Leichtigkeit und Abenteuer. Und dennoch Bewährtes bewahren werden.

Glauben Sie mir: Das funktioniert. Ich selbst lebe schließlich genauso. Und ich lebe sehr gut dabei.

Hier geht es zum Musikbeispiel:

http://www.martinklapheck.de/lebedeinenbeat-kapitel1

KAPITEL 2
Applaus ist nicht alles: Sich von Erwartungen lösen

»Verärgere niemals das Publikum, sonst ist es aus mit dir!«, soll der US-amerikanische Sänger und Entertainer Sammy Davis jr. mal angemahnt haben. Klingt logisch. Schließlich sitzen im Auditorium jene Menschen, die den vortragenden Künstler durch ihr Eintrittsgeld bezahlen. Verständlich, dass es sich Schauspieler, Musiker und andere Künstler nicht just mit den Leuten verscherzen wollen, von denen sie wirtschaftlich abhängig sind.

Also, immer schön brav das machen, was das Publikum sehen und hören will? Ist das – auch im übertragenen Sinne – das Erfolgsrezept für Sie und mich?

Ach, wenn es doch bloß so einfach wäre!

Denn über 150 Jahre vor »Mister Bojangles« Sammy Davis jr. wies ein anderer und zweifellos nicht minder kluger Kopf auf die Kehrseite einer allzu devoten Haltung gegenüber denjenigen hin, die aus den Sitzreihen heraus erwartungsvoll auf die Bühnenakteure schauen. Kein Geringerer als der Titan unter den Dichtern und Denkern, Johann Wolfgang von Goethe, erinnert die allzu Gefallsüchtigen an eine unbestreitbare Tatsache: »Wer dem Publikum hinterherläuft, sieht doch nur dessen Hinterteil.« Diese Warnung sollten sich beileibe nicht nur Künstler hinter die Ohren schreiben.

Sie merken schon – das Thema ist schwieriger als gedacht. Wir Menschen sind nun mal im Allgemeinen gesellige Wesen, die auf gegenseitige Unterstützung und Anerkennung angewiesen sind. Zu etwas Besonderem auszureifen, ohne gleich zum Sonderling zu werden, ist eine durchaus anspruchsvolle Aufgabe, der wir uns im Leben stellen sollten.

Denn in aller Regel weichen wir dieser Aufgabe zaudernd aus – und bezahlen dann einen hohen Preis dafür. Nämlich den Preis unterdrückter Gefühle und eines Lebens mit angezogener Handbremse. Beides macht unzufrieden, wenn nicht gar unglücklich.

Dieses gedankliche Spannungsfeld kann ich mit dem Begriff der »Resonanz« gut beschreiben. Schlagen Sie diesen Begriff ruhig mal im Duden nach. Das wird Sie daran erinnern, dass dieser Ausdruck mehrdeutig ist.

Zum einen verweist Resonanz auf das Phänomen des akustischen Mitschwingens: Wenn ich auf meinem Klavier eine bestimmte Taste anschlage, bringt das eine Saite zum Klingen, die wiederum den gesamten Resonanzkörper des Klaviers zum Schwingen bringt. Ohne diese Resonanz käme der Klang überhaupt nicht zustande.

Verstärken statt verändern: Diese Beschreibung trifft das Wesen der idealen akustischen Resonanz wohl am besten.

Die Charakterisierung »verstärken« passt auch bei der Resonanz unserer Mitmenschen, wenn sie unsere Talente erkennen und uns ermutigen, so wie es sein sollte. Ich nenne diese Resonanz hier »positive Resonanz«.

Das Gegenteil findet statt, wenn uns Bedenkenträger und Bremser kritisieren – mit dem Ziel, uns herabzusetzen. Dann handelt es sich um eine negative Resonanz, die nicht verstärkt, sondern ausbremst. Die Physiker unter Ihnen mögen mir verzeihen, dass ich den Begriff der »negativen Resonanz«, die es physikalisch gar nicht gibt, hier umgangssprachlich benutze.

Also, in diesem umgangssprachlichen Sinn gibt es Resonanzen, Rückmeldungen eben, die uns stärken, aber auch solche, die uns schwächen. Je nachdem, ob wir sie als Bestätigung oder als Genörgel empfinden.

Applaus ist so eine bestärkende Resonanz. Applaus gilt als das Brot des Künstlers, und Backwaren zählen bekanntlich zu den Grundnahrungsmitteln. Sprich: Eine gewisse Basisversorgung mit (möglichst positiver) Resonanz braucht jeder Mensch, um geistig und letztlich auch körperlich gesund zu bleiben. Ein Musiker, der bei seinem Auftritt so rein gar keine Publikumsreaktion bekommt, ist eine weitaus ärmere Sau als sein Kollege, der immerhin noch einige Buh-Rufe erhalten hat. Ja, in der Tat: Lieber eine negative Reaktion erhalten, als gar keine. Mir tun immer die Pianisten leid, die bei Möbelhauseröffnungen & Co. für die dezente Livemusik-Untermalung sorgen und so gut wie nie Beifall bekommen, falls sie überhaupt beachtet werden. Nichtbeachtung degradiert diese Musiker zum Niemand. Dann schon lieber ein Buhmann sein.

Denn eins ist klar: Resonanz zu spüren auf das, was wir tun – das deckt ein Ur-Bedürfnis des denkenden und fühlenden Wesens Mensch ab. Wir wollen ja nicht nur und immer etwas tun um des bloßen Tuns willen; häufig wollen wir mit diesem Tun etwas bewirken. Diese Wirkung löst ein Gefühl aus und gibt unserem Dasein einen besonderen Wert und Sinn. Und wenn diese Resonanz ausbleibt? Dann verpufft die Aktion, und wir empfinden unser Tun als sinnlos.

Niemand kann auf Dauer ein »sinnloses« Dasein fristen. Notfalls und oftmals definieren wir diesen Sinn eben über die Resonanz, die uns andere vermitteln, sobald wir deren Erwartungen erfüllen. Auch wenn sich Erwartungen nicht mit unseren eigenen Vorstellungen oder Wünschen decken sollten, so nehmen wir das doch lieber hin, als überhaupt keine Rückmeldung zu bekommen. In diesem Sinne wandeln wir alle auf den Spuren des Pianisten bei der Möbelhauseröffnung, der nichts mehr fürchtet, als bei seinem Tun von der plappernden Käufermeute überhaupt nicht wahrgenommen zu werden.

Niemand will ein Niemand sein!

Wenn ein Mensch auf normalem Weg keine Beachtung findet, kann dieses Ur-Verlangen sogar zu kuriosen Verhaltensweisen führen. Ich denke gerade an eine Frau, die ich in einer Cocktailbar beobachtet habe. Sie fand keine Aufmerksamkeit. Als Reaktion stellte sie sich in eine Männergruppe, warf Erdnüsse hoch und versuchte, diese mit dem Mund aufzufangen wie ein Zoo-Seelöwe den Hering, was meistens misslang. Dabei kicherte sie hysterisch und ging so von Gruppe zu Gruppe.

Oder warum gibt es in fast jeder Schulklasse mindestens einen, der immer den Klassenclown mimt – obwohl ihm das vielleicht sogar jede Menge Ärger mit Lehrern und Mitschülern einbringt?

Weil all diesen Menschen eine negative Resonanz lieber ist als gar keine.

Wenn ein Kind, aus welchen Gründen auch immer, keine Wärme und keine Liebe bekommt, provoziert es eben das genaue Gegenteil, um sich über diese negative, aber wenigstens vorhandene Art von Resonanz selbst wahrnehmen, definieren und bestätigen zu können. Und um so dem verhassten und gefürchteten Status des »Ich bin ein Niemand« zu entkommen.

Auch die Erwachsenen fürchten nichts so sehr wie den »Liebesentzug«. Oder sollte ich besser Resonanz-Entzug sagen?

Wäre es da nicht generell besser, sich von Resonanzen völlig unabhängig zu machen? Wäre es nicht das totale Glück, gewissermaßen resonanz-autark leben zu können und nur sich selbst zu genügen wie Robinson Crusoe? Einfach nur etwas aus dem Inneren heraus zu tun, um seiner selbst willen? Wäre das nicht die höchste Stufe der Glückseligkeit?

Manche Ratgeber propagieren das. Ich halte das nicht für realistisch. Die Sache gestaltet sich nämlich als schwierig bis unmöglich. Denn sogar dann, wenn wir uns etwas hingeben, das brunnentief aus unserer inneren Seelenwelt heraus an die Oberfläche drängt, horchen wir in uns hinein, bewusst oder unbewusst. Wir horchen in uns hinein auf der Suche nach Resonanz, in diesem Fall nach Eigenresonanz, nach der Resonanz durch uns selbst.

Es kommt immer wieder vor, dass ich mich spontan ans Klavier setze und etwas spiele, das meiner momentanen inneren Stimmung entspricht. Dann kann ich sie spüren – eine starke, sich wechselseitig verstärkende Resonanz aus Klavierspiel und meinen Gefühlen. Das Klavier und meine Gefühle treten in Verbindung, kommunizieren miteinander. Beides wird eins. Das Klavier wächst über seine Funktion als Musikinstrument hinaus; es ist nicht mehr »nur« Ausdruck, sondern auch eigenständiger Beteiligter an diesem ständigen emotionalen Rückkoppelungsvorgang: Ich gebe dem Klavier etwas, und das Klavier gibt mir etwas zurück. Dadurch komme ich auf wundersame Weise mit meiner Seele in Kontakt.

Dieses Phänomen tritt nicht nur beim Klavierspielen auf. Es gibt viele Möglichkeiten, diesen Schwingungskreislauf in Gang zu setzen.

Das Prinzip wird wirksam, sobald Sie »etwas« (in Wahrheit also Ihr tiefstes Inneres) drängt, etwas Bestimmtes zu tun. Egal, was es gerade ist – ob Sie malen, joggen oder ein Buch lesen, das zu Ihrem inneren Wachstum beiträgt. Aber es setzt voraus, dass Sie das, was Sie tun, allein tun und völlig zeitlos. Ansonsten können Sie sich dem nicht hingeben und die Gefahr ist groß, dass dieser Kreislauf nicht in Gang kommt.

Bleiben wir bei dem Beispiel des Lesens eines Wachstumsbuches: Aus einem inneren Antrieb heraus, den Sie vielleicht gar nicht mehr exakt umreißen oder begründen können, haben Sie dieses Wachstumsbuch aufgeschlagen – und durch die Lektüre neue Erkenntnisse gewonnen. Es ist vielleicht ein ganz bestimmter Gedanke, der sich in Ihrem Kopf festsetzt wie einer dieser gottverdammten Ohrwürmer, den Sie einmal im Radio gehört haben und den Sie so schnell nicht wieder loswerden, weil er Ihnen immer und immer wieder durch den Kopf geht. Dieser Gedanke entpuppt sich als wahrer Inspirationsschub, der Sie aktiviert und anspringen lässt wie das Starthilfe-Kabel einen streikenden Motor. In diesen Momenten können Sie sie spüren, diese kraftvolle Resonanz. Und zwar stärker denn je. Das ist Leben in Ihrem Beat. Und dieses Leben macht Sie glücklich.

*Eigenresonanz bereichert
jedes menschliche Tun.*

Diese Resonanz bildet die Vorstufe zur Anerkennung, die wiederum die Steigerung von Resonanz ist. Anerkennung ist für viele Menschen etwas, das zwangsläufig von außen kommt. Und das schafft ein Abhängigkeitsverhältnis, das wir als normal empfinden. Geht es Ihnen auch so?

Warum eigentlich? Ihr tiefstes Inneres nämlich kann Ihnen ebenso gut Anerkennung zollen. Vorausgesetzt, man hat Sie in der Kindheit nicht völlig verkorkst mit idiotischen Kaiser-Wilhelm-Kalendersprüchen à la »Eigenlob stinkt, Freundeslob hinkt, Feindeslob winkt.« Denn dann wird es in der Tat schwierig damit, dass Sie spontan und ohne mieses Bauchgefühl zu sich sagen können: »Wow, das habe ich aber gut gemacht!«

Beobachten Sie sich doch mal eine Zeit lang, mit welchen »Komplimenten« Sie sich selbst am meisten eindecken:

Vielleicht sind das »Nettigkeiten« wie »Ich dämlicher Ochse habe das wieder total in den Sand gesetzt!« Oder: »So etwas Dummes kann natürlich nur mir passieren!« Kennen Sie das?

Wenn Sie sich selbst nicht anerkennen können, sind Sie auf Gedeih und Verderb darauf angewiesen, dass andere Menschen bloß nicht mit dieser Anerkennung geizen. Und dieses Angewiesensein kann Sie zum abhängigen Anerkennungs-Junkie machen.

Die Gedanken eines Anerkennungs-Junkies kreisen ständig um die Frage: »Wie komme ich bloß an den nächsten Anerkennungs-Schuss?« Anerkennungs-Junkies richten einen Großteil Ihres Handelns nach der Anerkennung aus. Ich habe bewusst den Ausdruck »Junkie« benutzt, da ich am eigenen Leib erfahren habe, wie stark eine Sucht einen Menschen steuern und vor sich hertreiben kann.

Vor vielen Jahren fiel mir in der Stadt häufig ein junges Mädel auf, das in lumpigen Kleidern vor einem Papierkorb saß und bettelte. Vor sich hatte es ein schmutziges Pappschild aufgestellt: »Ich bin arbeits- und obdachlos. Bitte gebt mir etwas Geld.« Hin und wieder warf ich ein paar Münzen oder gar Scheine in die Pappschachtel. Wobei mich die Frage beschäftigte, wie eine so junge Frau mit ihren höchstens 20 Lebensjahren in eine solche Perspektivlosigkeit gerutscht sein konnte.

Und eines Tages fasste ich mir ein Herz: Ich sprach sie an und lud sie zum Essen ein. So erfuhr ich ihren Namen – Melanie. Und sie erzählte mir noch viel mehr – nämlich eine bedrückende Geschichte von Misshandlungen in der Kindheit, vom Aufwachsen im Kinderheim, von Schlägen von Erziehern, vom Ausbruch, von Arbeitslosigkeit und von Obdachlosigkeit. Nur von einem erzählte sie mir nichts: von ihrem Junkie-Dasein – ihrer Heroinsucht.

Von da an lud ich Melanie öfter ein, da ich irgendwie das Gefühl hatte, helfen zu müssen. Als es nachts unter freiem Himmel kälter wurde und sie keine geeignete Schlafgelegenheit fand, bot ich ihr an, dass sie eine Weile bei mir im Wohnzimmer schlafen könne. Morgens, wenn ich zur Arbeit fuhr, nahm ich sie immer mit in die Stadt und abends wieder zurück in meine Wohnung.

Nach einer Weile wurde ich stutzig: Waren da etwa mit einem Mal Lücken in meinem CD-Regal, die vorher nicht dagewesen waren? Nein, da musste ich mich irren. Bestimmt hatte ich einige dieser Alu-Scheibchen rausgenommen und woanders hingelegt. So ging es einige Zeit.

Meine Gutgläubigkeit wurde schmerzhaft erschüttert, als ich Melanie eines Morgens vor dem Bahnhof sitzen sah. Denn was hatte sie vor sich ausgebreitet? Meine CDs, die sie zum Verkauf anbot. Ich war sehr verletzt, schwer enttäuscht und stinksauer: Wie konnte Melanie mein Vertrauen nur so schäbig missbrauchen? Später erst erkannte ich, dass sich bei Melanie eben alles nur um den einen Lebensinhalt drehte: wie sie sich Heroin beschaffen konnte. Das Heroin steuerte ihre Handlungen. Alles andere konnte, ja musste sie ausblenden. Leider hat Melanie es nicht geschafft, sich von ihrer Heroinsucht zu lösen. Sie ist vor etlichen Jahren in Berlin an einer Überdosis gestorben.

Ich gebe zu: Mit einer Heroinsüchtigen verglichen zu werden klingt beim ersten Hinhören durchaus schockierend. Aber nutzen Sie doch bitte diesen kleinen Schock, um kritisch und einfühlsam in sich selbst hineinzuhorchen.

Vielleicht helfen dabei auch ein paar Gedanken zu der etwas leichteren Variante, den Anerkennungs-Junkies: Die tummeln sich zuhauf auf Facebook. Wenn ich mir diese Community so anschaue, drängt sich mir ein traurig stimmender Verdacht auf. Viele Mitglieder wählen die Erlebnisse in der realen Welt danach aus, welche Reaktionen und wie viele Likes diese nach dem Posten auf Facebook auslösen. Kaum erlebt, schon geteilt. Ihre Sucht nach externer Anerkennung drängt diese Leute dazu.

Natürlich ist es klasse, seine Facebook-Kontakte an

schönen Momenten teilhaben zu lassen. Aber sollte es nicht die reale Begebenheit an sich sein, die Ihre Aufmerksamkeit erregt – und nicht das Posting darüber? Wedelt hier nicht der Schwanz mit dem Hund? Bedenken Sie auch, immer dann, wenn Sie ein Foto oder einen Film aufnehmen, können Sie in dem Moment der Aufnahme die reale Situation nicht richtig oder nur abgeschwächt empfinden. Sie sollten sich bewusstmachen, dass Sie eben diesen Preis mangelnden emotionalen Erlebens für die Aufnahmen und das Posting zahlen.

Weil mich meine Assistentin Sara stets ermahnt, ich müsse mehr posten, habe ich einmal bei einem Konzert ein Foto machen wollen, um es auf Facebook zu posten. Ich betone »einmal«. Wieso nur einmal? Weil es mit einer Aufnahme nicht getan war. Ich überlegte, welcher Moment wohl besonders stark sei, um gepostet maximale Aufmerksamkeit zu erzielen. Leider wurden die Momente gefühlt immer besser, so dass aus einer Aufnahme zehn wurden. Als ich mich endlich für ein Foto entschied und es posten wollte (Sara sagte mir, wie wichtig es sei, dass das Posting aktuell ist) hatte ich leider kein Netz. Alle fünf Minuten schaute ich auf mein Smartphone auf der Suche nach dem erwünschten Netz. Letztlich war das ganze Konzerterlebnis im Eimer. Wegen des Versuches, etwas zu posten, konnte ich das Ereignis selbst gar nicht genießen. Seitdem mache ich es wie früher – bei Konzertbesuchen und den meisten anderen Freizeiterlebnissen bleibt das Smartphone da, wo es hingehört: zu Hause.

Wenn vor lauter posten schon Schwielen Ihre Finger verzieren, sollten Sie der Wahrheit ins Gesicht sehen: Wahrscheinlich sind Sie ein Anerkennungs-Junkie. Wo wir schon davon reden …

Wie stark richten Sie Ihr Denken und Handeln danach aus, ob es Ihnen die Anerkennung anderer Menschen einbringt?

Seien Sie bitte ehrlich zu sich selbst. Tun Sie öfter etwas, das Sie eigentlich gar nicht tun wollen, etwas, das nicht Ihrem wahren Ich, Ihrem Beat entspricht?

Wenn Sie ständig neben den Schuhen Ihrer wahren Identität herlaufen und dieses Verhalten überhandnimmt, unterliegen Sie bereits einer massiven Manipulation. Diese Beeinflussung ist nicht nur von ihrem Wesen her schlecht; es besteht zudem die Gefahr, dass Sie sich rasch an diesen Zustand gewöhnen. Ebenso wie der Drogenabhängige, der seine Dosis kontinuierlich steigern muss, werden Sie früher oder später immer häufiger Dinge tun, die Sie eigentlich nicht tun möchten.

Und wo liegt die Ursache all dieses Schlamassels?

In unserer Kindheit. Wie so oft.

Dieser Drang oder sogar Zwang, sein eigenes Verhalten an den Erwartungen seiner Mitmenschen auszurichten, wird von Generation zu Generation weitergereicht und beginnt schon im Säuglingsalter. Liebe und Anerkennung wollen alle Menschen haben – für Neugeborene und Babys indes sind sie sogar überlebensnotwendig.

Kaiser Friedrich II von Hohenstaufen wird ein ziemlich brutales »Waisenkinderexperiment« in die geschichtlichen Schuhe geschoben: Er soll den Ammen elternloser Säuglinge die Anweisung gegeben haben, den Babys zwar Nahrung und Kleidung zu geben, ihnen aber ansonsten jedwede emotionale Zuwendung zu verweigern. Noch nicht einmal sprechen durften die Frauen mit ihren Zöglingen, denn der mittelalterliche Herrscher wollte, so heißt es, auf diese Weise herausfinden, welche geheimnisvolle »Ur-Sprache« Kinder von sich geben, sobald sie ohne elterlichen Beistand sprechen lernen. Soweit kam es allerdings erst gar nicht, denn die kleinen Kinder sind schon wesentlich früher gestorben – an Liebesentzug.

Ob dieser Versuch wirklich stattgefunden hat oder nur ein historisches »Ammenmärchen« ist, das des Kaisers zahlreiche Feinde in die Welt gesetzt haben? Darüber streiten die Gelehrten.[1] Unbestreitbar aber ist: Der Entzug von Liebe und Anerkennung ist eines der wirksamsten Mittel, um Menschen gefügig zu machen. In jedem Alter. Aber besonders dann, wenn wir ganz klein und völlig schutzlos sind.

Dabei sind Eltern auch nur Menschen. Das klingt banal, ist aber eine entscheidende Erkenntnis. Denn natürlich müssen Väter und Mütter täglich der Versuchung widerstehen, die Zuwendung zu ihrem Kind nicht davon abhängig zu machen, wie »brav« sich dieses Kind ihnen gegenüber verhält.

Und schon stecken wir mitten drin im Thema der Erziehung – der Kindererziehung. Was gehört zu den ersten Dingen, die so ein kleiner Mensch im Allgemeinen lernt? Dass das Maß an Zuneigung zu ihm häufig ein bestimmtes Verhalten voraussetzt.

Ich selbst bin Vater zweier Kinder: Jannis ist jetzt zehn, seine Schwester Paula ist vier Jahre jünger. Und ich selbst werde jeden Tag ein paar gefühlte Jahre älter bei dem geistigen Spagat zwischen zwei Erziehungsprinzipien. Prinzipien, die ich, jedes für sich, richtig finde: Ja, ich will meinen Kindern Regeln beibringen, die wirklich Sinn machen. Ich will sie aber auch dazu anhalten, eben diesen Sinn von Regeln immer wieder zu hinterfragen. Und diese Regeln bei Bedarf zu brechen.

Dieses Unterfangen gleicht nicht selten der Verkreisung des Quadrats (womit ich jetzt keck diese eingefahrene Metaphern-Regel gebrochen habe). Welche Regel ist sinnvoll? Welche ist es früher gewesen, aber jetzt nicht mehr?

Welche Regel sollte von den Kindern als unangemessene Einschränkung der persönlichen Entwicklung entlarvt und dahin gelegt werden, wo sie hingehört – in den Müllcontainer der unsinnigen gesellschaftlichen Normen. Und in welchem Alter? Das sind anspruchsvolle Fragen, die ich mit meiner lieben Frau häufig lebhaft diskutiere.

Oft überdenke ich nach solchen Diskussionen meine Meinung, aber von einer Überzeugung rücke ich nicht ab:

Regeln sind für das Erreichen bestimmter Lebensziele so nützlich wie ein Saitenriss beim Violinkonzert.

Deshalb sollten sie beizeiten gebrochen werden. Oft ist das Brechen von Regeln Voraussetzung für Erfolg, wie ein schönes Beispiel aus der Musikwelt zeigt.

Da gab es nämlich mal eine sehr begabte, junge Sängerin, Stefani Joanne Angelina Germanotta geheißen, die trug ihre Lieder zu Beginn ihrer Karriere noch genauso vor, wie ihr Name vermuten lässt: züchtig und gesittet. Und irgendwie uncool.

Sagte ich »Karriere«? Nun, für die sah es trübe aus, denn die Plattenfirma setzte der braven, regeltreuen Frau Germanotta nach nur drei Monaten schon wieder den Stuhl vor die Tür. No future! Dabei wollte die Sängerin doch groß rauskommen. So richtig groß.

Und dieses Lebensziel hat sie tatsächlich noch erreicht. Aber erst, als sich das graue Sanges-Mäuschen zu einer der provokantesten, schillerndsten und polarisierendsten Pop-Diven unserer Zeit gemausert hatte, die auf Regeln pfeift. Inzwischen werden wohl nur noch die Zollbeamten dieser

Welt beim Blick in ihren Reisepass mit ihrem echten Namen konfrontiert. Die übrigen 99,9 Prozent der Erdbevölkerung kennen Frau Germanotta unter ihrem Künstlernamen, der wie kein zweiter für das regelmäßige Regelbrechen steht: Lady Gaga.

Ja, »Regeltreu' ist eine Zier, doch weiter kommt man ohne ihr«.

Das »Erziehungskonzept«, bestraft zu werden, sobald man sich nicht wunschgemäß verhalten hat, begleitet uns vielleicht nicht von der Wiege an, aber spätestens ab den Tagen, in denen wir in ein Kinderbett passen. Und leider Gottes begleitet es uns dann sogar bis zur Bahre.

Es gibt ein einfaches psychologisches Prinzip: »Verhalten, das belohnt wird, verstärkt sich – Verhalten, das bestraft wird, reduziert sich.« Dieses einfache Prinzip funktioniert beim Abrichten von Tieren genauso gut wie beim Manipulieren von Menschen. Und immer wieder können Sie beobachten, dass Menschen, die ansonsten nicht gerade vor Kreativität sprühen, diese an den Tag legen, wenn es darum geht, sich Bestrafungsmechanismen auszudenken, wenn Mitmenschen nicht so spuren, wie gewünscht.

Schon in normalen Zweierbeziehungen werden regelmäßig Bestrafungsrituale angewendet – und damit meine ich jetzt ausdrücklich keine abendlichen Szenen bei gedämpftem Rotlicht mit Ledermaske und Peitsche. Nein, es geht um persönliche Abwertung des Gegenübers, um verbale Angriffe, seelische Verletzungen, Schuldzuweisungen und Versuche, dem jeweils anderen ein schlechtes Gewissen einzureden, um Liebesentzug.

Am Arbeitsplatz bedient man sich zu diesem Zweck gern der Nichtbeförderung. Auch sehr beliebt sind das Tadeln vor einer Gruppe, der demonstrative Ausschluss von bestimmten Meetings und Veranstaltungen, die firmeninterne soziale Ächtung. Und natürlich das allbekannte, grassierende Mobbing.

Schon während Sie diese Begriffe lesen, dürfte Ihr Magen wahrscheinlich auf maximalen Übelkeits-Modus umgeschaltet haben. Kein Wunder also, dass jeder Mensch zunächst einmal darauf bedacht ist, sich in so vielen Lebensbereichen wie möglich so zu verhalten, wie »man« es von ihm erwartet. Dieser Weg erscheint richtig. Und zudem bequem, ja sogar sehr erfolgversprechend. Aber dieser komfortable Wanderpfad erweist sich schon nach der ersten Biegung als Kletterpartie, die Ihnen mehr abverlangt, als Sie bei den ersten federnden Schritten geahnt hätten.

Denn im Leben wird für jeden Weg ein Wegezoll fällig – sogar für einen Holzweg. Zahlbar als Verdrängungsaufwand gegenüber Ihren Bedürfnissen, die sich (und Sie) nicht erfüllen. Dieser Aufwand klettert munter in die Höhe; der Weg wird steil und steiler – so steil, dass Sie gar nicht mehr auskommen ohne ein ganzes Netz aus Halte- und Sicherungsseilen, das für Sie die Richtung bestimmt. Das können der sichere Beruf, die sichere Wirtschaftsgemeinschaft oder auch manipulative An- und Nichtanerkennung sein, die Sie steuern. Mit dem Grad Ihrer Fremdbestimmung wächst zudem Ihre Frustration über all die unerfüllten Wünsche in Ihrem Leben, all diese Optionen, für die es scheinbar zu spät ist. Diese unerfüllte Sehnsucht und Unzufriedenheit führt im besten Fall zu verschenkter Lebenszeit, im schlechtesten Fall zu gravierenden seelischen Schäden.

Lassen Sie das nicht mit sich machen!
Nehmen Sie es nicht einfach so hin,
dass andere die Partitur Ihres Lebens
schreiben und zu allem Unglück
auch noch den Takt vorgeben.

Manchmal haben wir das Gefühl, dass es sinnvoll ist, sich an die Erwartungen anderer anzupassen. Und warum? Weil wir glauben, dass wir dann Ruhe und Frieden haben.

Doch was passiert stattdessen? Oft machen Sie so ein Fass ohne Boden auf. Denken Sie an das Goethe-Zitat zu Beginn dieses Kapitels: Viele Menschen entpuppen sich dann als A... mit Ohren, die ihre Erwartungen an Sie sogar immer weiter nach oben schrauben, statt mit dem zufrieden zu sein, was Sie ihnen bereits zugestanden haben. Hier wird eine geradezu paradoxe Erwartungsinflation in Gang gesetzt, die nirgends einen Halt macht. Sondern die eine immer extremere Wucherung erzeugt, die sich auf mehr und mehr Bereiche ausweitet und schließlich alles erstickt, was sie früher mal Ihre persönliche Freiheit genannt haben.

Als Beispiel, welche Blüten so ein Irrsinn treiben kann, hier Auszüge aus dem Erwartungsdrama, das ich bei einem meiner letzten Arbeitgeber erlebt habe. In der Kantine des Unternehmens gab es einen Tisch, an dem gewöhnlich nur die Top-Führungskräfte speisten. An den vielen anderen Tischen nahm das Fußvolk Platz, das sich fleißig den Mund über die Bewohner der Exklusiv-Etagen zerriss. Diese Sitzordnung war natürlich nie offiziell festgelegt worden, hatte sich aber irgendwie als »ungeschriebenes Gesetz« so festgetreten wie die Laufstraßen auf dem Teppich unserer damaligen Schalterhalle.

Als ich gerade mal drei Tage bei diesem Institut beschäftigt war, kam ich mit einer dieser Top-Führungskräfte (weiblichen Geschlechts) in ein charmantes Gespräch. Am vierten Tag sah ich sie in der Kantine an dem Top-Führungskräfte-»Stammtisch« sitzen. Selbstverständlich (jedenfalls aus meiner Warte) setzte ich mich dazu. Was hätte auch schon dabei sein sollen? Falsch gedacht!

Den anschließenden Aufstand am Katzentisch können Sie sich nicht annähernd vorstellen. Wie meine Arbeitskollegen mich für dieses aus ihrer Sicht unangemessene Verhalten gescholten haben, war Sitcom-reif (wenn dieser Irrsinn nicht so traurig gewesen wäre). Wie käme ich bloß dazu, mich für den Top-Führungskräfte-Tisch zu entscheiden? Schließlich rangierte ich doch auf der Evolutionsleiter der internen Hierarchie irgendwo zwischen Amöbe und Wimperntierchen. Und Neuling sei ich obendrein. Pfui!

Zunächst bedachten mich die Kollegen mit »Zurück in Reih' und Glied«-Appellen, die als »freundschaftliche Ratschläge« getarnt waren. Als das nicht fruchtete, steigerten sie diese Appelle in massiven Druck und Repressalien.

Interessant ist Folgendes: Wenn Sie schauen, wer am kräftigsten mit der Faust ausholt, um Ihnen eines reinzuhauen, werden Sie Folgendes feststellen: Häufig sind es diejenigen, die Ihr unangepasstes Verhalten, das Sie, der Rebell, an den Tag legen, im tiefsten Inneren bewundern. Diese heimlichen Fans selbst aber würden sich nie und nimmer trauen, dasselbe zu tun. Derjenige, der die Repressalien gegen Sie in Gang setzt, fühlt sich durch Ihr mutiges Handeln schmerzhaft an sein eigenes Versagen erinnert. Das ist unerträglich für ihn – und deshalb straft er Sie lieber, statt sich selbst von den Ketten der Fremdbestimmung zu befreien.

Wie stellte doch die österreichische Dichterin Marie von Ebner-Eschenbach erschreckend treffend fest?

»Glückliche Sklaven sind die erbittertsten Feinde der Freiheit.«

In der Tat: Wer sich nicht traut, die Unfreiheit der gesellschaftlichen Fremdbestimmung abzuschütteln, der redet sie sich eben schön. So lange, bis er diese Lebenslüge selbst glaubt. Und »Freigeister« werden dann tatsächlich als reale Bedrohung des eigenen vorgegaukelten und daher brüchigen Glückszustands angesehen.

Einen weiteren Sturm im Wasserglas beim selben Arbeitgeber möchte ich Ihnen nicht vorenthalten: Es war Winter, es war entsprechend kalt – und ich trug, na, was wohl? Handschuhe. Rote Handschuhe. Ich fand sie wirklich cool, sahen sie doch ein bisschen aus wie stylische Boxhandschuhe. Ich dachte mir nichts Böses dabei, denn Rot war ja schließlich die Farbe des Logos meines Arbeitgebers.

Aber inzwischen dürften Sie es schon ahnen: Die Katzentisch-Bewohner fuhren sogar angesichts meiner Handschuhe ihre scharfen Krallen aus. Denn rote Handschuhe, nein, das entsprach nun so gar nicht dem Erscheinungsbild, das man von mir erwartete. Vielleicht lag es ja daran, dass der Farbton nicht exakt HKS 13 war (dieser Hinweis ist für die Insider unter Ihnen). »Drauf gesch…!«, dachte ich mir nur. Aber da hatte ich mal wieder ohne die lieben Kollegen gedacht.

Hätten diese Typen fürs Lästern Zinsen bekommen – sie wären samt und sonders nach einer Woche Millionäre gewesen. Es sprach sich herum wie ein Lauffeuer, was ich denn bloß für ein bescheuerter Typ sein müsse, da ich doch rote Lederhandschuhe trug.

Natürlich habe ich angesichts dieser Ereignisse nicht gerade gejubelt. Natürlich hat mich das belastet. Auch ich bin ein Mensch, der Zuneigung und Anerkennung benötigt. Aber mir war völlig klar, dass zu Kreuze kriechen für mich nicht in Frage kommt, sondern ich mir dennoch treu bleibe.

Ich möchte Sie von ganzem Herzen dazu ermuntern, »Ihr Ding« zu machen, Ihren Beat zu leben und ein positiver Außenseiter zu sein. Die Betonung liegt auf »positiv«.

Was verstehe ich darunter? Ein »negativer« Außenseiter ist jemand, dessen Motiv es ist, destruktiv zu sein, zu provozieren und aufzufallen. Ein »positiver Außenseiter« ist jemand, der Konventionen bricht, um er selbst zu sein. Er tut es nicht um der Außenwirkungen willen, die ist ihm sogar völlig gleichgültig.

Ich will nicht verhehlen, dass dieser Weg besonders anfangs anstrengend und schmerzhaft sein kann. Es werden Zeiten kommen, in denen Sie sich einsam und isoliert fühlen. Aber die Belohnung kommt mit Sicherheit und fällt sehr üppig aus. Denn das Leben revanchiert sich dann mit einem nie gekannten Grad an Erfüllung und Selbstachtung. Sie werden Abenteuer erleben, von denen die angepassten Seelen noch nicht einmal träumen können.

Und apropos Seele …

Ihre Seele wächst umso stärker, je stärker die Erwartung, mit der Sie gebrochen haben, gewesen ist.

Ich brauche nicht viel Fantasie, um mir Ihren skeptischen Gesichtsausdruck beim Lesen dieser Zeilen vorzustellen. Wie bringt man den Mut auf, im positiven Sinne, aus der dumpfen Schafherde auszubrechen?

Nach meiner Erfahrung hilft es ungemein, sich an entsprechenden Vorbildern zu orientieren. Ich beispielsweise verdanke den Mut zum positiven Anderssein u.a. meinem lieben Vater.

An seinem Verhalten wird eine seltsame Art von Schizophrenie deutlich: Einerseits schärfte er mir oft genug ein: »Pass dich an! Was sollen denn die anderen denken? Reiß dich zusammen!« Ich kann nur vermuten, dass auch bei ihm versucht worden war, ihn durch Erwartungshaltungen zu steuern. Dementsprechend meinte er, als »Erziehungsberechtigter« gehöre es einfach dazu, seinem Kind derart klug klingende Ratschläge mit auf den Lebensweg zu geben.

Um jetzt auf diese Schizophrenie zurückzukommen: Er hat teilweise komplett anders gelebt, als er es mir selber geraten hat – und wurde daher zu meinem großen Vorbild. Wenn ihm etwas wichtig war, hat er es konsequent durchgezogen. Egal, was seine Umwelt von ihm dachte und wie heftig der Hagel an Kritik ausfiel, der auf ihn niederprasselte. Mehr als einmal wurden ihm nicht nur Steine in den Weg gelegt. Nein, oft schichteten seine Gegner gleich Unmengen von Felsen auf.

Meinem Vater war Gerechtigkeit extrem wichtig. Noch heute staune ich über sein schier unglaubliches Durchhaltevermögen, wenn es darum ging, Dinge geradezurücken, die aus seiner Sicht extrem ungerecht waren. Ich will hier nur zwei Beispiele anführen, um nicht zu weit abzuschweifen.

Vielleicht gehören Sie zu denen, die sich noch lebhaft an die ersten Wimbledon-Erfolge von Boris Becker erinnern können. Diese Triumphzüge machten Tennis in Deutschland ruck-zuck ungeheuer populär – aber das änderte nichts daran, dass dieser Sport extrem elitär und ein teures Vergnügen war. Mein Vater empfand das als ungerecht. Er fand es ungerecht, dass dieser so genannte Volkssport für eben große Teile des »Volkes« unerschwinglich war: Tennis mache doch Spaß und müsse deshalb für jedermann zugänglich sein, unabhängig vom Einkommen und sozialen Status.

Seine Lösung war ebenso genial wie pragmatisch: Er gründete kurzerhand einen so genannten »bürgerlichen Tennisverein«. Das Prädikat »bürgerlich« verdiente sich dieser Verein dadurch, dass die Mitgliedsbeiträge auch für Menschen bezahlbar waren, die aufgrund ihrer finanziellen Situation einen klassischen Tennisclub höchstens als Dienstbote betreten konnten. Ja, dieser Verein, den mein Vater gründete, bevorzugte sogar die einkommensschwachen Interessenten. Die Widerstände, die dieser »Affront« bei vielen etablierten Tennisfreunden heraufbeschwor, können Sie sich wahrscheinlich lebhaft vorstellen. Aber was machte mein Vater? Einfach weiter.

Die Wohnungsnot vor einigen Jahren gab meinem Vater ebenfalls Gelegenheit, seinen Gerechtigkeitssinn in ein handfestes Projekt umzumünzen. Als damals die Nachfrage nach Wohnungen deutschlandweit höher war als das Angebot, hatten Familien mit Kindern so gut wie keine Chance, eine bezahlbare und ausreichend große Wohnung zu finden. Was tat mein Vater? Er baute kurzerhand Wohnhäuser. Mehr noch: Er pfiff auf alle Regeln und Gesetze des freien Marktes und vermietete diese Neubauwohnungen ausschließlich an Familien mit Kindern und an alleinerziehende Frauen.

Ich danke dir, Vater, dass du dadurch zu meinem Vorbild für ein positives Außenseitertum geworden bist. Und ich wünsche Ihnen, liebe Leserin, lieber Leser, etwas von ganzem Herzen: Mögen auch Sie so einen Vater haben – oder so eine Mutter, so einen Bruder, so eine Schwester, so einen Freund oder so einen Bekannten ... Letzten Endes ist es egal, woher Ihr Vorbild stammt. Aber es ist extrem hilfreich, eines zu haben.

Wenn Sie keines haben, leben Sie trotzdem Ihren Beat: Fangen Sie damit an, sich im Tagesablauf ein paar stille, ungestörte Minuten zu reservieren. Nutzen Sie diese Ruhe, um aufmerksam in sich hineinzuhören. Nennen Sie es innere Stimme; nennen Sie es Intuition; nennen Sie es höheres Selbst; nennen Sie es Unterbewusstsein, nennen Sie es Gott – der Name spielt keine Rolle. Das einzig Entscheidende ist, welche Botschaft sie dabei erhalten: Was tun Sie in Ihrem Leben, weil Sie es wirklich möchten? Welche Tätigkeiten entsprechen Ihrem eigenen Selbst? Was sind Ihre Herzenswünsche?

Umgekehrt betrachtet: Was machen Sie ausschließlich, weil es gesellschaftlich erwünscht ist? Was nur, um irgendeine Belohnung zu erhalten, sei es durch Anerkennung, sei es durch Geld? Zu welchen Handlungen entschließen Sie sich, weil es bequemer ist oder weil Sie Konflikten aus dem Weg gehen wollen?

Und dann entscheiden Sie, von welchen dieser Dinge Sie sich als Erstes trennen möchten. Diese Entscheidung sollten

Sie auch umsetzen, denn diese erwartungskonformen Handlungen manipulieren Sie. Manipulation aber ist nichts anderes als Fremdbestimmung – und Fremdbestimmung ist nichts anderes als Gefangenschaft.

Lösen Sie sich von Erwartungen – und Sie haben den wichtigsten Schritt, Ihren eigenen Beat selbstbestimmt zu leben, bereits geschafft.

Natürlich werden Sie dabei auf Widerstand stoßen, auf Gegenwind. Herzlichen Glückwunsch! Ich meine das ohne jeden Sarkasmus, denn dieser Gegenwind beweist Ihnen, dass Sie auf dem richtigen Weg sind.

Auch in der Musik gibt es Künstler, die stark genug sind, sich von Erwartungen zu lösen. Herbie Hancock zum Beispiel ist ein begnadeter Jazz-Pianist, der in Sachen Musikpreise so ziemlich alles abgeräumt hat, was es zu gewinnen gibt. Zugleich hat er sich niemals davon abbringen lassen, immer wieder kreativ verrückt zu sein und Ausflüge in ganz andere Musikrichtungen zu wagen – teilweise sogar in die »kommerziellen Niederungen« dessen, was unter den Vertretern der reinen Jazz-Lehre naserümpfend als Popmusik bezeichnet wird.

So war er einer der ersten Musiker, der einen Vocoder eingesetzt hat. Das ist eine Art Synthesizer, in den man reinsingt oder reinspricht und der die menschliche Sprache stark verfremdet. Eine ganz normale menschliche Stimme wird dann beispielsweise zu einer Roboterstimme.

Sie werden sich noch an den Hit »Believe« von Cher erinnern, wo diesen Vocoder-Effekt bis zum Erbrechen eingesetzt wird. Oder an »Roboter« von der deutschen Kultband Kraftwerk.

Aber zurück zu Herbei Hancock: Er führte nicht nur den Vocoder ein, sondern profilierte sich als Pionier beim Scratchen in der Musik. Dabei wird die LP auf dem Plattenteller rhythmisch mit der Hand immer wieder vor- und zurückgeschoben. Beide Neuerungen entsprachen so ganz und gar nicht den Erwartungen seiner Fans, in deren Augen Hancock gefälligst »reinen Jazz« spielen sollte – und nicht dieses Pop-Gedudel à la »Rockit«. Aber dann hatte er – vor einem Auditorium eingeschworener Jazz-Fans – doch tatsächlich die Stirn, einige seiner Popstücke zu intonieren. Das ging ja gar nicht. Das entsprach so überhaupt nicht den Erwartungen jener Menschen, die seinetwegen eine teure Eintrittskarte gekauft hatten. Und ganz im Sinne von Sammy Davis jun. bekam Herbie Hancock prompt die Quittung: Einige seiner so genannten »Fans« bewarfen ihn mit Brezeln und Brühwürsten, die vor Ort verkauft wurden. Das Konzert musste sogar abgebrochen werden. So viel zum Thema »Offenheit und Toleranz« unter Jazz-Fundamentalisten.

Was aber viel wichtiger ist: Herbie Hancock hat sich davon in keiner Weise beeindrucken oder gar von seinem Weg abhalten lassen. Immer wieder standen musikalische Experimente auf seiner Agenda. Er schuf Neues und Spannendes und bereicherte damit die Musikwelt ungemein. Wodurch ist ihm das gelungen? Dadurch, dass er neugierig blieb und dadurch, dass er das spielte, was im Augenblick seinem Inneren entsprach.

Aber lassen Sie sich durch meine Worte nicht dazu verleiten zu glauben, dass nur Jazz-Fanatiker derart verbohrt auf »die Missachtung ihrer heiligsten Erwartungen« reagieren können. Kein Kulturbeflissener ist davor gefeit. Thomas Quasthoff beispielsweise wird weltweit als einer der besten Bariton-Sänger geschätzt – natürlich im Bereich der Klassik. Er hat es sich nicht nehmen lassen, daneben auch zwei Jazz-Alben aufzunehmen. Und was ist passiert? Besagte Platten wurden von vielen Kritikern niedergemacht – interessanterweise von Kritikern beider Genres, also von Experten klassischer Musik und von Jazzexperten gleichermaßen.

Und? Hat sich Thomas Quasthoff von diesen Verrissen beeindrucken lassen? Oder gar aufgehört, »nebenbei« Jazz zu machen? Von wegen! Er nahm es mit Gelassenheit und Humor und sagte: »Egal, was ich mache, ich werde kritisiert. Deshalb kann ich einfach machen, was ich will – ist das nicht wunderbar?«

Halten Sie es genauso. Überwinden Sie gelassen Erwartungen und genießen Sie die Faszination kreativer Verrücktheiten.

Schieben Sie das nicht so lange auf. Warten Sie nicht, bis sich Ihre unterdrückten Gefühle explosionsartig entladen.

Ich denke dabei an eine Schlüsselszene aus dem Spielfilm »American Beauty«, die ich unweigerlich vor Augen habe, während ich diese Zeilen schreibe.

Eine typische US-amerikanische Familie sitzt um den Esstisch, so, wie sie es an jedem Abend tut. Dieses Abendessen ist zu einem regelrechten Ritual verkrustet, das eine heile Welt vorgaukeln soll, in der es aber in Wahrheit nur noch seelische Abgründe und latente Konflikte gibt. Passenderweise findet dieses Abendessen, wie jedes Abendessen dieser Familie, bei klassischer Musik statt. Und das, obwohl der »Herr des Hauses« klassische Musik hasst.

An einem dieser Abende bittet er seine Familienmitglieder (Frau und Tochter), ihm einen Teller mit Spargel zu reichen. Während die ihm verhassten Klänge klassischer Musik an sein Ohr dringen, bemerkt er, dass sein Wunsch, ja das er selbst als Person hartnäckig ignoriert wird. Als er auch nach mehrmaligem Bitten immer noch keine Aufmerksamkeit findet, platzt ihm schließlich der Kragen und er schmeißt seinen Teller gegen die Wand.

Als Zuschauer dachte ich: »Endlich!«

Hier geht es zum Musikbeispiel:

http://www.martinklapheck.de/lebedeinenbeat-kapitel2

KAPITEL 3
Die richtige Melodie im Kopf: Gedanken des Gelingens

Sie werden mich gleich hassen.

Denn angesichts dieser Überschrift kann ich der Verlockung einfach nicht widerstehen, so richtig »tierisch« in dieses Kapitel einzusteigen. Konkreter gesagt: mich einem Lebewesen zu widmen, auf das die meisten Menschen nicht gut zu sprechen sind. Nicht, sobald es um »Melodien im Kopf« geht.

Ich spreche vom gemeinen Ohrwurm. Kein Biologiebuch bildet ihn ab; kein Zoogehege stellt ihn aus. Und dennoch ist dieses Geschmeiß allgegenwärtig. Wobei »gemein« fast schon ein untertriebener Ausdruck ist.

Soll ich jetzt fies sein? Nun, dann schreibe ich jetzt nur ganz kurz: »Last Christmas I gave you my heart. But the very next day you gave it away …«[2] Aaaargh! Hören Sie es bereits? Wie verflucht schnell er sich doch in Ihrem mentalen Gehörgang festgekrallt hat, dieser hundsgemeine Wham!-Wurm. Das schafft dieses Kroppzeug sogar, wenn die Portemonnaies der westlichen Käuferscharenwelt gerade nicht auf Weihnachtsmodus umgeschaltet werden sollen. Wetten, dass Sie diesen untoten Weihnachts-Kommerz-Melodiefetzen so schnell nicht aus Kopf und Ohr kriegen werden?

Das Beispiel des Ohrwurms zeigt, wie stark uns bestimmte Melodie-Dauerschleifen im Gehirn beeinflussen, aufregen oder eben aufmuntern können. Im Falle der eben erwähnten Melodie-Fragmente, die uns so unvermittelt anfallen wie die Zecke den Hund, hat das wahrscheinlich vorwiegend negative Auswirkungen. Denn gerade, wenn uns partout nicht einfallen will, wo wir dieses vermaledeite Musikschnippselchen eigentlich einordnen sollen, ist das buchstäblich zum Verrücktwerden. Aber sehen wir es doch positiv: Mit der richtigen Melodie im Kopf könnten Sie deren Kraft nutzen, um sich zu motivieren und Ihre Lebensziele zu erreichen. Wobei der Begriff »Melodie« auch im metaphorischen Sinne gebraucht werden kann.

Ich möchte Sie einladen, ab jetzt stärker auf Ihre Gedanken zu achten, destruktive Vorstellungen aus Ihrem Kopf zu drängen und durch konstruktive zu ersetzen.

Achte auf deine Gedanken, denn sie werden Worte.

Achte auf deine Worte, denn sie werden Handlungen.

Achte auf deine Handlungen, denn sie werden Gewohnheiten.

Achte auf deine Gewohnheiten, denn sie werden dein Charakter.

Achte auf deinen Charakter, denn er wird dein Schicksal.

Das sagt der Talmud, eine Sammlung von Weisheiten aus dem Judentum. Und egal, welcher Weltanschauung Sie den Vorzug geben: Diese Mahnung ist berechtigt.

Beeinflussen unsere Gedankenmelodien im Kopf doch unsere Gefühle und unserer Gefühle wiederum unsere Handlungen. Unsere Handlungen münden letztlich in Ergebnisse und bestimmen unsere Lebensqualität.

Haben Sie Lust auf ein kleines Experiment? Dann stellen Sie sich Folgendes vor: Sie haben eine Überseereise gebucht. Seit Wochen freuen Sie sich darauf wie ein kleines Kind. Ganz intensiv haben Sie sich darauf vorbereitet, haben entsprechende Websites besucht, Reiseführer durchstöbert,

Videos geguckt. Stück für Stück haben Sie sich so in Ihre Vorfreude hineingesteigert, die bekanntlich ja die schönste sein soll.

Und jetzt ist er endlich da – der große, heiß ersehnte Tag der Abreise. Ihr »mentaler Ohrwurm« versorgt Sie schon seit Wochen kontinuierlich mit positiven Adrenalinschüben. Und nun, da Sie am Flughafen stehen, könnten Sie platzen vor lauter Lust am Leben und Verreisen. Sie geben frohgemut Ihr Gepäck auf, haben noch etwas Zeit bis zum Boarding und schlendern deshalb selig lächelnd mit einem Becher herrlich duftenden Cappuccinos in der Hand durch die Abflughalle.

Immer noch bester Laune schauen Sie aus dem Fenster aufs Rollfeld: da! Die Maschine, die Sie ans Ziel bringen wird, bewegt sich schon auf ihre Startposition auf dem Rollfeld. Hurra! Jetzt schlägt das Herz in Ihrem Brustkorb fast schon Purzelbäume.

Eher beiläufig fällt Ihr Blick auf einen der Fernseher, die in dieser Abflughalle vielerorts aufgestellt sind. Doch was ist das? Was wird denn da berichtet? Ein Flugzeug ist gerade abgestürzt? 150 Tote? Um Gottes Willen – es hat zu allem Unglück jene Airline getroffen, deren Flieger gerade auf Sie wartet. Um Gottes willen!

Während sich das Entsetzen in Ihr Gesicht meißelt, ändern sich Ihre Gefühle mit der Gewalt einer Sturzflut nach einem Staudammbruch: Wo noch vor ein paar Augenblicken Ihr Herz fröhlich gepocht hat, fühlen Sie jetzt ein paar Zentimeter tiefer einen bleischweren Klumpen. Es ist erst ein paar Sekunden her, da hatten Sie noch stabile Kniegelenke. Doch die wurden gerade durch gekochte Spaghetti ersetzt.

Warum eigentlich? An der Wahrscheinlichkeit, dass Sie wohlbehalten Ihr Reiseziel erreichen werden, hat sich doch nichts, aber auch gar nichts geändert. Heißt es nicht, dass der Blitz niemals zweimal an derselben Stelle einschlägt? Aber ich wette, dass Ihnen in diesem Augenblick weder platte

Volksweisheiten noch Statistiken helfen. Von Vorfreude kann keine Rede mehr sein. Sie fühlen sich einfach hundeelend.

Denn jetzt hat ein anderer Ohrwurm das Kommando übernommen: Ihre Gedanken kreisen nur noch um den möglichen Absturz Ihres Flugzeugs. Ihr ganz persönliches Gehirnkino hat sein Programm blitzschnell umgestellt und lässt ausschließlich Katastrophenfilme über Ihre mentale Leinwand flimmern. Und der Filmvorführer denkt gar nicht daran, die fröhlichen Streifen wieder einzulegen, mit denen er noch wenige Minuten zuvor den Projektor bestückt hat.

Was Sie jetzt tun, hängt natürlich stark von Ihrer grundsätzlichen Natur ab. Möglicherweise werden Sie auf der Stelle zum Flugschalter rennen und diesen Todesflug (dessen sind Sie sich sicher) stornieren. Wahrscheinlich wird sich an diesem Schalter schon eine Menschentraube angesammelt haben und Sie werden nicht der Einzige sein, der lieber auf Nummer sicher geht.

Falls Sie stattdessen über einen mentalen Rossmagen verfügen, schlucken Sie Ihre Befürchtungen tapfer hinunter und machen sich dennoch auf den Weg zu Ihrem Flugzeug. Aber mit hoher Wahrscheinlichkeit werden Sie zum Smartphone greifen und Ihre Familie anrufen, um – ein letztes Mal? – die Stimmen Ihrer Angehörigen zu hören. Und Ihre Liebsten werden Sie wahrscheinlich geradezu beknien, die Flugreise abzubrechen. Denn auch zu Hause haben Ihre Hinterbliebenen in spe natürlich von der Katastrophe erfahren.

Falls Sie fliegen, werden Sie zumindest mit einem äußerst miesen Gefühl im Bauch auf Ihrem Flugzeugssitz Platz nehmen und heilfroh sein, wenn Sie wieder festen Boden unter den Füßen haben.

Wenn Sie also Ihre Lebensqualität verbessern und endlich das pralle Leben genießen wollen, müssen Sie an der Wurzel (allen Übels?) ansetzen: Ihren Gedanken. »Wir alle sind das Resultat unserer Gedanken«, hat schon der altrömische Philosophen-Kaiser Marc Aurel erkannt. Sie müssen kein mathematisches Genie sein, um zu wissen, dass das, was rechts neben dem Gleichheitszeichen als Ergebnis steht, identisch ist mit dem, was links zu finden ist: $1 + 1 = 2$. Das ist dermaßen banal, dass man oft genug nicht mehr konsequent darüber nachdenkt. Fatal.

Denn wenn Sie lieber eine Drei haben wollen, dürfen Sie es nicht beim $1 + 1$ belassen. Wenn Sie Äpfel ernten wollen, dürfen Sie keine Disteln säen. Wenn Sie Glück, Reichtum und Lebensfreude wollen, müssen Sie zuvor auch an und in Glück, Reichtum und Lebensfreude denken. Eigentlich logisch. Umso seltsamer, dass die wenigsten Leute darauf kommen, wie stark so gut wie alles im Leben von diesem extrem einfachen Wenn-dann-Zustand abhängt.

Wenn Sie sich also einen nützlichen Ohrwurm ins Ohr setzen, wird sich das positiv auf Ihr gesamtes Leben auswirken.

Sehen Sie zu, dass Sie diesen Verbündeten füttern, und lassen Sie nicht zu, dass er von negativ gepolten Artgenossen verdrängt wird. Gerade die letztgenannte Gefahr lauert an allen Ecken und Enden.

Davor warnte schon Henry Ford, der geniale Automobil-Visionär und Fertigungs-Revolutionär: »Egal, ob du denkst, dass du etwas Bestimmtes schaffst, oder ob du denkst, dass du etwas Bestimmtes nicht schaffst – du hast in jedem Falle recht.«

In meinem Piano-Referat vermittle ich ja den Kern meiner Botschaft durch von mir live gespielte Klavierpassagen. Einmal verspielte ich mich bei einer schwierigen Stelle eines Stückes.

Als ich mich beim nächsten Auftritt wieder ans Klavier setzte, um das Stück zu spielen, geschah kurz vor dem Teil, an dem ich mich beim letzten Mal verspielt hatte, Folgendes: Ich erinnerte mich an den Verspieler und sagte zu mir selbst: »Puh, diese Passage ist richtig schwer, hoffentlich verspiele ich mich nicht wieder.« Und was ist passiert? Sie ahnen es schon, ich verspielte mich erneut genau an der gleichen Stelle. So ging es noch einige Auftritte. Jedes Mal dachte ich: »Hoffentlich verspiele ich mich nicht wieder.« Und genau das tat ich dann. In diese Falle der sich selbst erfüllenden Prophezeiung tappen wir Menschen leider immer wieder: Wir stellen uns das Resultat vor, das wir nicht wollen – und erhalten es gerade deshalb.

Ich konnte das Problem erst lösen, als es mir gelang, zu denken: »Du hast vor wenigen Minuten einen deutlich schwereren Part klasse gespielt – der, der jetzt kommt, ist richtig easy, das wird gut klappen.«

Der beschriebene »Wenn-dann-Zustand« und das Phänomen der »selbsterfüllenden Prophezeiung« wird von einem weiteren Phänomen ergänzt. Von Ihrem Wahrnehmungs- und Beurteilungsfilter.

Wahrnehmungsfilter? Freilich. Denn alles, was wir sehen, hören oder durch unsere anderen Sinne registrieren, wird zunächst einmal im Gehirn vorgefiltert. Würden Sie der Flut aus Eindrücken, die permanent auf uns einströmen, nämlich eins zu eins ausgesetzt, brächen Sie unter der Last dieses Informations-Tsunamis binnen Sekunden zusammen. Von dem, was »so alles« um Sie herum los ist, bekommen Sie in der Regel nur einen Bruchteil mit. Und das ist, wie wir eben gesehen haben, gut so. Nur angesichts überschaubarer Datenmengen können Sie wirklich vorausschauende Entscheidungen treffen.

Haben Sie sich schon mal ganz brennend ein neues Auto gewünscht? Haben Sie es vielleicht sogar ganz genau vor Augen gehabt: die Marke, die Farbe, die Ausstattung? Und ist es Ihnen anschließend nicht auch so vorgekommen, als ob Ihnen beim lockeren Schlendern durch die Straßen

Ihrer Stadt plötzlich an allen Ecken und Enden genau dieses Traumauto begegnete?

Wie immer man das interpretiert: Einer der Faktoren, die zu diesem Phänomen führen, ist die Umwandlung unserer psychologischen Umgebungsfilter, sobald wir uns mit einem konkreten Vorhaben intensiv beschäftigen. Plötzlich lässt der Filter zum Beispiel optische Informationen durch, die er vor unserer »Wunschformulierung« wegen Irrelevanz herausgesiebt hätte. Wir erkennen plötzlich Chancen, die zwar auch vorher da waren, die wir jedoch aufgrund der falschen Filterkalibrierung nicht erkennen wollten oder konnten.

Die meisten von uns sind sich dieser Verdunkelungsjalousien im Kopf leider Gottes gar nicht bewusst. Wir laufen gewissermaßen mit den Werkseinstellungen dieses Filters durchs Leben. Dabei haben Sie es selbst in der Hand, welche individuellen Informationen Ihnen der Filter zur Verfügung stellt.

Um einen Teil der guten Nachricht vorwegzunehmen:

Sie können Ihre Gedanken aktiv zum Positiven hin beeinflussen.

Wobei ich hinzufügen möchte: Sie können das nicht nur – Sie müssen es sogar, wen Sie sich gut fühlen möchten.

Denn unablässig strömt heute ein wahrer Sturzbach aus negativen Informationen auf uns ein, und die haben negative Gedanken zur Folge. Warum das so ist, dazu komme ich später. Aber halten Sie sich vor Augen, dass dieses Dornengestrüpp aus kollektiven negativen Gedanken all Ihre Handlungen umrankt und im allerschlimmsten Fall verhindert, dass Sie jemals ins Handeln kommen. Wenn Sie etwas mehr Glück haben, ergreifen Sie trotz dieser negativen Vorbelastung die Initiative – aber dann mit angezogener Handbremse und ohne richtige Orientierung. Was nur folgerichtig ist, weil Sie für vorhandene Chancen ja keinen Blick haben. Und wenn Sie Ihre Chancen im doppelten Sinne des Wortes nicht wahrnehmen, können Sie sich an den Fingern einer Hand abzählen, wie sich das auf Ihr Leben auswirkt.

Das Elend beginnt schon, wenn Sie morgens das Radio einschalten oder Ihr Ei im Schummerlicht des Frühstücksfernsehens köpfen. Wenn Sie noch nebenbei Ihre Morgenzeitung studieren, werden Sie von negativen Nachrichten geradezu niedergekeult: technische Desaster, Naturkatastrophen, Kriege, Hungersnöte, Umweltzerstörung, Verbrechen, Stuss aus Politikermund ... Davon »gönnen« Sie sich Tag für Tag die volle Dröhnung.

Schließlich gehört es zum gesellschaftlich erwarteten Selbstverständnis eines »mündigen« Bürgers, dass er sich über das Tagesgeschehen informiert. Nun, gegen Information ist nichts einzuwenden. Da wir Menschen aber zur Faulheit tendieren, informieren wir uns nicht – wir lassen uns »informieren«. Von anderen, die uns jene Informationen vorkauen und vorsetzen, die sie für servierenswert halten. Wir betrachten die Welt fast nur noch durch die Brillen anderer.

Und diese Brille ist voll aufs Negative geeicht. Das ist eine Art kollektives »Ich wünsch mir ein blaues Auto und sehe es nun überall«-Phänomen. Nur eben nicht für Autos, sondern für alles Schlechte in der Welt.

Im Klartext heißt das: Die Nachrichten- und Informationsmischung, die Sie Tag für Tag vorgesetzt bekommen und oft genug ungefragt hinunterschlucken, bildet keineswegs die »umfassende Wahrheit« ab, sondern ist stark ins Negative verfärbt.

Aber weshalb wird überwiegend Negatives berichtet und das auch noch aufgebauscht und übertrieben?

Das liegt daran, dass die Informationsflut nie so gewaltig war wie heute. Und damit Nachrichten und damit Medien überhaupt noch wahrgenommen werden, müssen die Nachrichten möglichst negativ sein.

Dieses Prinzip heißt »Alarmismus«. Um Wirkung zu erzielen, muss ein kommunikativer Alarm ausgelöst werden, der umso besser funktioniert, je stärker er ist.

Ja, man muss inzwischen ordentlich auf den Putz hauen, um überhaupt noch mit seiner Botschaft wahrgenommen zu werden. Ein unerreichter Meister darin ist natürlich die *Bild*-Zeitung.

Aber auch seriösere Informationsquellen wie öffentlich-rechtliche Sender arbeiten nach dem Prinzip des Alarmismus. Das ist schon deshalb notwendig, weil auch »Erstes, Zweites, Drittes …« in Konkurrenz mit den privaten Medien stehen. Deshalb werden Sie niemals den Tag erleben, an dem Sie das *Heute*-Journal nur mit positiven Nachrichten beglückt. Vielmehr wird getrickst, dass sich die Balken biegen: Aus dem Doppelmörder wird hurtig ein Serienkiller; ein normales Feuer weitet sich zumindest in den Schilderungen der Reporter gleich zum Großbrand aus. Und wenn ein Flugzeug Probleme mit dem Druckausgleich bekommt und deswegen seine Reiseflughöhe zügig reduziert (was ein ganz normales Manöver ist), macht so mancher Reporter einen »dramatischen Sturzflug« daraus.

Der Alarmismus zeitigt ebenso andere, giftige Früchte – in Form neuer Wortschöpfungen. Das 21. Jahrhundert ist ja noch lange nicht vorbei. Und doch hat es laut mancher Gazetten schon so einige »Jahrhundertfeuer« und »Jahrhunderthochwasser« gegeben. Wenn all diese Blätter recht hätten, bräuchten wir uns bis zum Ende des 21. Jahrhunderts keine Sorgen mehr über solche Katastrophen zu machen. Bedeuten solche alleinstellenden Randale-Wörter, wörtlich genommen, doch nichts anderes, als dass etwas ähnlich Katastrophales zumindest bis zum nächsten Jahrhundertwechsel nicht mehr eintreten kann. Sie und ich sehen, dass hier ein Sprichwort greift: »Die Hoffnung stirbt zuletzt – aber sie stirbt.«

Only bad news are good news. Frei, aber den Sinn treffend übersetzt: Nur die schlechten Nachrichten lassen sich bestens verkaufen. Nachrichten sind Waren – Waren, die Geld bringen sollen. Wenn das Produkt »gute Nachricht« kaum Aufmerksamkeit und damit so gar keine Kauflust anregt, die schlechte Neuigkeit sich hingegen wie geschnitten Brot verkauft – welches Angebot wird der »kluge Kaufmann« namens Redakteur dann wohl vorwiegend ins Sortiment aufnehmen?

Aber dieses Prinzip wäre nicht erfolgreich, wenn es keine entsprechende Nachfrage nach solchen Nachrichten gebe. Woher kommt also die Faszination am Bösen und Schlechten?

Das hat etwas mit unserer Evolution zu Menschen zu tun: In grauer Vorzeit waren wir umgeben von unmittelbaren Gefahren – wilden Tieren, giftigen Pflanzen, feindlichen Kriegern ... Um zu überleben, mussten die frühen Menschen sich notgedrungen auf das »Bedrohliche« in ihrer Ur-Welt konzentrieren und alles andere ausklammern. Das Angenehme und Gute wäre nicht geeignet gewesen, diesen Überlebensinstinkt auszulösen. Sich am Schönen zu erfreuen hätte die Aufmerksamkeit unserer Ahnen nur von den Gefahrenherden abgelenkt. Dieses Urmenschen-Erbe hat sich in unsere moderne Welt herübergerettet. Wir sind immer noch als Höhlenmenschen unterwegs; ohne Fell und Faustkeil vielleicht, dafür aber mit Laptop und Tagesthemen-Katastrophenberichterstattung.

Unsere Vorliebe für schlechte Nachrichten steckt schlicht und ergreifend in unseren Chromosomen.

Deshalb lautet meine Empfehlung für mehr Lebensqualität:

Machen Sie sich das Wirken des Alarmismus beim Lesen, Anschauen, Hören und Bewerten solcher Nachrichten bewusst.

Und stellen Sie sich auch häufiger die Frage, welche Bedeutung bestimmte Nachrichten für Sie haben.

Da zerreißen sich die Medien das Maul darüber, dass Bundespräsident Joachim Gauck nicht mit seiner Lebensgefährtin Daniela Schadt verheiratet ist. Das passe doch wohl nicht zum Amt des Bundespräsidenten. Kluge Ratschläge, nicht nur von bayerischen Politikern, bis wann die beiden zu heiraten haben, folgten. Oder es wird über das Dekolletee von Kanzlerin Angela Merkel bei den Bayreuther Festspielen diskutiert.

Irgendwelche völlig Unbekannten gründen vor laufenden TV-Kameras eine Art Utopia, zoffen sich, lieben sich, ziehen scharenweise wieder aus – und Millionen von Menschen regen sich über den Eklat auf, dass hinter diesen Kulissen geschummelt und geschoben wird auf Quoten-Teufel komm raus?

Legen Sie doch als Maßstab die Frage an, welche Bedeutung solche Nachrichten für Ihr Leben haben. Wie viel Zeit sollten Sie solchen Meldungen widmen?

Ich verstehe einfach nicht, wie tief viele Menschen in diese Brühe eintauchen. Und das immer und immer wieder. Ja, dass sie sich darüber sogar in Rage reden und am liebsten gegenseitig an die Gurgel gingen. Und dann die ganzen Marktplätze der Belanglosigkeiten. Damit meine ich Internetforen, die sich bis zum Exzess mit diesen Belanglosigkeiten beschäftigen. Hunderte, teilweise sogar Tausende tippen dazu Ihre Kommentare, bis die Tastatur raucht. Gibt es keine anderen Herausforderungen auf der Welt? Kann die Lebenszeit nicht sinnvoller genutzt werden?

Denn genau darum geht es: Wie nutzen Sie und ich unsere knappe Lebenszeit optimal?

Mein Tipp lautet daher: Machen Sie Diät!

Nein, keine Angst, ich meine damit nicht, dass Sie abnehmen sollten. Ich rate Ihnen vielmehr zu einer Informations-Diät.

Verzichten Sie auf einen Gutteil der alltäglichen Nachrichtensendungen, und wählen Sie den Rest mit Sorgfalt aus. Sie besorgen sich Ihr Essen ja (hoffentlich) auch nicht aus der Bio-Mülltonne, oder? Die gleiche Pingeligkeit sollten Sie bei Ihrer Zeitungs-, Fachzeitschriften- und Fachbuch-Lektüre an den Tag legen. Das schafft nicht nur Freiräume, sondern schützt Sie auch vor der einen oder anderen überflüssigen Angst oder gar Panik.

So habe ich zum Beispiel im Frühjahr 2015 von der damals akuten, großen Grippewelle erst erfahren, als ich wegen eines Routinechecks meinen Hausarzt aufgesucht und er mir diese »Neuigkeit« erzählt hatte. Angeblich hätte diese »Epidemie« laut diverser Nachrichtensendungen bald halb Nordrhein-Westfalen ausgerottet. Auch das war mal wieder heiße, aber gut verkäufliche Blattmacher-Luft.

Lassen Sie zum Spaß die angeblich ultratödlichen Bedrohungen der vergangenen Jahre vor Ihrem inneren Auge Revue passieren: Wie war das mit BSE oder der Vogelgrippe? Auch angesichts des artverwandten Schweinevirus haben sich so manche Hasenfüße voreilig ihren eigenen Grabstein bestellt. Oder erinnern Sie sich an Sars? »Die Seuche gefährdet auf dramatische Weise das fragile Netzwerk der globalen Wirtschaft« schrieb der Spiegel 2003. »Existenzbedrohend könnte es für Börsen und Banken werden. Sollten Händler erkranken, müssen die Handelssäle weltweit sofort geschlossen werden. Auch ohne solche Maßnahmen kommen auf der Welt die Geschäfte zum Erliegen, weil die Angst vor dem mysteriösen Lungenvirus grassiert.« Komisch, dass Angst grassiert bei solchen Schlagzeilen, oder?

Damals wurde gern und häufig ein britischer Seuchenforscher zitiert, der eine halbe Million Tote in Europa voraussagte. Wie ist es ausgegangen? Es sind ca. 800 Menschen gestorben, aber nicht in Europa, sondern in Asien. Das ist schlimm für die Betroffenen, keine Frage, rechtfertigt jedoch die künstlich durch Medien erzeugte Panik nicht annähernd.

Meine Abstinenz in dieser Richtung schützt mich vor diesem deprimierenden Alarmismus. Ich kann Ihnen ehrlichen Herzens und aus eigener Erfahrung sagen: Es lebt sich viel besser damit, manchen zum Nachrichten-Mount-Everest aufgebauschten Informations-Maulwurfshügel mit Missachtung zu strafen. Denn zum Beispiel Grippewellen-Schockmeldungen, die mich erst gar nicht erreichen, können mich auch nicht beunruhigen. Und was mich nicht beunruhigt, durchlöchert nicht mein mentales und das von ihm beeinflusste körperliche Immunsystem. Resultat: Diese Grippe habe ich nicht bekommen. Dabei habe ich mich, wohlgemerkt, vorher und nachher keineswegs zu Hause verkrochen und ängstlich vor der Welt versteckt.

Und nach erfolgreicher Informationsdiät – »Werden Sie Schatzsucher!«

Schatzsucher? Was meine ich damit?

Suchen Sie bewusst positive Nachrichten. Erfolgsstorys kreativer und motivierter Menschen, die beherzt ihrer Intuition folgen. Storys, die vielversprechende Wege zeigen. Solche Storys sorgen für gute Gefühle, Mut und Antrieb und bringen Sie auf neue, herausragende Ideen. Ja, solche Nachrichtenquellen gibt es. Ich denke zum Beispiel an das Wirtschaftsmagazin »Enorm« und die Internetseite »Futurzwei« von der Stiftung »Zukunftsfähigkeit«. Dort gibt es eine ganze Rubrik mit Geschichten des Gelingens. Nur kennt die leider kaum jemand.

Hier eine kleine Kostprobe:

Wenn die meisten Menschen an Kalifornien denken, denken sie an einen schönen Ort, an dem häufig die Sonne scheint. Doch mittlerweile wird Kalifornien von einer großen Dürreperiode geplagt. In vielen Monaten gibt es nur wenige Regentage und Wasser ist knapp und extrem teuer geworden. Das Straßenbild wird durch schicke Villen mit schönen Vorgärten geprägt, in denen meist eine große Rasenfläche dominiert.

Die Rationierung von Wasser hat dazu geführt, dass viele Villenbesitzer ihren Rasen einfach vertrocknen lassen. Da wirkt die Villa natürlich nur noch halb so schön.

Das fiel auch einem erfinderischen Unternehmer auf. Er überlegte, wie er das lösen könne. Nach 18 Monaten Forschung gelang es ihm, eine grüne Farbe zu entwickeln, die umweltverträglich ist. Seitdem lackiert er die Rasenflächen in den Vorgärten. Sie haben richtig gelesen: Er lackiert sie. Die Rasenfläche ist wieder schön grün und kein kostbares Wasser wird verbraucht.

Er gründete die Firma green canaris, die von Beginn an stark expandierte. Kein Wunder! Nachdem die ersten Rasenflächen lackiert waren, haben die Nachbarn mit den vertrockneten Rasen noch mehr unter diesem Zustand gelitten und lackierten ihren Rasen natürlich auch.

Na, tut es gut, so etwas zu lesen? Solche Geschichten sind wahre Schätze.

Also, kehren Sie den Informationsmüll aus Ihren Gehirnwindungen, und schaffen Sie so Platz für wirklich Wichtiges und unvergänglich Schönes. Es ist da – überall. Sie müssen nur Ihren inneren Filter neu einstellen, damit Ihre Augen, Sinne und Intuitionen auf das Erhebende in der Welt kalibriert werden.

Kennen Sie noch das gute, alte Kofferradio? Wenn Sie den Sendereinstellknopf auf einem Bereich stehen lassen, wo nichts anderes als Rauschen und atmosphärisches Zirpen aus dem Lautsprecher dringt, dürfen Sie sich weder wundern, dass keine schöne Musik Ihre Ohren verwöhnt. Noch dürfen Sie behaupten, dass es diese musikalische Schönheit nicht gibt. Drehen Sie lieber an Ihrem »inneren Knöpfchen«.

Verwenden Sie Ihren wertvollen »Kapitalstock« namens Lebenszeit, der mit jeder Sekunde unweigerlich kleiner wird, für die Dinge, die für Sie ganz persönlich wirklich wichtig und schön sind.

Es gibt doch so viele wichtige Dinge, die Ihr eigenes Leben unmittelbar betreffen, um die Sie sich kümmern sollten. Das kann Ihre Beziehung sein, der mehr wärmende Aufmerksamkeit guttäte. Oder Ihre Kinder, mit denen Sie lange nicht gespielt haben. Oder ein Hobby, das brachliegt. Vielleicht Musik zu machen, zu malen, etwas Aufbauendes zu lesen, sich weiterzubilden und zu lernen, zu meditieren und vieles, vieles mehr.

Womöglich kann wirklich Großes tatsächlich nur in der Zurückgezogenheit abseits des hektisch erscheinenden Welttrubels entstehen. Negative Stimmung und Ablenkung sind schließlich die denkbar schlechtesten Helfer, wenn Kreativität Früchte tragen soll. Wahrscheinlich deshalb lebte beispielsweise der geniale japanische Multi-Instrumentalist und Multi-Stilist Kitaro mit seiner Familie über Jahre völlig abgeschieden in einem Haus, das er in den tiefen Wäldern des US-Bundesstaates Colorado errichtet hatte – einschließlich eines eigenen Tonstudios, das mit allen Schikanen ausgestattet war.

Diese weltberühmte Ikone der Sphärenklänge und New-Age-Musik stattete der »Zivilisation« lange Zeit nur sporadische Besuche ab. Meistens, um sein jeweils neuestes Album vorzustellen, das er ganz bewusst dort in der Zurückgezogenheit komponiert und aufgenommen hatte, wo sich Polarfuchs und Schneehase eine gute Nacht wünschen (die Hardcore-Zoologen unter meinen Lesern mögen sich beruhigen: Das habe ich nur metaphorisch gemeint).

Wahrscheinlich würde Kitaro heute noch den musikalischen Einsiedler geben, hätte es nicht diesen fürchterlichen

Schneesturm gegeben. Der hätte Kitaros entrücktem, aber glückseligem Dasein nämlich durch seine pure Naturgewalt fast den Garaus gemacht. Und nur aus Rücksicht auf seine Familie suchte Kitaro anschließend wieder die räumliche Nähe zur lärmenden Welt des künstlich Überbewerteten[3].

Negative Nachrichten sind nur ein Teil dessen, was Sie runterzieht und Ihren Chancenblick vernebelt.

Einige unserer »lieben« Mitmenschen sind mindestens ebenso gut darin, alles schlecht zu machen. Sie kennen das sicher: Zeitgenossen, die immer nur jammern, dass früher doch alles viel besser war. Was für ein Unsinn! Oder möchten Sie sich eine Zahnbehandlung à la Anno tuktuk gönnen – ohne Betäubung und vom über die Dörfer wandernden Zahnreißer? (Doch, den Job gab's früher wirklich, und er wurde gern auch mal vom Henker um die Ecke übernommen. Da kommt doch helle Vorfreude auf, nicht wahr?)

Oder es wird gejammert, wie schlimm die Welt doch sei, wie korrupt die Politiker. Und dass man ja sowieso nichts dagegen machen könne.

Als ich noch als Angestellter arbeitete, wurde meist schon am Montagmorgen versucht, mir die gesamte Woche zu vermiesen – allein durch das vieldutzendfache Gezeter meiner Kollegen: Wie prächtig doch die Sonne schiene, ausgerechnet jetzt, wo man im Büro rackern müsse. Und wie beschissen sich das Wetter doch am Wochenende zeige, immer dann, wenn man Zeit hätte, es zu genießen. Ja, so grausam ist diese böse, böse Welt.

Wollen Sie sich wirklich von solchen Miesepetern und Miesepetras die Laune verderben lassen? Es geht ja nicht nur ums Wetter; es geht um Ihr gesamtes Leben, denn wenn

Menschen schon aus jedem Wetterbericht eine Staatsaffäre machen, können Sie darauf Gift nehmen, dass dieser Typus Mensch bei den wirklich essenziellen Themen des Lebens erst recht mit Genuss im Pfuhlschlamm wühlt. Trennen Sie sich von diesen Schmuddelkindern! Verbannen Sie sie aus Ihrem Leben! Das ist die einzig sinnvolle Reaktion.

Zugegeben, diese Hygienemaßnahme kann man in der eigentlich zu Gebote stehenden Gründlichkeit nicht immer durchziehen. Wenn Sie Ihren nervtötenden Kollegen an einer ukrainischen Autobahnraststätte anbinden und aussetzen, könnte das beim Rest der Bürobelegschaft später für leichte Irritationen sorgen. Wenn Sie diese Stimmungseintrübung nicht in Kauf nehmen wollen, sollten Sie zumindest den Kontakt mit solchen Unglückswürmern so weit wie möglich reduzieren.

Wo wir schon von schwierigen Menschen reden: Mein früherer Schwiegervater war vom selben Schlag. Ständig stritt er sich mit Gott und der Welt vor Gericht. Ausnahmslos alle um ihn herum verhielten sich grottenschlecht, waren Halsabschneider und illoyale Verräter. Aus seiner Sicht wurde er ständig nur ausgenutzt, wobei er selbst natürlich ausnahmslos alles zu 100 Prozent tipptopp erledigte und damit in jeder Minute einen höheren Beitrag für das Wohl der Menschheit leistete als Jesus und Mahatma Gandhi in deren beider Lebzeiten zusammen. Im Zeichenheft des Lebens malte er sich selbst als das arme Opfer, das tapfer, aber erfolglos den Attacken der bösen Welt trotzt.

Menschen solchen Schlages sind wie Zecken. Sie docken an, beißen sich fest und saugen Sie aus. Im Falle meines früheren Schwiegervaters sogar so lange, bis mein Vorrat an guter Energie leer war wie die Chipstüte nach dem Fernsehabend. Ich habe die Besuche bei ihm irgendwann komplett eingestellt. Denn die machten weder für mich noch für meine Frau noch für meinen Schwiegervater irgendeinen Sinn.

Natürlich war ich in seinen Augen dadurch dieser Armee der Finsternis ebenso beigetreten wie der Rest der Welt. Aber den Preis, derart buhmännisch eingestuft zu werden, habe ich liebend gern bezahlt.

Ich setze alles daran, mich mit Menschen zu umgeben, die positiv denken und agieren. Die von den Chancen reden, die das Leben bietet. Die begeistert und enthusiastisch von eigenen Erfolgen sprechen. Denn diese Euphorie steckt positiv an.

Wo sind weitere Dissonanzen in Ihrem Leben?

Zwar haben Wissenschaftler herausgefunden, dass Menschen mit »frisch gebrochenem Herzen« durchaus etwas Honig daraus saugen können, dass sie sich selbstmitleidig ab und zu einen Song oder eine Arie zum Thema »unglückliche Liebe« anhören. Aber Sie sollten das dosieren und irgendwann die Biege kriegen.

Ich möchte an dieser Stelle eine Lanze für Powermusik brechen. Powermusik? Was ist das?

Nun, so bezeichne ich Musik, die mich aufputscht und positiv emotionalisiert. Musik, die mich spüren lässt, was für ein toller Mensch ich bin, und die mir meine Stärken ins emotionale Gedächtnis zurückbringt. Ich habe mir auf meinem iPod ein Musikarchiv mit eben dieser Powermusik angelegt und greife immer darauf zurück, wenn ich ein musikalisches Aufputschmittel gebrauchen kann. Wenn mein eigenes Selbstwertgefühl im Keller ist, bringt mich Powermusik rasch wieder auf den seelischen Dachgiebel.

Machen Sie das auch. Probieren Sie es aus. Die Wirkung wird Sie überraschen.

Auch Filme, die Ihre Psyche mit Katastrophen oder Kriegen fluten, machen sich, im Übermaß genossen, ebenso negativ bemerkbar wie entsprechende Bücher, Zeitschriftenartikel oder Ballerspiele. Verstehen Sie mich nicht falsch: Es ist nicht notwendig, das komplett zu meiden (obwohl das auch eine Option wäre). Übertreiben sollten Sie es damit aber nicht. Finden Sie einen positiven Ausgleich dazu – es gibt so viele humorvolle und ermutigende Filme, inspirierende Motivationsbücher und andere geistige Quellen, die Ihre Gedanken langfristig auf den Erfolg lenken.

Ich selbst liebe es, Bücher zu verschlingen, die man als »Erbauungsliteratur« einstufen könnte. Bücher also, die mein Wohlbefinden spürbar steigern – schon während ich sie lese. Diese Autoren stärken mir den Rücken, schärfen meinen Blick für Chancen und sind wie Power-Dünger für mein persönliches Wachstum. Und ich hoffe, dass das Buch, das Sie just in diesem Augenblick lesen, eine ähnlich beflügelnde Wirkung auf Sie hat.

Wir neigen dazu, vorschnell zu urteilen.

Oft urteilen wir bereits, obwohl wir nur einen Teil der Informationen haben. Und häufig fällt dieses vorschnelle Urteil negativ aus.

In Indien erzählt man sich diese schöne Geschichte …

Ein Bauer gewann in der Lotterie ein Auto. Seine Freunde gratulierten ihm: »Du hast aber Glück gehabt!« Er antwortete: »Mag sein.« Er benutzte dieses Auto, und nach und nach fand er Gefallen daran. Eines Tages erlitt er einen Autounfall, und wegen seiner Verletzungen musste er im Krankenhaus behandelt werden. Seine Freunde bedauerten ihn: »Du hast aber Pech gehabt.« – »Mag sein«, lautete erneut seine Antwort. Während seines Klinikaufenthalts brach über sein Dorf ein großer Monsunregen herein; viele Häuser wurden stark beschädigt, manche komplett zerstört. Auch sein Haus fiel in Trümmer. Wäre er nicht im Krankenhaus gewesen, wäre er wohl gestorben. Letztlich war der Unfall also ein großes Glück für ihn.

Gewöhnen Sie sich an, nicht vorschnell zu bewerten, sondern offen zu bleiben und das mit einer positiven Grundeinstellung. Könnte es nicht sein, dass an dem vermeintlichen Desaster doch etwas Gutes ist? Oft liegt die Wendung zum Positiven nämlich im Verborgenen. Falls Sie dieses Positive nicht erkennen, sollten Sie sich bewusstmachen, dass Sie auch im wahren Leben zehn Meter vor einer Häuserbiegung noch nicht um die Ecke lugen können. Warten Sie also vertrauensvoll ab, bis Sie an der richtigen Stelle angekommen sind: eben der Wendung zum Guten.

Apropos: Professor Hans-Peter Dürr, ein Schüler des berühmten Quantenphysikers Werner Heisenberg und langjähriger Leiter des Max-Planck-Instituts, kommentierte unseren unheilvollen Hang, Negativem spontan eine größere Bedeutung zuzumessen als dem Positiven, mit diesem Bonmot: »Ein Baum, der umfällt, macht mehr Krach als ein Wald, der wächst.« Hüten Sie sich, vor einzelnen Negativ-Bäumen den positiven Forst nicht mehr sehen.

Nicht nur, dass wir häufig zu schnell bewerten. Wir neigen zudem dazu, unseren ersten Eindruck nicht intensiv genug zu überprüfen. Im Eiltempo ordnen wir eine Einschätzung in eine Schublade ein und sind mit der Sache fertig. Es kann ja nur so sein, oder? Unsere Erfahrungen scheinen unsere vorschnelle negative Bewertung zu untermauern. Alles erscheint so logisch. Anders kann es nicht sein.

Weit gefehlt! Auch ich lag schon oft daneben mit meinen (Vor-) Urteilen.

Ein Beispiel: Ich bin nicht nur als Erfolgsanstifter mit meinem Piano unterwegs; ich bin auch Inhaber einer Redneragentur. Einmal habe ich den geschätzten Kollegen René B. zum Thema »Rhetorik« an eine Sparkasse vermittelt. Der Kunde war begeistert. Der Vorstandsassistent rief mich an, weil er René B. anschließend für ein Coaching seines Vorstandsvorsitzenden buchen wollte. Ich besprach mit René B. die Konditionen und machte meinem Kunden ein entsprechendes Angebot. Der Vorstandsassistent teilte mir nur mit, dass er darauf zurückkommen würde – gehört habe ich dann aber nichts mehr.

Etwa ein halbes Jahr später traf ich mich mit einem anderen Ansprechpartner dieses Kreditinstitutes in privater Atmosphäre: mit Frank, mit dem ich auch befreundet bin. Wir sprachen über vieles, bis wir zufällig auf das geplante Rhetoriktraining für den Vorstandsvorsitzenden kamen. Was daraus geworden sei, wollte ich wissen. »Das hat stattgefunden und war wohl richtig gut«, bekam ich zur Antwort. »Bist du sicher?«, hakte ich nach. »Ja, absolut.«

Ich spürte, wie sich kleine Schweißperlen auf meiner Stirn bildeten. Der Fall war von unerhörter Klarheit: Ich hatte weder was von dem Vorstandsassistenten noch von René B. gehört. Dabei wäre dieser verpflichtet gewesen, dieses Engagement nicht auf dem kleinen Dienstweg abzuschließen, sondern über meine Agentur abzuwickeln. Klar wie Kloßbrühe: Die wollten sich beide die Vermittlungsprovision sparen. Ich war mir sicher, da ich keinerlei Zweifel an der Aussage meines Gesprächspartners Frank hegte: Er ist absolut glaubwürdig.

Ich ärgerte mich über dieses vertragswidrige Verhalten von René B.: »So eine Sauerei! Da bringe ich ihm den Job, und er hintergeht mich!« Besondere Empörung rief die Tatsache hervor, dass René B. auch über Respekt spricht. Und dann ein solch respektloses Verhalten mir gegenüber – unglaublich.

Am nächsten Tag versuchte ich René B. telefonisch zu erreichen und hinterließ auf seiner Mailbox sinngemäß folgende Nachricht: »Gestern habe ich zufällig erfahren, dass Sie das Rhetoriktraining gemacht haben. Und zwar nicht, wie besprochen, über meine Agentur. Sondern direkt. Sie haben mich hintergangen und sich vertragswidrig verhalten. Da bin ich von Ihnen persönlich sehr enttäuscht.«

Kurz danach rief er an: Er könne sich an kein Rhetoriktraining mit diesem Kunden erinnern. Da müsse ein Missverständnis vorliegen. Ob ich das klären könne? Also rief ich Frank an und bat ihn um Überprüfung. Und siehe da: Es war keineswegs René B., der gebucht worden war, sondern ein anderer Rhetoriktrainer. Ich hatte mich also geirrt und vorschnell in ein negatives Urteil verrannt. Hätte ich lieber zunächst die Information überprüft. Der richtige Gesprächseinstieg wäre gewesen »Herr B., ich habe gehört, dass ... War das so?« Aber nein! Mein negatives Urteil stand nach wenigen Augenblicken so fest wie der Eiffelturm. Ohne René B. die Möglichkeit zu geben, Stellung zu beziehen. Nachdem die Sache aufgeklärt war, habe ich mich natürlich zerknirscht bei René B. entschuldigt – entschuldbar aber war mein vorschnelles Stabbrechen wohl kaum.

Wurde ich Opfer einer unrühmlichen Ausnahme? Urteilen Sie auch hier lieber nicht zu früh. Solche Fehlinterpretationen begleiten uns im Alltag vielmehr auf Schritt und Tritt. Wir urteilen und verurteilen, ohne die Fakten zu überprüfen und bemerken es nicht einmal.

Gestern beispielsweise bekamen wir Besuch von meiner Schwägerin. Deren Tochter Franziska rannte im Laufe des Tages heulend zu uns Erwachsenen rein – klitschnass.

Sie beschuldigte meinen Sohn: »Der Jannis hat mich einfach ohne Grund nass gespritzt!« Meine Frau erkundigte sich gleich, wer damit angefangen habe: »Der Jannis!« – »Na, der kann gleich was erleben!«, regte sich meine Frau auf. »Überprüfe doch erst mal, ob das stimmt«, beharrte ich. Ich erntete nur einen empörten Blick: »Überprüfen? Du spinnst doch! Guck sie dir doch an! Die ist nass bis auf die Knochen!« Später vergewisserte ich mich lieber doch – und was war? In Wahrheit hatte Franziska zuerst die Initiative ergriffen und meinen Sohn mit dem Wasserschlauch durchnässt.

Jannis hatte sie mehrfach aufgefordert, damit aufzuhören, aber keinen Erfolg gehabt. Irgendwann hat er den Spieß einfach umgedreht.

Ähnlichen Kinderkram erlebe ich öfters im geschäftlichen Bereich. Da hat sich zum Beispiel jemand lebhaft für mein Piano-Referat interessiert, und ich unterbreitete ihm ein entsprechendes Angebot. Gehört habe ich dann lange Zeit nichts mehr. Natürlich habe ich mehrmals versucht, ihn zu erreichen. Ich hinterließ ihm sogar eine Nachricht: Er möge mich doch bitte zurückrufen. Ohne Erfolg.

Und wieder wurde ich – wider besseres Wissen – Opfer meines »Schnellrichters« im Kopf: Je länger ich von einem Interessenten nach einem Angebot nichts mehr höre, desto kleiner erscheint mir die Wahrscheinlichkeit, dass die Buchung überhaupt noch zustande kommt. Aber das ist eben nur ein Gefühl und nicht zwingend wahr. Als ich den Interessenten tatsächlich an der Strippe hatte, unterbreitete er mir die freudige Überraschung: »Ja, ja, das geht klar. Habe ich Ihnen die Bestätigung noch nicht gemailt?«

Am besten, Sie erteilen diesem negativen Schnellrichter Hausverbot in Ihrem Kopf. Fällen Sie niemals ein vorschnelles Urteil – vor allen Dingen keines, das sich gegen den »Angeklagten« wendet. Bleiben Sie offen. Vertrauen Sie darauf, dass die Dinge einen positiven Verlauf nehmen. Dann werden Sie sie sehen und leichter nutzen können – Ihre Chancen.

Da ich hier schon sehr viel von positivem Denken und Vertrauen in den Lauf der Dinge gesprochen habe, möchte ich auf die beliebte Methode, Bestellungen beim Universum abzugeben, eingehen.

Es erscheint ja schön bequem, einfach eine Bestellung beim Universum abzugeben und zu warten, dass das Universum diese erfüllt. Ich bin durchaus der Meinung, dass wir der Welt und dem Universum grundsätzlich vertrauen sollten. Aber däumchendrehend auf Erfüllung von Wünschen zu warten, halte ich für Unsinn. In reiner Lehre führt das dazu, dass ich warte, statt zu handeln. Die Bestellung, so verstanden, führt zur Passivität, zu dem Gefühl: »Ich kann und muss ja nichts machen.«

Natürlich gibt es glückliche und eher schwierige Umstände, die ein Ergebnis beeinflussen. Natürlich gibt es Rahmenbedingungen, die mal ideal und mal etwas schwieriger sind. Aber bei beidem hilft bestellen und abwarten rein gar nichts.

Ich bin aus zahlreichen eigenen Erfahrungen der festen Überzeugung, dass es einen unmittelbaren Zusammenhang zwischen Handeln, also Aktivität, und Ergebnis gibt. Und das ist doch toll, weil ich es selbst beeinflussen kann und in der Hand habe. Weil mein Handeln, meine Aktivität durch Erfolge belohnt wird. Zwar ändert sich manchmal das Ausmaß der notwendigen Aktivität, um ein bestimmtes Ergebnis zu erzielen. Aber der Zusammenhang ist da. Und das finde ich ermutigend und beruhigend gleichermaßen.

Sie haben das Gelingen tatsächlich selbst in der Hand. Einfach, indem Sie sich aufraffen und handeln, handeln, handeln.

Es kann zwar sein, dass Sie unterwegs die Richtung korrigieren oder Ihre Kräfte neu verteilen müssen. Aber Ihr Handeln, Ihre Aktivität – all das wird durch Erfolge belohnt.

Vielleicht stecken Sie gerade in einer Situation fest, die Ihnen sauschwierig vorkommt. Einer Situation, an der Sie beim besten Willen nichts Positives finden können. An Ihnen nagt der Frust. Ja, es geht Ihnen sogar richtig dreckig.

Es ist gar nicht so selten, dass sich Diamanten unter einer dicken Schicht Kohle verstecken. Veränderungen anzugehen ist in aller Regel schwierig und mit Unbequemlichkeiten verbunden. Da ist es doch viel bequemer, sich schön kuschelig im Gewohnten einzurichten. Auch wenn dieses Gewohnte gar nicht das ist, was Sie wirklich wollen oder was Ihnen guttäte. Handeln und Veränderungen erfordern Mut und den Glauben daran, dass bessere Umstände erreicht werden können. Vielleicht benötigen Sie diese Dosis an Schwierigkeiten, um ins Handeln zu kommen.

Zweifellos brauchen manche Menschen ein schweres Übermaß an Unzufriedenheit, um gewohntes Terrain zu verlassen. Das Niveau an Unzufriedenheit steigt und steigt und steigt wie der Wasserspiegel in einem Regenfass, das irgendwann überläuft. Auf Ihr Leben übertragen ist genau das der Zeitpunkt, der jene Kräfte weckt, die zur Aktivität führen und in Folge zur Verbesserung Ihrer Lebenssituation führen.

Manchmal entsteht die Kraft der Unzufriedenheit durch einen Schicksalsschlag.

So wie bei Tony Iommi. In den Sechzigerjahren spielte der junge Gitarrist in einigen unbedeutenden britischen Rock'n'Roll-Bands. Wer weiß, was aus ihm geworden wäre (wahrscheinlich nichts, was einen Wikipedia-Eintrag lohnt), hätte Iommi nicht zugleich in einer Metallverarbeitungsfabrik gejobbt. Ein kurzer Augenblick der Unaufmerksamkeit – und eine tonnenschwere Blechstanze quetschte ihm die oberen Glieder der mittleren Finger an seiner linken Hand ab. Was für ein blutiger Horror für einen Stromgitarrenzupfer, der eigentlich nichts anderes wollte, als im soften Stil seines Idols Hank Marvin von den Shadows aufzuspielen.

Doch Iommi ließ sich nicht unterkriegen – und sich etwas einfallen. Den Rock'n'Roll gewohnten Zuschnitts konnte er seiner Gitarre zwar nicht mehr entlocken. Aber er reagierte im besten Sinne positiv auf dieses in der Tat einschneidende Negativerlebnis.

In der TAZ schildert Iommi das, was ihn damals um- und angetrieben hat: »Ich musste meinen Stil neu erfinden und einen Weg suchen, der mir die Schmerzen ersparte.« Notgedrungen bastelte er sich Lederprothesen für die Spitzen seiner Finger, damit er weiterspielen konnte; zusätzlich lockerte er den Saitendruck, um den lädierten Fingerkuppen die quälende Belastung zu nehmen. Aus demselben Grund stimmte er sein Instrument gleich um drei Halbtöne herunter. Dadurch klang sein E-Gitarrenspiel plötzlich unheimlich, bedrohlich und düster wie eine akustische Unwetterfront – derart einprägsame, druckvolle und kreative Riffs hatte die Rock-Welt bis dato noch nicht gehört. Anders gesagt: Iommi erfand Anfang der Siebziger für seine inzwischen weltberühmte Band namens »Black Sabbath« einen völlig neuen Stil in der Rockmusik – den Heavy Metal. Für diese Erfindung – die, das gebe ich zu, nicht jeden Musikfreund in Euphorie versetzt – wurde er 2013 sogar mit einem akademischen Ehrendoktor gewürdigt.

Das Leben deckt uns ständig mit Geschehnissen ein, mit Zwischenfällen, mit Unerwartetem, mit Herausforderungen; mit dem, was wir als Unglück einstufen oder als Katastrophe. Wer zwingt Sie, aus allem gleich das Schlimmste zu machen? Nichts und niemand. Nur Sie selbst entscheiden, in welchen Farbtopf Sie den Pinsel tauchen, wenn Sie sich ein Bild vom Leben malen. Schwarz oder pastell? Sie haben es in der Hand. Immer.

Hier geht es zum Musikbeispiel:

http://www.martinklapheck.de/lebedeinenbeat-kapitel3

KAPITEL 4

Raus auf die Bühne: Potenzial nutzen und ins Handeln kommen

Am Morgen des 4. Februars 1968 dürften sich Lizzie Bravo und Gayleen Pease niemals haben träumen lassen, wie mächtig ihre kleine Welt nur wenige Stunden später aus den Fugen geraten würde.

Und das, obwohl die beiden damals 16- und 17-jährigen Teenager nur eine einzige Liedzeile in ein Studiomikrofon gesungen hatten, die ironischerweise etwas ganz anderes zum Ausdruck brachte: »Nothing gonna change my world. – Es gibt nichts, was meine Welt verändert.«

»Nothing gonna change my world«? Von wegen!

Nichts ahnend waren Lizzie und Gayleen am Morgen jenes Tages in London zu einem Tonstudio gepilgert. Aber nicht zu irgendeinem. Sondern gleich zum Vatikan unter den Tonstudios: »Abbey Road«. Klingelt's? Richtig, dieser Studiokomplex war Ende des Jahrzehnts zur aufnahmetechnischen Heimat der Beatles geworden. Wie viele andere Jugendliche hatte auch Lizzie und Gayleen der 1960er-Jahre-Bazillus namens »Beatlemania« voll und ganz am Wickel. Die beiden hatten sich vorher überhaupt nicht gekannt; Lizzie war sogar erst ein Jahr zuvor aus Brasilien ins Swinging London gekommen. Und doch beschlossen die beiden wie so viele Gleichaltrige damals auch, wenigstens die räumliche Nähe ihrer Idole zu suchen, die dort gerade Hof hielten, um ein paar neue Titel einzuspielen.

Lizzie und Gayleen waren also beileibe nicht die einzigen Möchtegern-Groupies, die vor diesem ehrwürdigen Gemäuer schmachteten wie bestellt und nicht abgeholt. In der Tat machten sich in diesen Tagen dort täglich Fans gleich in Kompaniestärke den kargen Platz vor dem Studio streitig.

Viel mehr als sich die Füße wund zu stehen dürften auch die besagten beiden jungen Frauen nicht erwartet haben – bis sich urplötzlich die Tür zum Studiogebäude öffnet. Ein Mann mit unverkennbarer Frisör-Allergie tritt auf den Gehsteig. Sollte das etwa ... Nein, das kann doch nicht ... Großer Gott, er ist es ja tatsächlich! Kein Geringerer als der vergötterte Paul McCartney höchstselbst wendet sich an die kollektiv aufkreischende Pilgergruppe: »Sind zwei von euch Mädels hier in der Lage, gut zu singen und dabei einen sehr hohen Ton zu halten?« Während sich die überwiegende Anzahl der derart Angesprochenen wegen anbrandender Ohnmachtswellen selbst aus dem Rennen kegelt, bewahren Lizzie und Gayleen einen kühlen Kopf über ihrem heiß pochenden Herzen und bieten ihrer Lichtgestalt spontan ihre Gesangsdienste an.

Ja, und was dann kam, muss unseren beiden »Plötzlich sind wir Beatles«-Heldinnen wirklich wie ein Traum vorgekommen sein: Paul McCartney begleitete sie in den Studioraum – und dort durften die zwei wirklich und wahrhaftig allen leibhaftig die Hand schütteln: John Lennon, George Harrison, Ringo Starr.

Sogar Produzenten-Legende George Martin schenkte den beiden Nervenbündeln ein aufmunterndes Lächeln, während John Lennon ihnen auftrug, was sie zu tun hatten: Zu einer ruhig und spärlich instrumentierten, weltenfern und etwas leiernd klingenden Musikaufnahme, die die vier Pilzköpfe in den Stunden zuvor fertiggestellt hatten, sollten sie als Begleitsängerinnen eine einzige Liedzeile beisteuern. Und das ziemlich hoch gesungen. Genau diese Zeile kennen Sie ja schon: »Nothing gonna change my world.« Diese fünf Worte, von Frauenstimmen intoniert, schienen diesem Stück noch zu fehlen. Deshalb hatten sich die vier Beatles ein paar Minuten zuvor aus dem Augenblick heraus entschlossen, unter den meist weiblichen Fanhorden vor der Studiotür nach genau diesem fehlenden musikalischen Element zu suchen.

Wahre Beatles-Kenner dürften längst erkannt haben, welchem Titel Miss Bravo und Miss Pease ihre Backfisch-Kehlen geliehen haben: »Across the universe«, eine komplett von John Lennon geschriebene, etwas verstiegene Komposition, die – obschon alles andere als gefälliges Radiofutter mit lapidarem Herz-Schmerz-Text – zu den ewigen Favoriten so gut wie aller Beatles-Freunde zählt. John Lennon selbst erklärte sie zu den besten Werken, die er jemals zum Repertoire der Gruppe beigesteuert habe. Allerdings bezieht sich diese Wertschätzung auf diese ursprüngliche, fast schon roh abgemischte und spartanisch instrumentierte Fassung mit Lizzie und Gayleen als Begleitstimmen; von den Fans wird sie heute als »Hums Wild Version« verehrt.

Warum haben Lizzie Bravo und Gayleen Pease geschafft, wovon andere bestenfalls geträumt haben? Weil sie im entscheidenden Augenblick gehandelt haben und bereit waren, den Sprung »auf die Bühne« zu wagen.

Kommt es alle Tage vor, dass man mit der seinerzeit berühmtesten Pop-Band der Welt singen darf? Natürlich nicht. Alle möglichen allergischen Reaktionen auf diese Wahnsinns-Offerte wären daher nachvollziehbar gewesen: Nervenflattern, Kloß im Hals, »Das schaff' ich nicht …« Und die übrigen jungen Damen haben sich genau mit diesen Selbstzweifeln und Magenschmerzen um die Chance ihres Lebens gebracht. Unsere beiden Heldinnen haben es einfach frisch gewagt. Und sie haben gewonnen.

Es kommt übrigens noch fantastischer für Miss Bravo und Miss Pease: Sie besingen nicht nur, wie das Universum durchmessen wird – ihre Stimmen sausen tatsächlich mit Lichtgeschwindigkeit durchs All. Als Tonkonserve, um genau zu sein. Die amerikanische Weltraumbehörde NASA hat am 4. Februar 2008 »Across the universe« per Satellitenantenne Richtung Polarstern ausgesendet, als MP3-Version. Und mal ehrlich: Welcher sonstige Normalsterbliche kann behaupten, dass seiner Singstimme dereinst sogar direkt am Polarstern gelauscht werden kann, einige Hundert Lichtjahre von der Erde entfernt? Vorausgesetzt, irgendein Alien schenkt sein blaues Spitzohr tatsächlich diesem akustischen Gruß aus interstellaren Fernen.

Bis das Stück dort angekommen ist, werden über 400 Jahre verstrichen sein. Denn sogar das blitzschnelle Licht braucht derart lange, bis es die gigantische Entfernung überwunden hat. Wobei man trefflich streiten kann, welche Chancen höher liegen: die, das Funkwellen-Ankunftsjahr 2439 noch zu erleben oder von den Beatles aus heiterem Himmel zur Backgroundstimme ernannt zu werden. Die Entscheidung überlasse ich Ihnen; ich persönlich halte das Erleben der Polarsternstunde für wesentlich wahrscheinlicher.

Die beiden haben es besser gemacht als die vielen, die nicht aus ihrem Schatten herausgetreten sind. Lizzie und Gayleen haben beherzt gehandelt. Lizzie und Gayleen haben für sich viel erreicht. Sie haben eine der erfolgreichsten Bands der Welt begleitet und sich so mit ihren Idolen verewigt. Und das, obwohl sie niemals irgendwelche musikalischen Ambitionen hatten.

Schauen wir uns nun die Rolle von Begleitmusikern an. Im Gegensatz zu Lizzie und Gayleen haben diese musikalischen Ambitionen.

Begleitmusiker haben zweifellos eine wichtige Funktion. Sie tragen zum musikalischen Grundteppich bei, auf dem ein Solist oder eine Solistin sich optimal entfalten kann. Dazu brauchen sie ein hohes Maß an Aufmerksamkeit sowohl dem Solisten gegenüber als auch bezogen auf die Mitmusikanten. Sie müssen sehr gut zuhören, was vom Solisten und den anderen Musikern kommt, diese musikalischen Impulse interpretieren und in eigene umsetzen. Sie befinden sich quasi in einer Art aktiver Zuhörer- und Zuschauerrolle.

In dieser Zuschauerrolle unterstützen sie in erster Linie den Solisten; jenen Menschen also, der meist exklusiv im Rampenlicht steht.

Oft schaffen sie es nicht über diese Rolle hinauszuwachsen. Und das obwohl viele von ihnen das Potenzial dazu hätten und auch oft eine gewisse Sehnsucht haben, zu zeigen, was sie können. Manch einer von ihnen würde gern selbst im Rampenlicht zu stehen.

Jahrelang verdiente sich ein gewisser Jimmy Page sein Frühstücks-Porridge als überaus gefragter Studio- und Begleitmusiker. Das war in den 1960er-Jahren, und Page prägte mit seinem virtuosen Gitarrenspiel, ohne es damals zu Ruhm und Ehre gebracht zu haben, als Nobody den Sound vieler britischer Bands. Aus dem Schlummerlicht dieser faktischen Namenlosigkeit trat Page erstmals heraus, als er bei den bekannten *Yardbirds* die Saiten zupfte – zunächst am Bass, später an der E Gitarre.

Zu einem unvergänglichen Leitstern in der Rockmusik wurde Page allerdings erst, als sich diese Vögel Ende der 1960er-Jahre vom Hof machten und Page mit anderen Musikern kurzentschlossen, aber irgendwie halbherzig klingend *The New Yardbirds* gründete. Weil dieser Name beim Publikum nicht so recht zünden wollte, entschieden sich die vier

Mitglieder zu einer griffigeren Neutitulierung ihrer Band. Trotzig und selbstbewusst wählten sie den neuen Namen in Anlehnung an eine vernichtende Kritik, die Keith Moon, Schlagzeuger bei *The Who*, zuvor an ihrer Spielweise geäußert hatte: Jedwede Gruppe um Page würde mit Sicherheit in der Publikumsgunst so absacken wie ein Luftschiff aus Blei. Nun ja, dieses vermeintlich todgeweihte Projekt namens *Led Zeppelin* spült den überlebenden Mitgliedern bis heute jede Menge Tantiemen in die Kasse – »Stairway to heaven« und anderem unverwüstlichen Headbanger-Futter sei Dank. Ein Erfolg, den Jimmy Page nie verzeichnet hätte, wäre er brav seiner Profession als Begleitmusiker treu geblieben[4].

Page und all die anderen, die den Sprung von der hinteren Reihe an den vorderen Rand der Bühne gewagt und geschafft haben, belegen Ihnen eines: Es ist so viel möglich im Leben, wenn man etwas verändert und es wäre zu schade gewesen, wenn sie es nie über sich gebracht hätten, ganz nach vorn zu rücken.

Ich habe die Rolle des Begleitmusikers als eine Art aktive Zuschauerrolle bezeichnet. Betrachten wir nun den Zuschauer selbst.

Ohne Menschen, die auf ihre Werke und Vorträge reagieren, wären Künstler, Musiker und Komponisten arm dran. Die Rückmeldung durch den Zuhörer – meist in Form von Applaus – ist wichtig für den Vortragenden. Im Idealfall entsteht sogar ein Austausch zwischen dem Künstler und dem Zuhörer.

Aber wo steht geschrieben, dass Zuhörer niemals selbst zum Instrument greifen dürfen? Dass die Betrachter und Bewunderer von bildender Kunst sich nicht an Stift, Pinsel und Leinwand ausprobieren und ausdrücken dürfen? Dass die Fans eines bestimmten Schriftstellers nicht selbst in die Tastatur ihres Rechners hauen dürfen, um etwas Vergleichbares zu schaffen?

Bildende Künstler tauschen sich untereinander ganz selbstverständlich aus. Musiker und Schriftsteller nicht minder. All diese Leute akzeptieren die Rolle des Zuschauers, Zuhörers oder Lesers also ohne Probleme. Oftmals suchen sie sogar die Erfahrung, »am anderen Ende des Tisches zu sitzen«. Denn das bringt sie selbst weiter. Es erweitert ihren künstlerischen Horizont.

Pablo Picasso etwa, einer der größten Künstler aller Zeiten, sog konstruktive Kritik und Anregungen seiner Mitmenschen auf wie ein Schwamm.

Lediglich jene, die bislang »nur« als Zuschauer oder Zuhörer agiert haben, trauen sich meist nicht, ebenfalls die Seiten zu wechseln. Es gibt ziemlich viele Menschen, die sich mit der Rolle des Zuschauers oder Begleiters wohl oder übel begnügen.

Gehören Sie auch dazu? Dann stellen Sie sich jetzt bitte dieser kritischen Frage …

Ist es nicht geradezu eine Abwertung Ihrer eigenen Persönlichkeit, wenn Sie Ihr Licht unter den Scheffel stellen und bewusst weit unterhalb des Zenits Ihrer Möglichkeiten und Chancen bleiben – aus Angst, aus falscher Bescheidenheit oder aus was für Gründen sonst noch?

Als Grundlage, als Startplattform sozusagen, ist die Rolle des Zuschauers oder Begleiters für Sie zunächst ja gar nicht so schlecht. Als Zuschauer können Sie sich erst einmal unauffällig ausprobieren. Sie können testen, ob die Sache überhaupt etwas für Sie ist. Sie können quasi etwas Blut lecken. Aber wenn Sie sich ausprobiert haben, wenn Sie erkannt haben: »Ja, das ist was für mich – das erfüllt mich«, dann müssen Sie raus aus der Zuschauerrolle.

Warum geben Sie sich viel zu oft mit einer passiven Rolle zufrieden? Könnte ein Grund sein, weil die mehr Sicherheit verspricht?

Auf dieser Welt sind nur zwei Dinge wirklich sicher: der Tod. Und die Tatsache, dass es keine absolute Sicherheit gibt. Bestenfalls gibt es diese viel zitierte »an Sicherheit grenzende Wahrscheinlichkeit«. Aber manche Grenzstreifen können ziemlich in die Breite gehen; verlassen Sie sich lieber nicht darauf, dass dieser Wahrscheinlichkeitswert Ihrer Idealvorstellung von Sicherheit wirklich so nahekommt, wie diese Floskel Ihnen glauben machen will.

Wenn Sie in Ihrem Leben so oder so Wahrscheinlichkeiten vertrauen müssen – warum suchen Sie sich dann nicht gleich jene Bereiche aus, die Ihnen Freude und Erfüllung bringen?

Unser Leben ist wie ein Stromkreis: Alles muss fließen, damit Sie in Ihrem Leben genügend Energie bekommen. Ein Elektroinstallateur käme niemals auf die Idee, sich rein auf den Pluspol zu konzentrieren und den Minuspol zu ignorieren. Ebenso kommt bei Ihnen nichts in Fluss, solange Sie Ihre Eindrücke nicht aktiv ausdrücken.

Haben Sie schon mal einen Dudelsackspieler gesehen? Wenn er nur ein bisschen etwas von der Sache versteht, käme er nie auf die Idee, immer nur Luft in das Instrument hineinzupusten. Eine Melodie, und das über Minuten hinweg, kommt ja erst dann zustande, wenn der Spieler den aufgestauten Luftdruck rechtzeitig wieder ablässt – und zwar durch die Pfeifen des Dudelsacks. Auch hier begegnet uns wieder das Bild des Kreislaufs: Wenn der Ausdruck zu kurz kommt, wenn zu viel Innendruck aufgebaut wird, wenn sich zu viel aufstaut – dann wird das nicht ohne Schäden bleiben. Irgendwann steht das Ganze kurz vorm Platzen.

Und dieses Schicksal trifft nicht nur Dudelsäcke …

Betrachten wir das Beispiel des Begleitmusikers unter dem Aspekt »Eindruck – Ausdruck«. Begleitmusiker, die mit einem guten Solokünstler arbeiten, müssen selbst einiges auf dem Kasten haben. Wenn so ein Begleiter eine derart hohe handwerkliche und künstlerische Könnerschaft in die Waagschale werfen kann, ist es mehr als wahrscheinlich, dass er selbst in sich eine eigenständige musikalische Inspiration fühlt. Und wo drängt es diese vitale Energie hin? Nach draußen; sie will ausgedrückt werden. Wenn er sie aber wegen der Einschränkungen, die seine Rolle als Begleitmusiker zwangsläufig mit sich bringt, nicht ausdrücken kann – was geschieht dann mit dieser Energie? Sie staut sich auf und führt zu Frustration.

Gehören Sie zu den Menschen, die Unmengen an Eindrücken in sich einschließen, ohne sie in ausreichendem Maß nach außen zu lassen? Und dann wundern Sie sich, dass Sie kurz vorm Platzen stehen?

Behandeln Sie den »Dudelsack«, den Sie Seelenleben nennen, mindestens mit derselben Sorgfalt, die Sie den Reifen Ihres Autos entgegenbringen! Sorgen Sie für den richtigen Druck – nicht zu viel, nicht zu wenig. Achten Sie auf sich!

Ich wünsche Ihnen von Herzen, dass Sie die für Sie richtige Bilanz zwischen Eindruck und Ausdruck finden, damit Ihre Energie frei fließen kann.

Also …

Raus aus der Zuschauerrolle – und rauf auf die Bühne!

Möglichkeiten, sich »auszudrücken« gibt es viele.

Die einfachste Möglichkeit ist es, Ihre Eindrücke einem anderen Menschen mitzuteilen oder zu schildern. Oder Sie greifen zu Papier, Stift, Pinsel oder Ton und setzen Ihren Eindruck bildnerisch um. Damit sind Ihre Möglichkeiten natürlich noch lange nicht erschöpft. Sie können versuchen, Ihren inneren Eindrücken durch Texte Ausdruck zu verleihen. Ein Lied darüber zu komponieren ist eine ebenso gute Empfehlung wie die, Ihren Eindruck zu einer anderen musikalischen oder tänzerischen Impression zu verarbeiten. Was immer Sie wollen, alles ist möglich und gut. Bis auf eines: Ihren Eindruck unausgedrückt zu lassen.

Aber es geht beim Verlassen der Zuschauerrolle nicht nur darum, den Kreislauf von »Eindruck und Ausdruck« in Schwung zu halten. Vielmehr geht es darum, intensiv zu leben – in Ihrem Beat.

Man muss kein Genie sein, um zu wissen, dass man als Zuschauer bestenfalls einen Abklatsch vom Leben beobachten kann, statt selbst zu leben. So wie Sie als Besucher eines Aquariums im Zoo Fische beobachten, statt mit den Fischen im Meer zu schwimmen.

Auch kann das Zuschauen niemals ein so intensives Glücksgefühl auslösen, wie das Machen und Erleben. Bestimmt erinnern Sie sich noch an die Gefühlsbrandung, als Ihre große Liebe beim Kennenlern-Rendezvous Ihre Hand zum ersten Mal berührt hat. Haben Sie‘s auf der Haut, dieses kribbelige Gefühl? So, und jetzt versuchen Sie mal, bei einem Wildfremden dasselbe Gefühl auszulösen – indem Sie ihm ein Foto dieser Berührung unter die Nase halten. Lassen Sie es lieber gleich bleiben: Es ist absolut unmöglich. Das ist der ernüchternde Unterschied zwischen aktivem Mitmachen und passivem Zuschauen.

Der Sport, besonders der, der professionell ausgeübt wird, bietet ein breites Feld für die Betrachtung dessen, was ich als Ersatzbefriedigung bezeichne. Nehmen wir den Volkssport Nummer eins in Deutschland – klar, den Fußball.

Keine Sorge: Ich will Ihnen die Freude an diesem Sport nicht miesmachen. Ich staune nur immer wieder über die Opferbereitschaft vieler Fans, die jedes Wochenende zum Stadion pilgern. Was nehmen diese Menschen nicht alles auf sich? Sie fahren suchend und fluchend herum, um irgendwo noch einen Parkplatz zu finden. Anschließend stehen sie mit brennenden Fußsohlen und nicht minder heißen Erwartungen in der Schlange vor der Kasse, um zu einem gesalzenen Eintrittspreis einen Sitzplatz zu ergattern. Und dann schauen sich diese Leute das Spiel an – fiebern mit, freuen sich, stöhnen auf, verzweifeln, jubeln – aber nur, weil sie sich zwei Halbzeiten lang mit den Leistungen ganz anderer Menschen identifizieren.

Damit Sie mich nicht für einen Spielverderber halten: Klar, sich ein rasantes Fußballspiel anzusehen, vielleicht mit Freunden, das macht Spaß, bringt uns auf andere Gedanken und kann uns sogar mit frischer Energie versorgen. Das ist gut. Aber wäre es nicht eine Überlegung wert, vielleicht an dem einen oder anderen Samstag einfach zu Hause mit den Kindern oder mit Freunden Fußball zu spielen statt sich ein Spiel anzusehen und selbst passiv zu bleiben? Vielleicht ist ja die Freude des aktiven Erlebnisses im Garten, auf dem Bolzplatz oder auf der Straße viel unmittelbarer und nachhaltiger als das Abklatsch-Erlebnis im Stadion. Dass aktives Erleben intensivere Gefühle auslöst als passives Zuschauen gilt natürlich nicht nur beim Fußball, sondern bei allem. Eine Tanzsendung zu schauen statt selbst zu tanzen, eine romantische Liebesszene zu sehen statt selbst zu lieben, in die Kunstausstellung zu gehen statt selbst zu malen und vieles mehr.

Bleiben wir noch ein bisschen beim Thema »Leibesübungen«. Ich halte mich im Moment auf Fuerteventura auf, um meinem geliebten Hobby zu frönen, dem Windsurfen. Allerdings bin ich weit davon entfernt, mich einen Spitzensurfer nennen zu können. Sobald der Wind zu stark weht, haut es mich um. Im Moment messen wir seit zwei Tagen Windstärken von sechs bis sieben auf der Beaufortskala. Den »Landratten« unter Ihnen sei gesagt, dass das einer Windgeschwindigkeit zwischen 40 bis 60 Kilometern pro Stunde entspricht. Und ich gebe ehrlich zu: Eine derart steife Brise verdammt mich zum Zuschauerdasein beim Surfen.

Allerdings nicht lange – der nagende Frustdruck in mir bricht sich dann ziemlich schnell Bahn und muss einfach raus. Dieses Gefühl nimmt derart überhand, dass ich mich trotz der Tatsache, dass das »himmlische Kind« gerade seine Trotzphase auslebt, doch noch aufs Wasser traue. Natürlich mit dem Surfbrett. Es ist mir nämlich immer noch lieber, alle paar Augenblicke Brett und Segel vom entfachten Wind um die Ohren gehauen zu bekommen, als in der Zuschauerrolle zu versacken. Denn niemals möchte ich mir den Vorwurf machen müssen: »Du hast es ja noch nicht mal versucht!«

Ich finde es entlarvend, dass die Nichtversucher, denjenigen, die es versucht haben, den Erfolg oft nicht gönnen. Statt den Erfolg der anderen neidlos anzuerkennen und selbst ins Handeln zu kommen, machen sie den Machern ihren Erfolg madig.

»Ach, das hätte ich selbst auch gekonnt!« Oder, vielleicht nicht ganz so unverfroren, aber dafür umso selbstmitleidiger: »Der hat ja nur Glück gehabt, dass er zum richtigen Zeitpunkt am richtigen Ort gewesen ist. Unter den Umständen hätte ich das auch geschafft.«

Das neiderfüllte Jammern erfreut sich auch bei Unternehmern großer Beliebtheit.

Eine andere Firma oder ein anderer Unternehmer hat sich auf Herz und Hirn verlassen, hat etwas erfunden und es mutig und erfolgreich auf den Markt gebracht: ein neues Produkt vielleicht, einen begehrten Service.

Denken Sie nur an Online-Plattformen wie Amazon, eBay oder groupon. Viele Unternehmer fragen sich, warum sie nicht selbst auf diese – im Grunde naheliegenden – Ideen gekommen sind. Im Nachhinein erscheinen all diese sensationell erfolgreichen Unternehmenskonzepte geradezu unausweichlich, logisch und schlüssig. So wie das Rad in grauer Vorzeit unausweichlich, logisch und schlüssig gewesen ist. Aber eben erst im Nachhinein, denn es musste erst mal einer auf diesen Geniestreich kommen.

Verlassen Sie sich darauf: Auch heute sind umwälzende Konzepte in der Pipeline, an die das Gros der Menschen noch nicht mal ansatzweise denkt – und die dennoch in wenigen Jahren selbstverständliche, nicht mehr wegzudenkende Konstanten in unserem Alltagsleben sein werden.

Schließen Sie also lieber keine Wette darauf ab, dass Google, Facebook & Co. in zehn Jahren noch ebenso unangefochten den Ton angeben, wie sie es heute tun. Es gibt sie nämlich auch heute, jene Visionäre, die die uns vertraute Welt mit Vorliebe aus den Angeln heben wollen und von denen man irgendwann mal sagen wird: »Der hat an seine Vision geglaubt und ist die entsprechenden Risiken eingegangen. Der war Zauberer statt Zauderer.«

Während die Großmäuler von morgen damit werden leben müssen, im entscheidenden Moment mit den Händen in der Tasche dagesessen und nichts gemacht zu haben.

Und die Hand, die in der Hosentasche steckt, fehlt nun mal, um die Hindernisse aus dem Weg zu räumen …

Darin, in dieser entscheidenden Eigenschaft, unterscheiden sich erfolgreiche Menschen von denen, die über chronische Erfolglosigkeit stöhnen. Und das meine ich jetzt unabhängig davon, wie ein einzelner Mensch den Begriff »Erfolg« für sich persönlich definiert.

Wovon rede ich genau? Von der Art, mit Hindernissen umzugehen. Was tun Sie, wenn Sie auf dem Weg zum Erfolg an eine schier fest gefügte Mauer aus Hindernissteinen stoßen? Zucken Sie mit dem Schultern und sagen Sie sich: »Ups, ein Hindernis. Hier ist Endstation für mich. Tja, dann eben nicht.« Oder sind Sie aus einem anderen Holz geschnitzt? Hauen Sie kräftig gegen diese Mauer und sagen Sie sich: »Okay, im Moment komme ich zwar gegen diese Mauer nicht an. Aber ich mache mich gleich mal auf die Suche, ob es nicht einen Weg außen rum gibt.« Überflüssig zu erwähnen, welches Verhalten Sie im Leben auf Dauer weiterbringt.

Apropos Hindernisse. Manchmal sind wir selbst das Hindernis. Hier nur ein Beispiel: Es gibt ganze Bücherregale mit Ratgebern, wie ich mit Menschen in Kontakt trete, wie ich flirte. Diese Ratgeber wären nicht so erfolgreich, wenn nicht viele Menschen damit ein Problem hätten. Und weshalb fällt das vielen Menschen so schwer? Weil Sie Angst haben. Angst sich zu blamieren, Angst vor Ablehnung.

Schauen wir uns an, wie es oft abläuft, wenn ein männliches oder ein weibliches Exemplar der Gattung Homo sapiens ausgeht und dabei ein Vertreter des jeweils anderen Geschlechts (oder auch des gleichen Geschlechts – ganz nach Vorliebe) seine Aufmerksamkeit erregt. Meistens entspinnt sich sofort ein innerer Dialog im Kopf, der ungefähr so abläuft: »Wow, die (der) ist aber sympathisch! Gar zu gern würde ich sie (ihn) kennenlernen. Aber die (der) interessiert sich bestimmt nicht für mich, weil … (Tragen Sie jetzt hier gedanklich die GAB ein, die größte anzunehmende Befürchtung).« Was folgt? Nichts; der Träger dieses inneren Dialogs bleibt stumm wie ein Fisch, mit einem Kloß im Hals und klopfendem Herzen, ohne sich ein selbiges zu fassen.

Wenn die wüssten! Denn glauben Sie mir, dass im Kopf des Objekts der Begierde in der überwiegenden Zahl der Fälle dieses Selbstgespräch abläuft: »Mensch, der (die) guckt zu mir rüber und gefällt mir ausgesprochen gut. Hoffentlich spricht er (sie) mich an.« Nicht ahnend, dass der jeweils andere Mensch genau diese erwünschte Reaktion nicht zeigen wird, weil er sich als zu minderwertig einschätzt (»Diese Klasse-Frau spielt doch in einer ganz anderen Liga als ich kleines Würstchen.«) und das Gegenüber sich die Angst vor einer Blamage weitaus schlimmer ausmalt als den Frust, mal wieder nicht zum Zuge gekommen zu sein.

Das Ergebnis der gegenseitigen Nichtansprache können Sie sich lebhaft ausmalen (oder haben es selbst schon oft erlebt): Beide schleichen enttäuscht nach Hause. Wieder einmal. Dabei hätte es ein durchaus himmlischer Abend werden können. Aber wurde es nicht, weil keiner von beiden gehandelt hat.

Haben Sie mal darüber nachgedacht, warum musikalische Balladen gerade im Bereich der populären Musik das normale Hitparadenfutter so oft aus dem Feld schlagen, zumindest, was die Beliebtheit und Lebensdauer angeht? Ich persönlich kenne eigentlich keinen Menschen, der sich durch eine Jazz-, Pop- oder Rock-Ballade nicht angerührt fühlt.

Der Grund dafür ist schnell gefunden: Solche Balladen können gleich zwei seelische Saiten in uns zum Klingen bringen, abhängig davon, welche wir aufgespannt haben. Entweder sind wir selbst gerade von dem Gefühl der Liebe völlig überflutet. Dann geht uns die Ballade so nahe, weil sie unser Liebesgefühl verstärkt. Sie haben das sicher schon erlebt, dass Sie im Zustand des Verliebtseins eine Ballade immer und immer wieder hören und sich so in Ihrem Gefühl regelrecht suhlen.

Oder aber wir spüren gerade ein großes Liebesdefizit, haben also gerade niemanden in unserem Leben, der uns Liebe gibt oder dem wir Liebe schenken können. Und dieses negative Gefühl eines unbefriedigten Bedürfnisses bereitet den Boden, auf dem eine musikalische Ballade ebenso wie im positiven Fall besonders reiche Frucht tragen kann.

Reiche Frucht ist übrigens ein gutes Stichwort für alle, die sich als Musiker mit dem Gedanken tragen, eine Ballade zu verfassen. Denn man tau, sage ich da nur. Über Jahrzehnte hat sich schließlich gezeigt, dass die ganz normalen Hits kommen, gehen und vergessen werden – Balladen aber ganze Generationswechsel putzmunter überleben. Sobald etwa Céline Dions »My heart will go on« mal wieder im Radio gespielt wird, haben große und kleine Kino-Zuschauer sie gleich wieder vor Augen: die Titanic, wie sie drei Filmstunden lang vergeblich gegen das Absaufen kämpft. Und über Paul McCartneys balladesken Jahrhundertwurf »Yesterday« brauchen wir in diesem Zusammenhang kein Wort mehr verlieren.

Diese Faustregel gilt: Im Bereich der Popularmusik können Sie sich rasch die größten Meriten verdienen, wenn Sie eine Ballade schreiben oder vortragen und es schaffen, diese bekannt zu machen. Das vielleicht als Geheimtipp für alle, die als Band in den Startlöchern stehen und sich fragen, mit welchem Stil sie wohl am meisten Erfolg haben werden.

Weiter vorn bin ich schon kurz auf die Gründe eingegangen, weshalb es uns oft so schwerfällt, aus der Rolle des Zuschauers auszubrechen. Angst aufzufallen und Angst zu scheitern. Und besonders das Scheitern ist uns dann peinlich vor anderen.

Wussten Sie übrigens, dass in den USA kaum jemand den Job eines Geschäftsführers übertragen bekommt, der nicht (!) nachweisen kann, dass er vorher schon mal ein Unternehmen in den Sand gesetzt hat? Gescheitert zu sein als positives Auswahlkriterium: Das hat seinen Grund. Denn wer einmal gescheitert ist, wird beim zweiten Anlauf dieselben Fehler wahrscheinlich nicht noch einmal machen. Schlau, oder?

Aber die Mehrheit bei uns denkt anders. Der Mensch als Herdentier läuft meist blindlings der Mehrheit hinterher. Daher fühlen sich viele nur in Reih und Glied nicht fehl am Platz – und sei es in irgendeiner Subkulturgruppe.

Sie können davon ausgehen, dass die nahrhaften und leckersten Gerichte mit Sicherheit nicht in der Futterrinne der Massenhaltung serviert werden. Wenn Sie sich also mit der Rolle des Durchschnittsmenschen zufriedengeben, werden Sie niemals etwas anderes kosten als faden Einheitsbrei. Aber ist das wirklich das Leben, von dem Sie, wenn Sie dereinst auf dem Sterbebett liegen, rückblickend sagen können: »Ja, ich bereue keine Minute davon«?

Lediglich Mitläufer statt Macher zu sein, das mag Sie davor schützen, unangenehm aufzufallen. Aber es verlangt von Ihnen auch einen hohen Preis – den Preis, am wahren Kern Ihres Lebens vorbeileben zu müssen. Erfüllung – und nur für die lohnt sich das Leben – erreichen Sie auf diese Weise nie und nimmer.

Ich bin der festen Überzeugung, dass Sie auf diesem Planeten nicht geboren wurden, damit Sie möglichst unauffällig durchkommen, bis Sie in die Grube sinken und nach drei Wochen von der Nachwelt vergessen worden sind. Nein, Sie sind hier, um Möglichkeiten zu nutzen. Ihre ganz persönlichen Möglichkeiten. Sie sollen die Vielfalt kosten statt mit der Einfalt zufrieden zu sein. Sie sollen neugierig bleiben, Abenteuer erleben und kreativ verrückt sein.

Wie so vieles in unserem Dasein muss diese Entscheidung von Ihrem Herzen kommen. Ihr Verstand redet Ihnen sowieso ein, dass Sie die Sache von Anfang an lieber vergessen sollten. Ihre Ratio ist eine nützliche Helferin, aber in manchen Situationen müssen Sie ihr einfach rigoros den Mund verbieten.

Gönnen Sie sich dieses vielleicht größte Glück auf Erden, Ihrer inneren Stimme zu folgen und Ihren Sehnsüchten nachzugehen. Das meine ich mit »Lebe deinen Beat«.

Beim Entfalten Ihrer Potenziale sehe ich zwei wichtige Bereiche: Zum einen sollen Sie unerfüllte Wünsche und Träume wiederbeleben. Zum anderen sollten Sie idealerweise beruflich etwas tun, das Ihrer Sehnsucht und Ihren Stärken entspricht.

Wobei das mit den »Stärken« in unseren Breiten schon so eine Sache ist. Während meiner Berufsausbildung zum Bankkaufmann wurde ich nicht gerade selten zu Seminaren geschickt und in praktische Ausbildungsmaßnahmen gesteckt, deren Ziel es war, meine Schwächen auszubügeln. So wurde ich beispielsweise wochenlang in die Kasse einer Sparkasse gesteckt, um das Zählen von Geld, das eingezahlt bzw. abgehoben wurde, mit der anschließenden Verbuchung zu verinnerlichen. Ich habe mich da wie ein dressierter Schimpanse gefühlt. Das war eine absolut stupide, langweilige und öde Arbeit, die mich richtig frustrierte. Wäre es da nicht besser gewesen, man hätte mein rhetorisches und verkäuferisches Geschick gefördert?

In das Ausbügeln von Schwächen zu investieren statt in die Förderung von Stärken ist typisch deutsche Schulungsdenke – aber wenig sinnvoll.

Wenn ich partout etwas nicht so gut auf die Kette bekomme (aus welchen Gründen auch immer), kann ich es mit einem wahren Herkules-Kraftakt mit Ach und Krach schaffen, mich auf diesen Feldern einer durchschnittlichen Leistung anzunähern. Brillieren werde ich auf diesen Betätigungsfeldern allerdings nie.

Wäre es nicht viel effizienter, seine Schwächen zu akzeptieren, sie links liegen zu lassen und sich stattdessen voll und ganz der Förderung der eigenen Stärken zu widmen? Wenn Sie auf Ihrem Gebiet ein neuer Caruso werden wollen, erreichen Sie dieses Ziel garantiert nicht, wenn sie fleißig Gewichtheben üben. Vielmehr müssen sie sich voll und ganz dem Gesang hingeben.

Bezeichnenderweise verseucht dieses fatale »Wer Sänger werden will, muss Gewichte stemmen können«-Prinzip seit Jahrhunderten das deutsche Schulsystem. Schüler sollen tunlichst in allen Fächern auf ein bestimmtes, genormtes Niveau gebracht werden. Unabhängig davon, welche individuellen Stärken sie aufweisen.

Nicht dass wir uns falsch verstehen: Grundkenntnisse im Rechnen, Schreiben, Lesen usw. sollten Schüler tatsächlich beherrschen. Aber warum quält man einen angehenden, begnadeten Grafiker bis zu seinem letzten Atemzug, den er als Schüler in einem Klassenraum tut, mit der dritten Wurzelpotenz, abgeleitet aus dem achten Polynom-Logarithmus – einer Fähigkeit, die ihm bei seiner wahren Berufung nach menschlichem Dafürhalten niemals wieder etwas nutzen wird? Wäre es nicht viel besser, wenn die Schule nach der Vermittlung lebensnotwendiger Basiskenntnisse viel früher damit beginnen würde, die individuellen Stärken eines Menschen zu erkennen und zu fördern? Das wäre für die Schüler erfüllender und – nebenbei bemerkt, aber nicht ganz unwichtig – für die Lehrer ebenso.

Erfreulicherweise gibt es einige Schulformen, bei denen ich etwas Bewegung in die richtige Richtung sehe, aber es bleibt noch viel zu tun auf diesem Feld.

Das Erfolgsrezept »Stärken stärken« gilt letztlich für jeden Beruf und für jede Tätigkeit, in der Sie spitze werden wollen. Die wahren Könner konzentrieren sich auf ihre Stärken und kaufen sich bei Schwächen einfach Manpower dazu.

Woher aber wissen Sie, welche Ihre Stärken sind? Ganze Regimenter mehr oder minder kostspieliger Coaches leben davon, gemeinsam mit Ihnen eine Antwort auf diese Frage zu finden. Wer mag, soll solche Hilfe in Anspruch nehmen. Aber Sie können es für den Anfang ja auch auf eigene Faust versuchen, indem Sie sich ganz einfach diese beiden Fragen selbst beantworten:

Frage eins: »Was kann ich besonders gut?«

Frage zwei: »Was mache ich besonders gern?«

Wenn Sie Dinge finden, auf die diese Voraussetzungen zutreffen, haben Sie wahrscheinlich Ihre Stärken gefunden. Ganz klar heraus: Beide Voraussetzungen ergänzen sich. Was Sie besonders gut können, machen Sie wahrscheinlich besonders gern. Und was Sie gerne machen, dürften Sie besonders oft machen, und Ihr Können wird dadurch auf professionelles Niveau gehoben.

Menschen erzählen mir immer wieder, wie erfüllend es ist, wenn sie ihre berufliche Tätigkeit an ihren Stärken ausrichten. Berufung führt zum Beruf, und diese Abfolge ist eine Einbahnstraße. Es umgekehrt anzugehen zeigt, dass diese Berufswahl eine Fehlentscheidung war. Das Schöne an dieser Neuausrichtung: Sobald Ihr Beruf mit Ihren wahren Stärken deckungsgleich ist, müssen Sie nie wieder im Leben arbeiten. Denn Sie werden dann mit dem, was Ihnen Spaß und Freude bereitet, Ihr Geld verdienen – und mit spielerischer Leichtigkeit bessere Ergebnisse erzielen. Nach dem bekannten Pareto-Prinzip kassieren diejenigen, die zu der 20-Prozent-Gruppe der Spitzenkönner zählen, fette 80 Prozent aller Einnahmen, die in dieser Branche verdient werden können. Was im Klartext ganz aufrüttelnd heißt: Echte Könner verdienen 16-mal mehr als der Durchschnitt. Mindestens. Denn nach oben hin stehen die Grenzen sperrangelweit offen.

Wie aber wird man zu einem so begehrten Könner? Es ist das Feuer der Leidenschaft, das den Kessel Ihres Könnens unter Volldampf setzt. Je heißer es brennt, desto mehr druckvolle Könnerschaft entwickeln Sie. Ohne Feuer-Eifer indes ist der Dampf raus, ideell und finanziell. Sich krampfhaft anzupassen bringt Ihnen gar nichts, denn dann behandeln Sie Ihr eigenes Leben so ruppig, wie der Riese Prokrustes in der griechischen Mythologie die Gäste seiner Herberge angepackt hat: Er bot den Reisenden ein Bett an, auf das er sie legte. Waren sie zu groß für das Lager, hackte er ihnen die Füße und überschüssigen Gliedmaßen ab. Waren sie zu klein, reckte er ihnen die Glieder auseinander, indem er sie auf einem Amboss streckte. Klingt beides nicht sonderlich verlockend, oder?

Übrigens, falls Sie mit der Selbstständigkeit liebäugeln: Denken Sie nicht nur in finanziellen, sondern auch in emotionellen Kategorien. 100 Euro, die Sie als Selbstständiger verdient haben, fühlen sich deutlich besser an, als 100 Euro, die Sie als Angestellter aufs Konto bekommen.

So, spätestens jetzt werden nicht wenige von meinen Leserinnen und Lesern zornesrot im Gesicht. Ich kenne das schon von Diskussionen, die ich mit Freunden über dieses Thema führe. Was höre ich da des Öfteren? »Ja, du hast gut reden; du mit deinem Piano-Referat. Du strotzt ja nur so vor Talenten und konntest dein Hobby zum Beruf machen. Aber die meisten Menschen haben diese Möglichkeit nicht. Was soll denn die Kassiererin im Aldi machen?«

Stopp! Diese Sichtweise ist einfach falsch.

Ich meine ja keineswegs, dass man a) ausschließlich als Referent, Musiker, Schauspieler, Maler, Autor oder Tänzer glücklich werden kann und b) diese Professionen die einzigen sind, die einen ideellen Wert aufweisen. Nicht jeder dieser vermeintlichen Traumberufe ist für jeden Menschen wirklich erstrebenswert.

Wovon mich aber bisher niemand abringen konnte: Viele Menschen könnten deutlich mehr Erfüllung in ihren Beruf bringen, als das im Moment der Fall ist. Nämlich dadurch, dass sie sich auf ihre wahren Stärken besinnen und den Mut finden, jetzt die richtigen Schritte einzuleiten. Wir beschränken unser Denken viel zu häufig auf die klassischen Wege und lassen unseren Verstand von vornherein viel zu viele Optionen ausschließen.

So wie einst ein schottischer junger Mann. Er arbeitete als Milchmann, Baggerfahrer und Bademeister, bevor er sich auf das Lackieren und Polieren von Särgen spezialisierte. Erst als er sich auf einen Weg konzentrierte, den sein Verstand zuvor ausgeschlossen hatte, wurde er erfolgreich und weltberühmt. 1999 wählte ihn das People-Magazin zum Sexiest Man des Jahrhunderts. Ich spreche von Sean Connery.

Nicht jeder hat das Zeug zu einer Weltkarriere und nicht jedem würde sie Spaß machen. Aber ich bin davon überzeugt, dass sich viele Menschen deutlich verbessern und deutlich mehr selbst verwirklichen könnten, wenn Sie festgefahrene Gedankenbahnen mutig verlassen.

Und Sie können mir eines glauben: Bei mir klingelt auch niemand an der Tür, um eine große Kiste abzuladen und mich aufzufordern: »Hallo, Martin, hier ist ein ganzer Karton voller höchst lukrative Aufträge. Greif kräftig rein und such ein paar Hände voll aus.« Auch ich muss handeln und brauche manchmal Geduld und einen langen Atem.

Viele Musiker, die heute von Millionen Fans umjubelt werden, haben mal ganz klein angefangen – und in ihrer besch...eidenen Lage alles an Aufträgen angenommen, was sie kriegen konnten. Die US-Sängerin Lana del Rey etwa, die mit ihren melancholischen Songs inzwischen einige Chart-Hits gelandet hat, musste erst mal sieben Jahre durch die Provinz tingeln: immer kurz vorm Abgrund, finanziell wie künstlerisch. Bis 2010 endlich der Durchbruch kam.

Paul Potts war Smartphone-Verkäufer für die Einzelhandelskette The Carphone-Warehouse und sang eher hobbymäßig. Seinen großen Durchbruch erlebte er nach seinem Auftritt bei der britischen Castingshow »Britan‘s Got Talent« am 9. Juni 2007. Allein in Deutschland verkaufte er 3,5 Millionen Alben.

Oder Udo Jürgens, den ich 2010 persönlich kennenlernte. Er erzählte mir, dass er fast 15 Jahre lang ausschließlich Negativerlebnisse hatte bei dem Versuch, bekannt zu werden. Ursprünglich sang er während Unterhaltungsshows Schlager anderer Interpreten. Als er sich irgendwann weigerte, das weiterhin zu tun, weil ihm seine eigene Musik am Herzen lag, kündigte seine Schallplattenfirma sogar den Vertrag mit ihm. Er war sich unsicher, ob ihm der Durchbruch gelingen würde. Aber er sagte: »Ich schaffe es mit der Musik oder gehe mit der Musik unter, aber das wäre immer noch besser, als in einem Büro zu versauern.« Udo Jürgens hat an seiner Musik festgehalten und als er 1966 beim Grand Prix Eurovision mit »Mercie Cherie« den ersten Platz erreichte, folgte der lang ersehnte internationale Durchbruch. Mit über 100 Millionen verkaufter Tonträger war er der kommerziell erfolgreichste Unterhaltungsmusiker im deutschen Sprachraum.

Müssen Sie für Ihr Geld nicht ohnehin viel Engagement aufbringen? Oder vielleicht sogar krampfhaft darum kämpfen? Wie wäre es, wenn Sie diese Kraft gleich da investieren, wo Sie im Gegenzug sofort mit Freude und Erfüllung belohnt werden – und nicht nur mit Geld? »Solide« Brot-und-Butter-Jobs vermitteln allenfalls eine Schein-Sicherheit.

Nehmen Sie meinen eigenen beruflichen Werdegang als Beispiel. Ich begann 1979 eine Ausbildung als Bankkaufmann, weil der seinerzeit als einer der sichersten Berufe galt, der zudem noch ein hohes Ansehen genoss. Wie vermeintlich sicher dieser Beruf ist, hat sich nach der ersten Finanzmarktkrise gezeigt. Die Folgen haben zu Pleiten und Massenentlassungen geführt. Und durch die langanhaltende Niedrigzinsphase hält dieser Druck an. Vom Ansehen ganz zu schweigen. Umfragen zufolge hat der Banker das zweitschlechteste Image unter den Berufen. Nur der Politiker hat ein noch schlechteres Image.

Sicherheit kann Sie im Stich lassen – Ihre Stärken hingegen lassen Sie nie im Stich.
Falls Sie noch unsicher sind, wohin die Reise bei Ihnen gehen könnte – nehmen Sie sich Ruhe und Zeit, um das zu klären.

Wenn Sie neue Pläne für Ihr Leben schmieden, hilft es, das an einem inspirierenden Ort zu tun.

Inspirierender Ort? Was ist das? Das ist ein Ort, an dem Sie Ihre Alltagsaufgaben und -probleme loslassen und zumindest zeitweise ausblenden können. Ein Ort, an dem es Ihnen leichtfällt, sich Zeit zu nehmen, geschehen zu lassen, was geschieht. Nur wenn Sie sich diese Zeit nehmen, ist dieser Ort auch inspirierend für Sie. Wenn Sie auch dort ein straffes Programm absolvieren, indem Sie sich möglichst viele Sehenswürdigkeiten ansehen, kann dieser Ort seine inspirierende Wirkung nicht entfalten.

Aber wenn Sie sich nichts oder möglichst wenig vornehmen, dann können Sie Ihren Kopf abschalten und entspannen. Dadurch entsteht Raum für Neues. Sie spüren andere Sinne in ungewohnter Intensität. Kreativität ereignet sich und führt schließlich zu neuen Wahrheiten und Haltungen.

Im Grunde können Sie einen solchen Ort auch in sich selbst in Ihrer gewohnten Umgebung finden. Jedoch ist das für Ungeübte schwierig, da das Loslassen wegen der räumlichen Nähe zu allem, was Sie Tag für Tag umgibt, mühsam ist und Übung erfordert.

Der Ortswechsel erleichtert es, Inneres aufzuspüren, kreativ zu sein, Pläne zu schmieden und dann auch die Wege zu finden, diese Pläne in die Realität umzusetzen.

Gute Ideen bekomme ich zum Beispiel auf Ibiza. Mein Blick wirft den Anker im offenen Meer und beim Betrachten der Wellen genieße ich die aufsteigende Ruhe in mir. Zunächst werden die Gedanken ruhig, schließlich wird der Kopf ganz frei und auch mein Körper entspannt sich. Das schafft Raum in mir und Platz für neue Empfindungen und Ideen. Gerne entwickle ich mit diesen Impulsen auch bereits angefangene Konzepte weiter oder gebe Ihnen eine neue Richtung.

Viele Aussteiger haben sich auf Ibiza niedergelassen. Wenn Sie ein Aufsteiger werden wollen, können Ihnen die Aussteiger auf Ibiza vielleicht dabei helfen. Gerade eine exotische Umgebung voller Kontraste löst Blockaden wie Caramba-Öl eine festgerostete Achse. Auf dieser Insel etwa bilden Natur und Hippies ebenso engstellenlösende Gegensätze wie die ortsüblichen Angebote: ruhiges Chillen auf der einen Seite der Extrem-Skala, wüste House-Partys auf der anderen. Und sogar ein ruhiges Gespräch mit solchen Blumenkindern kann Wunder wirken und Sie selbst voranbringen.

Dieses Buch überarbeite ich gerade am Placa de la Reina auf Palma. Und das Plätschern des Springbrunnes, der Geruch von Pferden und die sich sanft im leichten Wind wiegenden sonnenbeschienenen Blätter der Bäume bringen andere Gedanken zutage als es mein Büro in Bad Honnef vermag.

Besondere Inspiration habe ich einmal in Marrakech erfahren. Ich wurde unerwartet in ein Wechselbad der Gefühle gestoßen. Wodurch entstand dieses Wechselbad der Gefühle? Durch brutale Gegensätze.

Als ich die Reise buchte, wusste ich nur, dass ich in das preisgekrönte Designerhotel Ana Yela fahren würde. Ein Guide holte mich am Flughafen ab. Er hielt mit seinem Wagen etliche hundert Meter vor dem Hotel und sagte, dass wir den Rest nun gehen müssten. Unser Weg führte durch enge, lange Gassen. Befremdlich wirkte auf mich, dass auf den Straßen statt in Werkstätten handwerklich gearbeitet wurde. Beispielsweise wurde Eisen verarbeitet, es wurde geschmiedet. Feuer brannten, Rauch erschwerte das Atmen.

Werkzeuge und Materialien lagen herum. Es wurde immer enger und düsterer. Oh Gott – was war das? Ist das etwa Blut? Ja, tatsächlich – es wurde auf offener Straße geschlachtet. Wir mussten um Blutlachen herumgehen. Meine Irritation und mein Unwohlsein wuchsen von Meter zu Meter. Ich folgte mit immer weicher werdenden Knien meinem Guide. Irgendwann standen wir vor einem besonders engen, dunklen Durchgang und er sagte, dass wir jetzt da durch müssten. Ich konnte in ihm nicht einmal aufrecht gehen, so niedrig war er. Nach weiteren 100 Metern standen wir vor einer einfachen, sehr schlichten Holztür. »Das ist der Hoteleingang«, vernahm ich vom Guide. Den Hoteleingang eines Designerhotels hatte ich mir ganz anders vorgestellt. Als der Guide die Tür öffnete, verschlug es mir allerdings den Atem. Direkt hinter der Tür sah es aus wie ein Bild aus Tausendundeine Nacht. Ein wunderschöner großer Saal, getaucht in strahlendes Licht, das durch die Fenster ringsum eindrang. Aber nicht nur durch die Fenster, nein auch von oben. Denn der Saal hatte kein Dach. Vögel flogen umher und zwitscherten kess. Eine überwältigende Blumenpracht und üppige farbenfrohe Stoffe umgaben mich. In der Mitte ein von Kerzen umgebener Schwimmteich, in dem Rosenblätter schwammen. Lampen und Mobiliar aus handgearbeitetem Silber und weißem Leder.

Der Guide führte mich umher und erklärte mir einiges zur Entstehung des Ana Yela, bis er mich bat, ihm auf die Dachterrasse zu folgen. Dort erlebte ich einen zweiten Schock. Das warme Gefühl, dass die üppigen Bilder des Luxus' aus Tausendundeiner Nacht in mir ausgelöst hatten, wurde jäh ausgelöscht durch ein Bild schreienden Elends. Heruntergekommene, verdreckte Behausungen umgaben uns und es stank. Mit Wellblech und Plastikfolie überdachte Teile einer Freifläche, auf der sich alte Matratzen befanden. Da wurde offenbar geschlafen. Überall lagen Müll und undefinierbarer Dreck herum. Auf einer Terrasse sogar der

Kadaver eines Hundes (ich vermute, dass es ein Hund war). Jetzt war auch der Geruch erklärbar. Ich fragte, ob wir im Elendsviertel gelandet seien. »Nein«, sagte der Guide. »Das, was Sie sehen, mein Lieber, ist die Durchschnittswohnung einer vierköpfigen Familie in Marrakech-Altstadt. Mir verschlug es den Atem, Tränen stiegen mir in die Augen und ich schämte mich.

Warum hatte man dieses Luxushotel in diese Umgebung gebaut, wollte ich wissen? Arroganz, Häme, Spot? Nein, weit gefehlt. Durch diesen scharfen Kontrast will man schockieren, aufrütteln, Demut auslösen. Und genau diese Gefühle habe ich empfunden. Wie klein waren doch plötzlich meine Probleme. Und ich empfand Dankbarkeit darüber, wie unbeschreiblich gut es mir geht. Durch das Gefühl der inneren Dankbarkeit stellten sich innere Ruhe, Kraft und Konzentration ein. Und genau das hat mir ein Kreativitätsschub sondergleichen geschenkt.

Puh, ich spüre diese Gefühle jetzt noch ganz deutlich, während ich diese Zeilen schreibe.

Ich gönne mir mindestens zweimal im Jahr eine Reise zu einem inspirierenden Ort. Ich empfehle Ihnen das ebenfalls. Wichtig bei solch einer Reise: Machen Sie sie allein! Ohne jegliche Verpflichtung und ohne feste Erwartungen.

Ich verspreche Ihnen: Das bringt Sie richtig weit voran.

Möglicherweise haben Sie jetzt zwei Einwände. Einerseits, dass Sie keine Zeit haben, andererseits, dass Sie kein Geld dafür haben. Einwand eins lässt sich schnell entkräften. Sie haben genauso viel Zeit wie ich, 24 Stunden pro Tag. Es ist nur eine Frage der Prioritäten, wie Sie diese Zeit nutzen. Machen Sie sich das bewusst. Es ist Ihre Entscheidung.

Einwand zwei ist schwergewichtiger. Ich stelle später im Buch eine Möglichkeit vor, die einen ähnlichen Effekt wie die Reise zu einem inspirierenden Ort hat, aber wenig bis gar nichts kostet. Ich nenne dieses Möglichkeit »Verabredung mit dem inneren Künstler«.

Und natürlich kann es Einwände von Ihrem Lebenspartner geben, der möglicherweise durch Ihre Abwesenheit belastet wird. Ich habe das für mich dadurch gelöst, dass ich meine Frau motivieren konnte, ebenfalls solche Unternehmungen zu machen. In dieser Zeit halte ich ihr dann den Rücken frei.

Auf eines müssen Sie sich allerdings nach Ihrer Rückkehr gefasst machen: Wenn Sie inspiriert zurückkommen, vor Ideen platzen und vor lauter Tatendrang kaum ruhig sitzen können, dann hat ein Zeitgenosse seinen großen Auftritt so sicher wie die Tatsache, dass »Dinner for one« jedes Jahr im Silvester-TV-Programm läuft: der gemeine Bedenkenträger. Diese Bazille ist so weit verbreitet wie es Sandkörner in der Wüste gibt.

Auch Sie kennen bestimmt diese Menschen, die Veränderungen und Neuerungen grundsätzlich ablehnend gegenüberstehen und sie bekämpfen wie gefährliche Viren. Ein berühmter Bedenkenträger trägt den Namen Dick Rowe. Anfang der 1960er-Jahre bekleidete er einen leitenden Posten bei der britischen Plattenfirma Decca, wo er darüber zu entscheiden hatte, welche neuen Künstler bei seinem Unternehmen einen Plattenvertrag bekommen würden. Und gegen eine aus seiner Sicht unbegabte Kapelle, die gerade bei ihm vorgespielt hatte, äußerte er besonders starke Bedenken – denn dieser Stil habe garantiert keine Zukunft: »Gitarrenbands geraten aus der Mode.[5]« Nun, besagte Gitarrenband sollte erst so richtig in Mode kommen und später als *The Beatles* (ei, da sind sie ja wieder) nicht ganz unbekannt bleiben. Und spätestens sechs Monate nach dieser Bedenkenträger-Fehlentscheidung brauchte Dick bei seinem Zahnarzt nie wieder Zahnreihenabdrücke vorzuzeigen – es reichte, vor dem Dentisten die Hosen herunterzulassen und ihm die Stellen zu zeigen, wo er sich selber aus Ärger über die verpasste Chance in den Hintern gebissen hatte.

Was lehrt uns das? Dass Sie Ihre und fremde Bedenken im Zaum halten sollten. Sie bringen nichts, außer dass sie den Blick auf die Chancen vernebeln.

Sehen Sie sich die Menschen an, die es wirklich geschafft haben, auf welchem Gebiet auch immer. Ihnen allen fehlt ausnahmslos eine weit verbreitete Eigenschaft: der Hang zum negativen Grübeln. Im Gegenteil: All diese Pioniere hatten eine Idee, ließen sich von ihr begeistern und haben dann ihr Ding mit Feuer und Flamme durchgezogen. So etwas wie Bedenken haben sie konsequent aus ihrem Hirn verbannt. Anderenfalls hätten sie niemals das geschafft, für das wir sie heute allesamt bewundern.

Wobei ich jetzt nicht genau weiß, welche Charakterzüge besagter Decca-Manager an den Tag gelegt hat. Ich selbst kenne diese Bedenkenträger als Menschen, die sich selbst sehr stark angepasst und ihre eigenen Träume und Wünsche längst begraben haben. Das sind oft Menschen, die sich nie getraut haben, vom bequemen und vermeintlichen nächstliegenden Weg abzuweichen. Sie können Gift darauf nehmen, dass Bedenkenträger einen Job ausüben, der sie fürchterlich langweilt.

Vor vielen Jahren besuchte ich zu Jahresanfang mal eine Freundin zu Hause und fand deren Vater, bewaffnet mit farbigen Filzstiften, vor einem großen Wandkalender. Links daneben hatte er an der Wand ein großes, weißes Blatt Papier angebracht. Auf dem Wandkalender markierte er bestimmte Tage farbig, auf der Liste trug er Zahlen ein. Von mir gefragt, was er da mache, sagte er: »Ich markiere alle Feiertage in Rot und alle Brückentage in Grün. Dann schaue ich, wie ich mit dem Einsatz möglichst weniger Urlaubstage die maximalen freien Tage heraushole. Dann trage ich meinen Urlaub ein. Auf dieser Liste neben dem Wandkalender trage ich die Tage bis zum nächsten freien Tag ab. Dann weiß ich immer genau, wie viele Tage ich noch arbeiten muss, bis ich endlich wieder frei habe.«

Wenn so ein Adventskalender für Arbeitnehmer genau das ist, was Sie unter einem intensiven Leben verstehen, gefällt Ihnen dieses Buch möglicherweise nicht. Diese Tagesabzählerei gab es zu Wehrpflichtzeiten bei der Bundeswehr, wo man sich als freiheitsentwöhnter Bürger in Uniform spätestens sechs Monate vor dem ersehnten Ende seiner Dienstzeit ein Maßband zugelegt hat: Jeder Zentimeter stand für einen Tag, und sobald man wieder mal einen überstanden hatte, trennte man sich abends per Scherenschnitt ganz symbolisch von diesen ebenso verhassten wie verflossenen 24 Stunden. Ganz besonders hart Gesottene haben die jüngeren Rekruten dazu gezwungen, das eigene Maßband huldvoll-neiderfüllt zu küssen und sich als »Tagebagger« zu outen, die noch eine weitaus längere Dienstzeit vor sich hatten. Und jetzt sagen Sie selbst – soll Ihr gesamtes Leben so verlaufen wie in der skurrilen Parallelgesellschaft einer Kasernenstubenbelegschaft?

Meiden Sie solche Tageszähler auf zwei Beinen! Umgeben Sie sich mit Personen, die Sie inspirieren und für die es ganz normal ist, das eigene, unkonventionelle Potenzial beherzt umzusetzen.

Im März 2015 hatte ich das Vergnügen, Florian Gschwandtner zu interviewen, den Erfinder und Inhaber von runtastic. Den Sportbegeisterten ist diese Run-App ein Begriff. 2008, als der Appstore noch in den Anfängen lag und Florian Gschwandtner noch Angestellter war, spürte er, welch riesiger Markt da vor ihm liegen könnte. Er entwarf ein Konzept und versuchte, eine Finanzierung zu bekommen. Mehrere Bankberater kehrten den Bedenkenträger raus: »Du bist ja ein fescher Typ, aber das mit dieser App ist Unsinn, mach was Vernünftiges.«

Was machte Florian Gschwandtner? Etwas »Unvernünftiges«: Er schmiss seinen Angestelltenjob, folgte seiner inneren Stimme und machte genau den Unsinn, von dem ihm mehrere Bankberater abhalten wollten. Er gründete seine eigene Firma und brachte die App Runtastic auf den Markt. Heute verzeichnet er bereits 160 Millionen Downloads; täglich kommen 150.000 neue dazu. Als ich ihn im März traf, sagte er mir: »Morgen fliege ich zu Apple nach Cupertino und spreche mit denen über die Einbindung von runtastic in die Apple-Watch.« Na, wenn das keinen Spaß macht.

Im August 2015 verkaufte er die Unternehmensanteile für 220 Millionen Euro an adidas. So viel zu dem klugen Ratschlag: »Mach was Vernünftiges.«

Aber vielleicht sitzen Sie auch gerade zwischen Baum und Borke …

Ihr Job erfüllt Sie absolut nicht. Hinschmeißen wollen oder können Sie ihn aber auch nicht. Was nun?

Sie können ja versuchen, Ihre Arbeit mit kleinen kreativen Verrücktheiten aufzuladen. Mit etwas Fantasie sind die erstaunlichsten Lösungen möglich: Als ich mit meinem Sohn zum Einkaufen im Aldi war, fiel mir an der Kasse ein junger Mann mit gelocktem Haar auf. Wenn Sie des Öfteren mal bei diesem Discounter einkehren, werden Sie beobachten, dass viele Angestellte dort nicht gerade mit ansteckender Daseinsfreude um sich schmeißen. Der junge Mann aber war ganz anders drauf: Die ganze Zeit, in der er an der Kasse saß, scherzte er mit den Kunden, lachte und strahlte, als wäre er gerade der Mittelpunkt eines Fotoshootings auf den Bahamas. Er strahlte derart viel Freude und gute Laune aus, dass wir uns einfach anstecken lassen mussten.

Nach dem Bezahlen fragte er mich: »Was ist Ihre Lieblingsfarbe?« Ich muss zugeben, dass ich anfangs irritiert war: »Wieso wollen Sie das wissen?« – »Was ist Ihre Lieblingsfarbe?«, beharrte der Bruder Lustig an der Kasse. Dieser etwas skurrile Dialog ging einige Sekunden hin und her, bis ich meinen Widerstand aufgab und ihm eröffnete, dass Grün meine Lieblingsfarbe sei. Freudestrahlend zog er daraufhin eine grüne Baumwolltasche aus einer Ecke und überreichte sie mir mit einem Lächeln, als hätte ich gerade seinen Heiratsantrag angenommen.

Eine solch strahlende Perle inmitten einer Billig-Muschel ist sicherlich eine Ausnahme. Aber warum eigentlich? Ich habe nie verstanden, warum Menschen, die in serviceorientierten Jobs arbeiten, die sie offensichtlich hassen, gerade in Deutschland derart abschreckende »Hackfressen« ziehen müssen. Warum machen die es nicht den Japanern nach? Lächeln, Leute, lächeln! Wenn schon nicht den Kunden zuliebe, dann doch wenigstens aus purem Egoismus. Denn allein der biomechanische Vorgang des Lächelns setzt im Gehirn Glückshormone frei, auch wenn es gar keinen Anlass zum Freudestrahlen gibt[6]. Aber offensichtlich gibt es diese Erkenntnis nicht bei Aldi am Grabbeltisch.

Und sagen Sie bitte nicht, dass sich ausgerechnet in Ihrem Job das wirklich Erfüllende und Wertvolle nicht verbinden ließe. Auf Fuerteventura lernte ich eine Frau kennen, die sich in Deutschland mit einem ganz normalen Bürojob ihre Brötchen verdient. Tief in ihr drin brannte allerdings der Wunsch, etwas weitaus Sinnvolleres zu tun – anderen Menschen tatkräftig zu helfen. Was also macht sie jetzt? Nach Feierabend engagiert sie sich dreimal pro Woche bei der Caritas und betreut Flüchtlinge, die gerade in Deutschland angekommen sind und eine neue Heimat suchen. Vor Menschen wie dieser Frau ziehe ich den Hut.

Wünsche und Sehnsüchte können sich aber auch außerhalb des Berufs lautstark zu Wort melden. Wie steht es um Ihre Hobbys und Freizeitunternehmungen? Was tun Sie, wenn Ihr Querkopf gefragt ist?

Was wollten Sie eigentlich schon immer machen? Das können aufgeschobene Kleinigkeiten sein: mehrmals in der Woche joggen oder mit Ihrem Kind einen Drachen bauen, ein Familienpicknick im Wald, die Arbeit einfach mal liegen lassen und die Zeit lieber in der Natur verbringen, die Seele baumeln lassen, am Wasser sitzen, Schiffe beobachten, alte Freunde besuchen, zur lang ersehnten Abenteuerreise aufbrechen oder das romantische Wochenende zu zweit buchen – es gibt ja so viele Möglichkeiten.

Nehmen Sie all das als Fingerübung dafür, einen Beruf einzuschlagen, der Ihnen Erfüllung bringt, weil er Ihre Berufung ist. Wenn Sie Ihre Bedenken vielleicht auch nicht geschlossen über Bord werfen können, so können Sie vielleicht jede einzelne Befürchtung separat überprüfen und aussortieren. Auch so verstärken Sie die Chancen auf Erfolg.

Und dann handeln Sie.

Mit diesem Schritt, dem Handeln, steht und fällt alles, und er fällt den meisten Menschen schwer. Klar – jetzt wird es ernst, jetzt kann man scheitern. Allein diese Gewissheit ist den meisten unangenehm; weiter vorn im Buch bin ich schon auf diesen Gedanken eingegangen. Denn im Fall des Falles müssen wir gerade hier bei uns, im Weltmeisterland der Bedenkenträger, mit Häme, Spott und Kritik rechnen. Scheitern – das dürfen Sie nicht, das ist sozial geächtet. Sei‘s drum! Scheitern gehört zum Handeln wie der Rhythmus zum Beat. Scheitern gibt Ihnen wertvolle Hinweise, wo Sie den Veränderungs-Hebel ansetzen müssen und ist, richtig verstanden, ein schier unbezahlbar kostbares Coachingprogramm. Die Amerikaner haben es verstanden und das Scheitern zum positiven Auswahlkriterium gemacht. Wir Deutsche sind leider immer noch nicht so fortschrittlich.

Vielleicht kommen Sie ja auch deshalb nicht ins Handeln, weil Sie eine Sache perfekt machen möchten. Dabei ist Perfektion ein Zustand, der angestrebt, aber niemals erreicht werden kann.

Hätte Bill Gates etwas Perfektes verkaufen wollen, dürfte es das PC-Betriebssystem Windows bis heute nicht geben. Vielmehr hat der Mann sein Milliardenvermögen mit etwas gemacht, das immer nur so halbwegs funktioniert hat – wie Spottsprüche à la »Hiroshima 45, Tschernobyl 85, Windows 95« x-fach belegen. Dieses »Es läuft halbwegs« hat den Leuten aber völlig gereicht, wie der Siegeszug dieses Redmonder-Nervensägewerks beweist.

Aber hacken wir nicht nur auf dem lieben Onkel Bill herum. Geht doch auch Google mit einem ähnlich gelagerten Hang zum chronischen Herumdoktern vor. Der Deutschen liebstes Suchmaschinchen bietet ihnen laufend Apps an, die sich erst im »Kleingedruckten« als fehlerbehaftete Beta-Versionen outen. »Bananenware« nennt sich das; sie reift erst beim Kunden aus.

Verstecken Sie sich nicht hinter dem Perfektionismus, der sich oft als Teppich präsentiert, unter den Sie Angst und Feigheit kehren können. Aber ebenso wenig wie Perfektion gibt es in der Natur einhundertprozentige Sicherheit. Die ist nur eine Illusion. Und wenn Sie ein ausgeprägtes Sicherheitsbedürfnis umtreibt, jagen Sie einer Schimäre nach. Oder hätten Sie sich jemals träumen lassen, dass die von tausend Experten-Stimmen einhellig als bombensicher bezeichneten Jobs in der Bankenbranche heutzutage so sehr wackeln wie die Zähne im Milchgebiss eines Grundschulkindes? Tauschen Sie keineswegs Freiheit und Abenteuer gegen diese Sicherheits-Illusion. Seien Sie mutig!

Vor etlichen Jahren stand mir nur ein sehr durchschnittliches Bankereinkommen zur Verfügung. Dennoch wollte ich unbedingt ein altes Haus kaufen: einen echten Traum in Stein – direkt am Wald gelegen, ruhig und naturnah. So hatte ich mir ein eigenes Haus immer vorgestellt.

Nun gut – ich hätte einiges hineinstecken, manche Teile abreißen und neu aufbauen müssen. Auch deshalb wollte ich absolut sicher sein, dass ich die finanzielle Belastung tragen konnte – unter allen erdenklichen Umständen. So habe ich unermüdlich Kostenkalkulation um Kostenkalkulation gemacht, Worst-Case-Fälle durchgerechnet und mir finanzielle Puffer ausgedacht. Allein das Rechenprojekt schleppte sich dadurch so endlos dahin wie der Bau des Berliner Willy-Brandt-Flughafens. Vom ganzen Rechnen und dem imaginären Einbau von Sicherheitsreserven rauchte mir regelrecht der Kopf. Bis es meinem Vater zu bunt wurde und er mir riet: »Junge, leg endlich mal den Taschenrechner weg. Wenn du anfängst zu rechnen, wirst du nie anfangen mit dem Bauen.« Gesagt, getan. Ich habe sowohl auf meine Intuition gehört als auch auf den väterlichen Rat, diesen Sanierungsfall gekauft, renoviert – und ich bewohne ihn heute noch mit meiner Familie.

Wenn Handeln bei Ihnen nicht zum Erfolg führt und Sie in der Sackgasse feststecken, prüfen Sie, ob Sie vielleicht immer die gleiche Vorgehensweise wählen.

Ich habe in meinem Haus eine Glasschiebetür, die zum Garten führt. Als ich mal im Garten war und die Tür einen Spalt weit geöffnet hatte, konnte ich eine Biene beobachten, die durch den offenen Spalt ins Haus fliegen wollte. Was machte die Biene, um den Spalt zu finden? Immer und immer wieder fliegt sie an exakt der gleichen Stelle vor die Scheibe – bis sie irgendwann vor Erschöpfung tot zusammenbricht. Wenig später versuchte eine Wespe ihr Glück mit dieser Tür: Um ins Haus zu gelangen, rammte sie ihren Kopf aber nicht wiederholt an denselben Punkt der Scheibe, sondern tastete die Scheibe Stück für Stück ab. Und tatsächlich – irgendwann hatte sie die offene Stelle gefunden und flog ins Haus.

Bienenfleiß allein hilft Ihnen also nicht unbedingt weiter. Sie müssen auch unterschiedliche Wege probieren, bis Sie die richtige Strategie gefunden haben. Seien Sie clever wie die Wespe und spüren Sie, wie Ihre Gestaltungskraft von Tag zu Tag steigt. Die gesteigerte Gestaltungskraft führt zu mehr Lebensfreude; die Lebensfreude wieder zu mehr Gestaltungskraft: ein nimmer enden wollender Kreislauf voller Energie.

Hier geht es zum Musikbeispiel:

http://www.martinklapheck.de/lebedeinenbeat-kapitel4

KAPITEL 5
Immer diese Störgeräusche: Umgang mit Ärger

»Ärger, du kannst mich nicht anschmieren.
Ich weiß, dass du schon hinter der nächsten Ecke stehst.
Ärger, du kannst mich nicht anschmieren.
Ich weiß, dass du dir schon wieder Übles überlegst …[7]«

Vielleicht haben Sie dieses kleine, pfiffige Lied des urigen deutschen Liedermachers Stefan Stoppok noch in Ihrem inneren Ohr. Erinnern Sie sich? Vor einigen Jahren lief es im Radio rauf und runter. Zurecht. Humorvoll, selbstironisch, aber auch ohne jeden Zweifel zutreffend schildert Stoppok mit seiner markant schnarrenden Nasal-Stimme die wachsende Verzweiflung eines ganz normalen Menschen wie du und ich einer sind.

Aber warum packt den Ich-Erzähler in diesem Kult-Hit diese Verzweiflung überhaupt? Weil er schlechte Erfahrungen gemacht hat und davon ausgeht, dass die wieder eintreten. Er rechnet damit, dass der Ärger schon hinter der nächsten Ecke steht und ihn gleich anspringt, wie ein Hund, der den ganzen Tag auf sein Herrchen gewartet hat, und dieses jetzt freudig begrüßt.

Ich glaube, dass es vielen Menschen so geht. Viele Menschen sind vom Negativismus durchtränkt wie der Mürbeteig-Boden einer Schwarzwälder Kirschtorte mit hochprozentigem Alkohol. Derart negativ benebelt sind bei ihnen alle vermeintlich berechtigten oder tatsächlich existierenden Quellen für Ärger inzwischen zu Alltagsbegleitern geworden. Manch einer hat sich so sehr an sie gewöhnt, dass er sie vermissen würde, wären sie plötzlich nicht mehr da.

Denn sogar Ärger, Frust und Verbitterung bereichern auf eine perfide Art und Weise unsere Komfortzone. Das Schlechte, das wir aber wenigstens gut kennen, ist uns in aller Regel lieber als das völlig Unbekannte. Ich denke da beispielsweise an eine zerrüttete Ehe in meinem Bekanntenkreis, an der die beiden festhalten, aus Angst über die ungewisse Zukunft nach einer Trennung. Gravierende Änderungen machen uns Angst. Bloß keinen radikalen Kurswechsel! Um diese Kaltwachsstreifen für die Seele schlagen wir mit Vorliebe einen großen Bogen. Und nehmen eben die Haare hin, die in unserer emotionalen Bikinizone wuchern.

Und noch etwas wird klar: Ärger entpuppt sich als Erzfeind von Wohlbefinden und Ihren Gedanken des Gelingens. Ärger steht positivem Denken ebenso im Weg wie dem Wahrnehmen und Ergreifen von Chancen.

Wäre es da nicht geboten, auf all den Ärger und seine emotionale Entourage möglichst komplett zu verzichten? Sollten wir nicht möglichst oft den Gefühlsteppich auslegen für Gedanken des Gelingens?

Wäre es da nicht besser, dem Ärger den Kampf anzusagen? Das geht. Denn es gibt noch eine zweite Version von Stoppkos Stück »Ärger«. Und die geht so:

»Ärger, du brauchst dich nicht anstreng‘, du kriegst gar keine Schnitte, das weiß ich genau.

Ärger, du brauchst dich nicht anstreng‘, du wirst mich nicht erwischen, dafür bin ich viel zu schlau …«

Sie müssen sich für eine Variante des Liedes entscheiden, beide gleichzeitig gehen nicht. Das liegt schlicht und ergreifend daran, dass wir Menschen weder in der Lage sind, zwei rationale Gedanken gleichzeitig zu denken noch simultan zwei Gefühlslagen unter einen Hut zu bekommen. Sie können nicht »Hänschen klein« singen und gleichzeitig von null bis zehn zählen. Nacheinander klappt das meistens.

Genauso wenig können Sie im eigenen Wut-Saft schmoren und zur selben Zeit vor lauter Glück die Welt umarmen. Sie müssen sich schon für ein Gefühl entscheiden.

Das klingt ja fast so, als könnte man den Ärger ein- und ausschalten wie das Deckenlicht in Ihrem Zimmer. Und wissen Sie, was? Ja, genau das können Sie.

Angesichts dieser Tatsache erscheint es noch tragischer, dass sich viele Menschen so häufig regelmäßig über dieses und jenes ärgern und sich von diesem Gefühl auf den schlammigen Grund ziehen lassen. Wie ein Beutetier, das einem hungrigen Krokodil vor den Rachen geschwommen ist.

Das Ärgerliche am Ärger ist, dass Sie sich schaden, ohne jemandem zu nutzen.

Wäre es nicht besser, dass Sie erkennbar positive Gefühle aussenden? Ja, das wäre es. Und zwar sowohl für Sie als auch für Ihre Mitmenschen.

Denn auf sichtbar glückliche, ja geradezu vor Freude strahlende Menschen geht man gerne und aufgeschlossen zu. Sie scharen immer gleich einen ganzen Tross von Freunden und Begleitern um sich. Bestimmt kennen auch Sie solche Glücklichen (!), die von innen heraus zu leuchten scheinen. Beneidenswert? Sicher, aber eine reine Einstellungssache. Sie können das ebenso. Wenn Sie wollen.

Dabei gibt es im Leben dieser Glückspilze – ebenso wie in Ihrem und meinem – an jedem Tag genug Situationen, die vorgeben, als Grund zum Umschalten auf den Sauertopf-Modus ausreichend zu sein. »Objektive« Gründe, sich zu ärgern, gibt es hingegen nicht. Wahrhaftig, es liegt wirklich an Ihnen, wie Sie einen bestimmten Sachverhalt bewerten. Und auch, wenn es Ihnen so vorkommt, dass Ärger oder ein ähnliches Gefühl Sie ohne Ihr bewusstes Zutun überfällt: Sie selbst haben es in der Hand, ob Sie dieses Gefühl zulassen oder nicht, und in welchem Ausmaß. Also in welcher Intensität Sie Ärger zulassen und wie viel Zeit Sie ihm einräumen. Die gute Nachricht lautet: Keiner zwingt Sie dazu, sich über irgendetwas zu ärgern, zumindest nicht allzu lange.

Keiner – außer Sie selbst.

Wie so vieles im Leben hängt auch bei diesem Thema vieles, wenn nicht sogar alles von Ihrer inneren Einstellung ab. Ein Optimist ärgert sich nicht über den Stau, sondern macht sich bewusst, dass er nicht im Auto sitzt, sondern in einer rollenden Bibliothek und genießt ein Hörbuch. Mal ehrlich: An einer solchen Weltsicht muss Ärger einfach abperlen wie Regentropfen an einer Gummipelerine.

Was es wohl braucht, um so viel Gelassenheit und Optimismus an den Tag zu legen? Vor allem Zeit und Geduld mit sich selbst. Die inneren Mechanismen, die unseren Ärger auslösen, sind zu unserem Leidwesen derart tief und perfekt eingeschliffen, dass wir sie schwerlich von einem zum anderen Tag überwinden können. Ärgern Sie sich also nicht, dass Sie nicht gleich ein souveräner Meister im Umgang mit dem Ärger sind.

Zu dieser gekonnten Handhabung gehört, anzuerkennen, dass sogar Ärger, Zorn und Wut positiv kanalisiert werden können. Wenn Sie sich also schon mal in diesen Zustand reingesteigert haben, dann sollten Sie sich körperlich Luft machen. Ärgern? Wenn's sein muss. Aber dann wenigstens intensiv und kurz. Verschaffen Sie sich so schnell wie möglich Erleichterung. Lassen Sie rasch Dampf ab.

Allein dieses Überdruckventil zu öffnen, verhindert, dass sich Ihr Ärger selbstständig macht, sich gegen Sie wendet und in Ihrem Inneren Schäden anrichtet. Jähzorn, der so rasch aufflammt wie eine Silvesterrakete am Himmel (aber genauso schnell wieder im Dunkeln verschwindet), ist allemal zuträglicher als still und verbissen Dauerfrust zu schieben und in sich hineinzufressen. Vorausgesetzt, dass Sie Ihrer Umwelt durch Ihre Gefühlseruption nicht schaden, wirkt ein solcher Ausbruch befreiend, und diese Befreiung entspannt und schafft Raum für Neues. Zorn, kurz und kontrolliert zur Zündung gebracht, zählt, so gesehen, keineswegs zu den sieben Todsünden. Dauerärger allerdings schon. Grimm, den Sie einfach nicht loslassen können, ist wie seelische Karies: Nach und nach bohrt sich dieser Verdruss immer tiefer in Sie hinein, bis der Schaden richtig heftig quält und kaum noch zu reparieren ist.

Akzeptieren Sie, dass Sie selbst es in der Hand haben, ob Sie sich ärgern oder nicht.

Solange Sie diese Erkenntnis nicht annehmen, wird Ihnen Ärger häufig so vorkommen wie Sushi, das in einer dieser modernen Sushibars auf einem Fließband um Sie herum kreist und kreist und kreist ... Dieses Fischkonfekt taucht immer wieder vor Ihrer Nase auf, bis es jemand vom Band nimmt.

Wäre es da nicht am besten, Sie nehmen Ihren Ärger von Ihrem imaginären Ärger-Fließband? Einfach, indem Sie sich von ihm lösen und ihn dahin schicken, wo der Pfeffer wächst?

Denken Sie an die beiden Versionen von Stoppoks Lied »Ärger«.

Ärger ist nämlich nichts, was wie eine böse Macht außerhalb von uns selbst agiert. Wir haben es durch unsere Einstellung in der Hand, für welche Version des Stoppok-Liedes wir uns entscheiden. Die »Ärger, du kannst mich nicht anschmieren«- oder die »Ärger, du brauchst dich nicht anstrengen«-Version.

Natürlich ist es, zumindest am Anfang, nicht einfach, die Konsequenzen aus dieser Erkenntnis zu ziehen und Ärger einfach nicht mehr zuzulassen. Das klingt möglicherweise simpler, als es wirklich ist. Aber es geht.

Vielleicht erinnern Sie sich an selbst erlebte Situationen, in denen sich etwas, das zunächst ärgerlich erschien, letztlich als hilfreich entpuppt hat.

Stellen Sie sich beispielsweise vor, dass Sie gerade an einem wichtigen Bericht feilen, der am nächsten Tag auf dem Schreibtisch Ihres Vorgesetzten liegen soll. Sie sind schon ziemlich im Zeitdruck; auf der nervösen Suche nach der richtigen Formulierung zerknabbern Sie einen Bleistift nach dem anderen. Das, was Sie bislang zu Papier gebracht haben, gefällt Ihnen nicht. Auch Ihrem Chef wird es nicht zusagen. Dabei muss das Ganze doch fertig werden.

Ring, Ring! »Ausgerechnet jetzt!«, durchfährt es Sie wie ein Degenstich, während Sie mit spontaner Wut im Bauch zum Hörer greifen. »Muss mir denn ausgerechnet jetzt jemand die Zeit stehlen?« Nun, während des Telefonats unterdrücken Sie Ihren Ärger, wohlerzogen, wie Sie sind. Schließlich können Sie das Gespräch glücklich zu Ende bringen.

Sie sind genervt. Der kalte Zorn meldet sich zurück, denn Sie müssen daran denken, dass Sie mit Ihrem wichtigen Text kein Stück weitergekommen sind und dieses blöde Telefonat Ihnen überdies wichtige Zeit geraubt hat.

Da fällt Ihr Blick auf Ihren letzten Entwurf – und plötzlich steht sie Ihnen vor Augen: genau die ideale Formulierung, nach der Sie Ihr Gehirn vorher stundenlang malträtiert haben. Ihr Unterbewusstsein hat diese telekommunikationsbedingte Denkpause genutzt, um Ihnen die ersehnte Lösung zu präsentieren. – Immer noch ärgerlich?

Manchmal ergeben sich im Leben Chancen, die wir nicht erkennen, weil uns Ärger daran hindert. Das ging auch meiner Frau so. Sie hatten einen Skiurlaub gebucht, zu dem sie mit den Kindern allein fahren wollte, da ich in der geplanten

Zeit nicht verfügbar war. Es graute ihr schon davor, die lange Autofahrt bei winterlichen Verhältnissen allein zu bewältigen. Und das wahrscheinlich mit zwei genervten Kindern im Auto. Eine sinnvolle Zugverbindung von unserem Wohnort (Bad Honnef) zum Ziel gab es nicht. Sie musste also wohl oder übel die gefürchtete Autofahrt auf sich nehmen. Dann flatterte eine Einladung zum 80. Geburtstag meiner Mutter herein, die just am Tag der geplanten Abreise im Münsterland feiern wollte. Meine Frau sagte meiner Mutter wegen der geplanten Reise ab, was meine Mutter sehr verletzte. Immerhin wäre es ja ihr 80. Geburtstag und wer weiß, wie oft sie noch Geburtstag feiern könne. Meine Frau fühlte sich unter Druck gesetzt und ärgerte sich. Reicht denn nicht die lästige Fahrt, muss auch noch der Druck meiner Mutter dazukommen? Aber meine Frau wurde weich und suchte nach Lösungen. Und siehe da: Vom Ort der Feier im Münsterland gab es hervorragende Zugverbindungen zum Reiseziel. Die Strecke war sogar lehrbuchreif, was komfortables Reisen mit der Bahn angeht. Außerdem sogar billiger als die Fahrt mit dem Auto gewesen wäre. Im Nachhinein entpuppte sich die Einladung meiner Mutter in Verbindung mit dem Druck, den sie ausübte, als Glücksfall für meine Frau.

Diese Beispiele mögen etwas schlicht klingen. Aber die Praxis zeigt immer wieder, dass vermeintlich negative Einflüsse sich zum Guten wenden können. Sie müssen sich nur daran gewöhnen, eine Situation nicht vorschnell abzuurteilen – Sie erinnern sich sicherlich an meine Warnung vor dem voreiligen »Schnellrichter« in Ihrem Kopf.

Dieser Appell zur positiven Gelassenheit bezieht sich auf so gut wie alle Herausforderungen, vor die Sie das Leben stellt. Entdecken Sie die Chancen! Was allerdings nur geht, solange Sie sich den Chancen-Blick nicht durch Ärger verstellen lassen.

Also, wenn Sie sich schon ärgern, dann höchstens kurz und intensiv. Sich tage-, wochen- oder sogar jahrelang saurem Seelen-Regen wegen einer einzigen Sache auszusetzen, gehört zum Schlimmsten, was Sie sich selbst antun können. Und – dieses »Kunststück« bringt auf diesem Planeten auch nur eine einzige Spezies fertig: der Mensch.

Wenn Sie bei Ihrem nächsten Sonntagsspaziergang vielleicht an einem Ententeich vorbeikommen, schauen Sie mal etwas genauer hin. Was passiert, wenn so eine Ente (ich nenne sie hier »Brutus«) in das Revier von »Cäsar«, einer anderen Ente, schwimmt? Cäsar ärgert sich. Er plustert sich auf und hackt mit dem Schnabel nach Brutus. Dem wird dadurch rasch deutlich, dass er eine Revierverletzung begangen hat und der Besitzer namens Cäsar nicht gewillt ist, sein Imperium aufzugeben. Aber der Ärger währt nur Sekunden. Denn kaum ist diese Sache geklärt, schwimmen beide Wasservögel entspannt in eine andere Richtung: alles vergeben und vergessen.

Nun stellen Sie sich vor, wie so ein Streit unter Menschen ablaufen würde. Nehmen wir an, dass Cäsar in Wahrheit ein verwunschener Mastentenzüchter ist, den eine gute Fee zur Strafe für seine Tierquälerei per Zauberstab in den Körper so eines Schwimm-Bratens verfrachtet hat. Außen Ente, innen Mensch hat Cäsar dem armen Brutus gerade mit einigen Schnabelhieben gezeigt, wo Barthel den Most holt.

Aber obwohl Brutus seine Lektion längst begriffen hat, schwillt Cäsar immer noch der Bürzel: »Oh, dieser Brutus hat es doch tatsächlich gewagt, in mein Revier einzudringen. Was fällt dem ein? Bestimmt respektiert er mich nicht. Ja, er lehnt mich sogar ab. Der hat mich schon immer so merkwürdig angeguckt. Wahrscheinlich will er mich vor den anderen Enten lächerlich machen. Vielleicht sogar aus dem Weg räumen. Bestimmt kommt er morgen wieder vorbei, um mich zu provozieren. Und nicht nur morgen, das macht der jetzt bestimmt jeden Tag. Und was, wenn er nicht allein kommt, sondern sogar seine gemeinen Freunde mitbringt?«

Die Gedanken des Ärgers schaukeln sich in kurzer Zeit hoch. Objektiv gesehen ist die Sache längst vorbei – aber die negativen Gedanken haben sich selbstständig gemacht und werden immer stärker.

Sie müssen keine verzauberte Ente sein, um mir beipflichten zu können: Solche Situationen kennen Sie zuhauf. Und dass es als Gegenmittel praktisch nur eine einzige Möglichkeit gibt. Richtig –

Erkennen Sie, dass sich Ihre Gedanken eigendynamisch immer weiter von der Realität entfernen und fangen Sie Ihre Gedanken wieder ein, treten Sie auf die Bremse.

Weiter vorne habe ich mit Blick auf die vielen negativen Nachrichten ja bereits darauf hingewiesen, wie wichtig »Gedankenhygiene« ist.

Diesmal richte ich Ihre Aufmerksamkeit auf die negativen Stimmen in Ihrem Inneren, die denselben Schaden anrichten können. Der wichtigste Schritt dabei ist, zu erkennen, dass es nicht der äußere Einfluss ist, der zwangsläufig zu Ärger führt. Vielmehr liegt es an unserer selbstgewählten Reaktion auf diesen äußeren Einfluss, ob wir uns ärgern oder nicht.

Eine solche Ursache für Ärger kann beispielsweise sein, dass wir ein ganz bestimmtes Bild davon haben, wie sich Menschen verhalten sollten; im Speziellen uns gegenüber. Und wenn die anderen diesem Ideal nicht entsprechen? Dann ärgern wir uns. Auch in diesem Fall trägt nicht Ihr Mitmensch die Schuld an Ihrem Ärger, vielmehr Ihre eigene Erwartungshaltung.

Schon der große chinesische Philosoph Konfuzius hat uns Folgendes ins Stammbuch geschrieben: »Fordere viel von dir selbst und erwarte wenig von den anderen. Das wird dir viel Ärger ersparen.« Fordern wir von uns selbst also zunächst einmal eine radikal andere Einstellung. Dann wird dem Ärger der Nährboden weitgehend entzogen.

Folgen Sie bitte gedanklich meinem Beispiel. Stellen Sie sich vor: Einmal in der Woche stellt Ihr Nachbar seine Mülltonne hinaus auf den Bürgersteig. Und das macht er so, dass stets ein kleines Stück der Mülltonne in Ihre Einfahrt ragt. Sie haben ihn schon öfter darauf angesprochen: Ob er das bitte lassen könne?

Nicht nur, weil es ja schließlich Ihre Einfahrt ist. Das eigentliche Problem ist, dass die Tonne Sie beim Hinausfahren hindert, morgens, wenn Sie zur Arbeit wollen. Bevor Sie am Leerungstag losfahren können, müssen Sie das Ding erst noch etwas verschieben. Das ist ärgerlich – aus Ihrer Warte.

Zudem ignoriert Ihr Nachbar chronisch verstockt Ihre ständigen Bitten. Wenn es um diesen Müll geht, holen Sie sich ständig eine Abfuhr. Jedes Mal der gleiche Mist. Was passiert?

Wenn der Tag der Tonnenleerung dämmert, ärgern Sie sich schon beim Aufstehen: Bestimmt hat Ihr Nachbar wieder mit der Mülltonne Ihre Einfahrt versperrt. Sie wachen gerädert auf, weil Sie sich bereits beim Einschlafen am Vorabend über diesen idiotischen Nachbarn und seine Freiheitsberaubung per Mülltonne geärgert haben. Und wohin führt Ihr erster Gang nach dem Aufstehen? Natürlich zum Fenster, Ihrem privaten Feldherrenhügel, von dem aus Sie Ihre Einfahrt genau einsehen können. Ha – da ist er wieder, dieser quaderförmige, graue Nerven-Schredder in Ihrer Einfahrt. Sie steigern sich so sehr in Ihren Ärger hinein, bis er in kochenden Zorn umgeschlagen ist.

Das klingt wie der Stoff, der vielen diesen aberwitzigen US-Sitcoms zu Grunde liegt, aber lassen Sie uns mal die Fakten anschauen. Wie viel Zeit kostet es Sie, die Mülltonne etwas zur Seite zu schieben? Drei Sekunden, fünf oder sogar zehn? Das wären im schlimmsten Fall dann 40 Sekunden im Monat. Macht 480 Sekunden im Jahr, also acht Minuten jährlich. Lohnt es sich wirklich, dafür einen gefährlichen Lochfraß im Nervenkostüm zu riskieren? Ist das den Verlust von Nachtruhe, Morgenschwung und anderer Lebensfreude wert? Wiegen Sie diese acht Minuten doch mal mit jener Zeit auf, die Sie pro Jahr beispielsweise mit dem Konsum unsinniger Fernsehsendungen verschwenden.

Vielleicht hilft es Ihnen, sich die Motive Ihres Nachbarn klarzumachen. Es gibt nur drei mögliche Szenarien ...

Szenario 1: Ihr Nachbar ist ein lieber, netter Kerl; er meint es überhaupt nicht böse. Er folgt einfach einem anderen Ordnungssystem. Für ihn ist die akkurate, mit der Präzision einer Gehirn-OP ausgeführte Aufstellung einer Tonne nicht so wichtig; daran verschwendet er keinen Gedanken. – Zumal es übrigens keine Ordnungssysteme gibt, die per se »richtig« oder »falsch« sind. Hinter der Art, wie wir etwas ablegen (oder eben nicht), stecken Lernmuster, die wir für richtig halten, weil wir Sie eben als richtig gelernt und im Gehirn abgespeichert haben. Aber das Ordnungssystem Ihres Nachbarn ist genauso richtig oder falsch wie Ihres. Also, dieser »Verstoß« gegen »ungeschriebene Mülltonnen-Platzierungsgesetze« taugt schon mal nicht als Grund, sich über Ihren Nachbarn zu ärgern.

Szenario 2: Ihr Nachbar kann nicht anders. Er ist vielleicht zu unintelligent, um sich Ihre Argumente und Wünsche zu merken und Sie umzusetzen. Dieser Tonnen-Tollpatsch tut das Beste, was er zu dem Zeitpunkt, an dem er die Mülltonne hinausstellt, im Rahmen seiner (beschränkten) Möglichkeiten tun kann. Sie werden mir recht geben: auch das ist kein Grund, sich zu ärgern. Was kann dieses Mikroben-Hirn dafür, dass sein geistiger Horizont den Radius eines Bierdeckels höchst selten überschreitet?

Szenario 3: Ihr Nachbar ist ein Schlingel und stellt die Mülltonne mit Absicht in Ihre Einfahrt, um Sie zu ärgern. Ja, Sie wachen schon vom Grimm zerfressen auf an diesem

Morgen. Der aber entwickelt sich für Ihren Widersacher zum richtig großen Festtag, wie Weihnachten und Ostern zusammen, und das Woche für Woche. Voll diebischer Freude hüpft er aus den Federn, um sich an seinem Fenster auf die Lauer zu legen. Und ja … da stampfen Sie ja schon heran, mit rot angelaufenem Kopf, schnaubend vor Wut, und treten die Mülltonne zornig zur Seite. Ein wahrer Hochgenuss für Ihren Nachbarn. Der freut sich bereits auf die nächste Woche, wo der Tonnen-Tag für ihn erneut zum Wonnen-Tag wird.

Ärgern Sie diesen Psycho doch zurück – indem Sie sich bewusst Ihren Ärger verkneifen. Schließlich wollen Sie Ihrem bösen Nachbarn doch nicht dieses Vergnügen auf Ihre Kosten bereiten, oder? Sie werden ihm schließlich nicht die Macht geben, Sie bewusst dermaßen zu triezen und Ihnen den Tag zu versauen. Und überdies werden Sie nicht zulassen, dass er Befriedigung daraus zieht. Nein, den Gefallen tun Sie ihm nicht.

Womit sich – zumindest bei der letztgenannten Konstellation – das Problem nach einigen Wochen von selbst erledigt haben dürfte.

Das dritte Szenario dieser Mülltonnen-Staatsaffäre weist grundsätzlich auf die Möglichkeit hin, solche potenziellen Quellen des Ärgernisses auf eine andere Art trockenzulegen: indem Sie die Beteiligung daran verweigern, sich schlecht behandeln zu lassen.

Verweigerung ist oft ein hochwirksames Mittel, um Ärger zu reduzieren. Als ich im Institut für Fernstudien bei der Deutschen Sparkassenakademie angestellt war, hatte ich die Aufgabe, Prüfungen zu erstellen. Dazu stand mir ein Grundstock an Prüfungsaufgaben zur Verfügung, aus denen ich diejenigen auswählen konnte, die mir für die anstehenden Tests passend erschienen. Auswahlkriterien gab es dabei nicht – bis auf eine: Bevor eine bereits verwendete Aufgabe den Studenten zum zweiten Mal vorgelegt werden konnte, musste eine bestimmte Zeitspanne vergangen sein.

Unglücklicherweise wurden alle Aufgaben manuell in DIN-A4-Ordnern aufbewahrt. Unglücklich deshalb, weil dadurch niemand in der Lage war, ohne stundenlange, mühevolle Durchblätter-Handarbeit festzustellen, ob eine bestimmte Aufgabe schon einmal eingesetzt worden war und wenn ja, in welcher Prüfung und zu welchem Zeitpunkt. Für diese wichtige Aufgabe stand uns schlicht keine IT-Lösung zur Verfügung.

Hoch motiviert machte ich mich daran, dieses fehlende Tool zu liefern. Ich habe also eine elektronische Datenbank aufgebaut und sämtliche Prüfungsaufgaben darin integriert – natürlich einschließlich all ihrer jeweiligen Einsatzdaten. Endlich war Schluss mit der stundenlangen Sucherei »zu Fuß«. Meine Datenbank brachte das Institut einen Riesenschritt nach vorn.

Folglich war ich mir todsicher, dass mir mein Chef Walter P. beim nächsten Gehaltsgespräch gute Nachrichten eröffnen würde. Doch weit gefehlt: Bei diesen jährlichen Gesprächen ging es von vornherein nur um eine Gehaltserhöhung von »sensationellen« 50 DM (rund 26 Euro) im Monat. Aber selbst diesen Brotsamen bekam ich nicht ab, weil mein Chef schlichtweg vergessen hatte, welch hilfreiche Leistung ich mit der Realisierung dieser wichtigen Datenbank abgeliefert hatte. Ich fühlte mich ungerecht behandelt und war vor Enttäuschung den Tränen nahe. Und ich ärgerte mich maßlos.

Aber zugleich fasste ich einen Entschluss: Als mich mein Chef im darauffolgenden Jahr wieder zu dem obligatorischen Gehaltsgespräch in sein Büro bat, gab ich ihm einen Korb: »Nein, ich komme nicht. Es tut mir leid. Ich bin nicht bereit, mit Ihnen über 50 DM Gehaltserhöhung pro Monat zu reden.« Damit habe ich eine klare Grenze gesetzt, dadurch meinem Chef eine wertvolle Erfahrung bereitet und für mich Ärger vermieden.

Ach ja, das liebe Geld. Für wie viele Menschen ist dieses Thema immer wieder ein willkommener Anlass, sich zu ärgern?

Manche Menschen rasten bereits bei viel kleineren Geldbeträgen aus. Davon machen auch Berühmtheiten keine Ausnahme. Ludwig van Beethoven etwa war bekanntermaßen gelinde gesagt hin und wieder ein schwieriger, aufbrausender Feuerkopf. Im Alter von etwa 25 Jahren komponierte er ein rasantes Rondo fürs Klavier, vor dem jeder Pianospieler Respekt und Muffensausen hat. Stellt dieses »Alla Ingharese quasi un Capriccio« an die spieltechnischen Fähigkeiten doch ziemlich hohe Anforderungen. Nicht ohne Grund reiht man dieses Rondo in die so genannten »Virtuosenstücke« ein.

Was dieses brillante Sieben-Minuten-und-21-Sekunden-Feuerwerk mit Geld zu tun hat? Nun, der Privatsekretär von Beethoven gab diesem Stück (vermutlich ohne das Wissen des Komponisten) einen deutschen Untertitel, unter dem es heute weltbekannt ist: »Die Wut über den verlorenen Groschen«. Wobei dieses klaviermusikalische Kleinod zum Glück ziemlich wenig von dem rüberbringt, für das ich und die meisten Hörer den Negativbegriff »Wut« bemühen würden. Vielmehr ist seine musikalische Grundstimmung durch eine mitreißende, perlende Heiterkeit geprägt; beim Zuhören hat man unwillkürlich eine fröhlich auf dem Boden herumspringende Münze vor Augen. Sollte Ihnen also auch mal ein Euro aus dem Portemonnaie fallen – Sie wissen ja jetzt, was Sie zu tun haben: Bloß nicht wütend werden. Seien Sie lieber dankbar für die Gelegenheit, Ihrem Rücken etwas gymnastisch Gutes zu tun.

Als ehemaliger Bankkaufmann hatte ich früher jeden Tag mit Situationen zu tun, in denen weit höhere finanzielle Verluste als nur ein Groschen oder ein Euro im Raum standen.

Bei Wertpapiergeschäften etwa können Sie an diesen einen Euro getrost noch einige Nullen dranhängen. Kaufen oder verkaufen Sie gelegentlich selbst Wertpapiere? Dann kennen Sie bestimmt die Möglichkeit, Wertpapier-Aufträge zu limitieren.

Den Nicht-Aktionären erkläre ich es kurz: Sie wollen beispielsweise eine Siemens-Aktie kaufen, dafür aber nicht mehr als einen Preis von 85 Euro bezahlen. Dann limitieren Sie diesen Auftrag entsprechend – sollte das Wertpapier teurer werden, wird der Auftrag nicht ausgeführt. Erst wenn der Kurs maximal bei dem von Ihnen gewählten Limit ist, wird gekauft.

Warum probieren Sie für sich nicht auch einmal eine Art Ärger-Limitierung aus?

Ärger limitieren – wie kann das gehen?

Gehen Sie folgendermaßen vor:

Überdenken Sie kurz, wie wichtig Ihnen die Sache, über die Sie sich gerade ärgern, ist. Je unwichtiger Sie sie einstufen, desto weniger Zeit opfern Sie, um sich zu ärgern.

Angenommen Sie ermitteln eine angemessene Ärger-Zeit von fünf Minuten. Nun gut, innerhalb dieser Spanne darf und sollte der Ärger bei Ihnen voll und ganz das Regiment übernehmen: Sie schimpfen wie ein Droschkenkutscher, Sie fluchen, Sie stampfen auf den Boden, Sie schreien, Sie treten den Papierkorb um – was immer Sie brauchen, um sich Luft zu machen. Lassen Sie alles raus. Kommen Sie von mir aus voll ins Schwitzen, so dass Sie anschließend vor Erschöpfung schnaufen.

Nutzen Sie doch die Timerfunktion Ihres Smartphones, damit Sie durch sein Klingeln mitbekommen, wann diese fünf Minuten Tobsuchtszeit verstrichen sind. Dann muss »König Ärger« abdanken – denn nun ist es für Sie an der Zeit, ruhig und voller Energie an die Lösung dessen zu gehen, was bei Ihnen ursprünglich in Ihrem »Oberstübchen« den Schalter auf Ärger gestellt hat.

Es ist allemal sinnvoller, körperliche und geistige Energie in die Lösung eines Problems zu stecken, statt in den Ärger darüber. Das habe ich als Unternehmer häufig selbst festgestellt: Jahrelang betreute ich mit meiner Agentur einen Kunden, der finanziell sehr bedeutend für meine Firma war. Es ging darum, klassische Konzerte für das europäische Parlament zu organisieren. Jahr für Jahr haben wir dieses Mammutunternehmen vorbildlich gestemmt – und auch beim letzten Mal schien alles einen mustergültigen Lauf zu nehmen: Die renommierte Geigerin Julia Fischer war gebucht, unsere Vorbereitung lehrbuchreif, und die Honorarauszahlung an mich war so bombensicher wie der Torero in der Carmen-Aufführung. Dachte ich jedenfalls.

Denn urplötzlich überraschte mich die Künstlerin mit der Nachricht, dass sie schwanger sei, sich gesundheitlich unwohl fühle und den Auftritt aus Vorsichtsgründen absagen müsse. Das kommt in den besten Familien vor, und nichts Böses ahnend, schlug ich meinem Kunden vor, nach einem Ersatz zu suchen. Doch von Ersatz wollte der nichts wissen. Er entschied sich für einen radikalen Schnitt – und ließ die Veranstaltung Knall auf Fall platzen.

Peng! Geplatzt wie eine Seifenblase war damit auch mein Traum vom sicher geglaubten Geldsegen. Einfach futsch. Ich denke, niemand in meiner Umgebung wäre böse oder überrascht gewesen, wenn ich mich über diesen massiven Schlag ins Konto tagelang massiv geärgert hätte. Und in der Tat spürte ich anfangs, wie Ärger und Verzweiflung in mir aufstiegen.

»Stopp«, rief ich mehr selbst zu. »Diese negativen Gefühle rauben dir deine gesamte Lösungsenergie. Gib dir selber noch zehn Minuten, in denen du dich so richtig ärgerst. Danach suchst du gefälligst nach einer Lösung.«

Genauso habe ich es gemacht: Zehn Minuten gab ich mich meinem Ärger voll und ganz hin. Danach ging ich geistig wieder in den Lösungsmodus und körperlich in mein Büro. Ich betrachtete unsere finanzielle Lage und überdachte, welche wirtschaftliche Auswirkung dieser geplatzte Auftrag für mein Unternehmen hatte. Dann trat ich an das Memoboard, das in meinem Büro angebracht ist. Dort zeichnete ich einen grünen, senkrechten Strich. Er war so lang, dass jeder Zentimeter 1.000 Euro entgangenem Gewinn entsprach. Jeden einzelnen Zentimeter dieses langen Strichs markierte ich durch kurze, waagerechte Striche, die die Senkrechte kreuzten – wie die Sprossen einer Hühnerleiter mit nur einem Mittelholm. Das Ganze erinnerte an einen hochkant angelegten Zollstock ohne Millimeteraufdruck.

Am nächsten Tag holte ich meine Mitarbeiter an diese Tafel und besprach mit ihnen die Situation, ohne etwas zu beschönigen. Aber ich sagte ihnen, dass ich diesen entgangenen Gewinn durch neu zu akquirierende Aufträge ausgleichen wollte – und das nur mit ihrer Hilfe schaffen könne. Offen und ehrlich räumte ich ein, dass dieses Unterfangen schwierig sein würde. Allerdings auch nicht unmöglich. Für jeden 1.000-Euro-Gewinn, den wir durch neu hereingeholte Aufträge generierten, versprach ich jedem Mitarbeiter 50 Euro Provision, unabhängig davon, wer für den Erfolg verantwortlich war. (Machen Sie sich keine Sorgen – wir sind zu dritt, da ist also für unser Unternehmen selbst noch einiges übriggeblieben.)

Mit großem Ehrgeiz machten wir uns daran, neue Aufträge hereinzuholen. Um uns auch visuell zu motivieren, begann ich, neben der grünen »Hühnerleiter« eine zweite zu zeichnen, diesmal peu à peu von unten nach oben. Und zwar genau wie bei dem grünen Exemplar einen Zentimeter für jeden Tausender und nach jedem Zentimeter einen Querstrich. Diese kleinen Sprossen wuchsen also langsam in die Höhe und zeigten uns, dass unsere neuen Gewinne kontinuierlich kletterten.

Sie können sich nicht vorstellen, welch sensationelle Aktivität durch diese Vorgehensweise ausgelöst wurde. Jede und jeder im Team machte sich Gedanken, wo noch Zusatzgeschäft generiert werden könnte, welcher potenzielle Kunde für eine Aktivierung infrage käme und an welcher Stelle sich weitere Aktivitäten lohnen könnten. Jeder von uns warf regelmäßig einen gespannten Blick auf den wachsenden roten Strich – und dessen Wachsen löste einen zusätzlichen Motivationsschub aus. Und tatsächlich: Am Ende haben wir das Ziel erreicht und natürlich kräftig gefeiert. Ich selbst habe den anfänglichen Ärger an der kurzen Leine gehalten und nicht ins Uferlose wuchern lassen. So konnten uns auch keine negativen Gefühle lähmen; vielmehr hat die positive Lösungsenergie zusätzliche Gestaltungskraft bei jedem von uns entfacht.

Was erbost Sie? Was bringt Sie so richtig auf die Palme? Worüber werden Sie wütend, grimmig? Wann packt Sie der heilige Zorn? Egal, was es ist, Menschen, Situationen oder Ereignisse: Es findet sich immer ein mentales Konzept, mit dem Sie Ihren Ärger vermeiden können. Oder wodurch er sich zumindest erheblich reduzieren lässt.

Brauchen Sie einen Beweis für meine Behauptung? Gut, dann vergegenwärtigen Sie sich doch jetzt einmal schnell etwas, über das Sie sich aktuell ärgern. Haben Sie es? Malen Sie sich jetzt bitte in Gedanken aus, wie Sie in einem Jahr darüber denken werden.

Ja, ich weiß, dass dieser Ärger Sie im Moment extrem belastet und eine Lösung schwer vorstellbar ist. Aber wird es nicht in aller Regel so sein, dass Sie in zwölf Monaten ganz anders darüber denken und fühlen werden?

Meist lachen Sie in einem Jahr über das, was Sie heute noch ärgert. Und wenn Sie in einem Jahr darüber lachen können, was hindert Sie daran, es schon heute zu tun?

Lachen Sie darüber, genießen es und kommen Sie zum selben Schluss wie Mark Twain, der geistige Vater von Tom

Sawyer und Huckleberry Finn, der mal frank und frei bekannte: »Ich sah mich mein Leben lang mit zahlreichen Katastrophen konfrontiert. Die meisten davon sind allerdings nie eingetreten.«

Wenn Sie das nicht gleich auf Anhieb schaffen, hilft Ihnen vielleicht die folgende Vorstellung: Sie befinden sich in einem Motorboot und fahren damit auf einen großen See hinaus. Sie selbst sitzen hinten am Außenborder; vor Ihnen auf den Planken liegt ein großer Leinensack. Darin steckt Ihr ganzer Ärger. In der Mitte des Sees angekommen, stoppen Sie das Boot, ergreifen den Sack und kippen den Inhalt (den Ärger) in den See. Gut gemacht. Nun werfen Sie den Motor wieder an und entfernen sich vom Ort des Geschehens. Und während Sie abdampfen, schauen Sie nach hinten: Sie sehen, wie der Ärger langsam absäuft. Fühlen Sie sich jetzt besser?

Übrigens, das können Sie auch mit jenen Säcken machen, die Kopf, Arme und Beine haben – mit Nervensägen also, die Ihnen fürchterlich auf den Wecker gehen. Es gibt natürlich Schimpfe, wenn Sie diese mörderische Vorstellung in die Realität umsetzen. Aber solange Sie es bei einem reinen Fantasieprodukt belassen, kann Ihnen keiner was ans Zeug flicken. Die Gedanken sind schließlich frei. Aber allein die Vorstellung reicht schon, um bei Ihnen ein angenehmes Gefühl auszulösen.

Jetzt komme ich zu einer meiner Lieblingsmethoden, wenn es darum geht, den Ärger kleinzukriegen …

Ich finde diese Methode deshalb so klasse, weil Sie damit jeden noch so großen Ärger kleinkinderleicht machen können. Nein, das ist kein Druckfehler. Ich meinte wirklich »kleinkinderleicht«.

Wenn Sie also ein kleines Kind haben oder zumindest ab und zu mal mit einem zu tun, dann warten Sie, bis der Ärger Sie wieder so richtig im Griff hat. Gelegenheiten, um in den Ärger-Modus zu verfallen, kennen wir ja genug: Vielleicht sind Sie bei einer wichtigen unternehmerischen Frage nicht um Rat gefragt worden. Unter Umständen hat man Sie übergangen, als die Gestaltung eines neuen Vordrucks besprochen worden ist. Die Regelung der Reisekostenerstattung wurde auch über Ihren Kopf hinweg entschieden. Dabei sind doch genau Sie der Experte dafür. Das tut weh. Grund genug also, um Ihre seelischen Einfallstore für die Heere aus Wut und Verbitterung zu öffnen, um verletzt zu sein und um sich ordentlich zu ärgern.

So, Tusch! Jetzt kommt der Trick: Gehen Sie zu Ihrem kleinen Kind (oder leihen Sie sich kurzfristig eins aus), und erzählen Sie ihm, welch schlimme Sache Sie gerade verletzt hat. Wenn dieses Kind partout nicht verstehen will, was denn eigentlich so wichtig oder katastrophal an dieser Sache ist, dann wiederholen Sie Ihre Schilderung. Notfalls legen Sie Ihren Frust und vor allem die Gründe dafür ein drittes Mal dar. Wenn das Kind nach dreimaligem Erzählen immer noch nicht verstanden hat, was so wichtig an der Sache ist, überlegen Sie, ob nicht das Kind recht hat.

Das relativiert einiges. Vielleicht fragen Sie sich danach, wie Sie jemals anderer Meinung sein konnten als dieses kleine Genie. Und spätestens jetzt ist dieser Ärger da gelandet, wo er hingehört: tief unten auf dem Grund des Banalitäten-Sees.

Bei Licht betrachtet ärgern wir uns oft sogar über Dinge, die wir überhaupt nicht beeinflussen können. Schauen Sie sich um – Ihr Leben ist voll davon.

Das Wetter zum Beispiel. Kann es einen unsinnigeren Anlass geben, sich zu ärgern oder mit Leichenbittermiene still vor sich hin zu leiden? Ich wundere mich oft, wie viele

Menschen gerade dem Wetter hohe Aufmerksamkeit schenken. Oder besser gesagt der Tatsache, dass sich das Geschehen am Himmel nicht so gestaltet, wie sie es gerne hätten.

Jede, aber auch wirklich jede Nachrichtensendung im Radio oder Fernsehen endet mit dem Wetterbericht. Dieses »Und nun noch ein kurzer Blick aufs Wetter …« ist zu einem regelrechten Ritual ausgeartet. Warum auch immer; in unseren Breiten und bei unserem Zivilisationsgrad sind die meisten Menschen doch gar nicht mehr so unmittelbar vom meteorologischen Treiben abhängig. Es sei denn, Sie verdienen Ihr Geld als Landwirt, sind Flugzeugpilot oder Pollenallergiker oder möchten als Astronom eine möglichst freie Sicht auf den nächtlichen Sternenhimmel haben. Aber was juckt es den Platzanweiser im Theater, ob es draußen stürmt, schneit, regnet oder die Sonne scheint?

Einverstanden – den einen oder anderen solcher seelischen Juckreize, den das Wetter auslösen kann, kann ich durchaus verstehen. Wenn Sie zum Beispiel an Ihrem Geburtstag im Garten grillen möchten. Da haben Sie sich so auf diese Bruzzel-Zeremonie gefreut. Und ausgerechnet eine halbe Stunde, bevor es losgehen soll, ziehen diese dicken, hässlichen grauen Wolken am Himmel auf und lassen das verhasste Nass auf Sie herab. Ich kann nachvollziehen, dass Ihnen das Grillen bei Sonnenschein mit Ihren Gästen mehr Spaß macht, als allein unterm Sonnenschirm, den Sie als Regenschutz aufgebaut haben, damit sich das Grillgut nicht im Wasser verselbstständigt.

»Damit ich auf diese Art Kalamitäten vorbereitet bin, schaue ich mir vor solchen Aktivitäten lieber den Wetterbericht an«, könnten Sie mir jetzt entgegenhalten. Sie werden lachen: Dieser Gedanke ist mir auch schon gekommen, als Ausnahme von der Regel, die ich mir zur Gepflogenheit gemacht habe. Nämlich, dem Wetterbericht so viel Bedeutung beizumessen wie der Frage, ob beim Chinesen um die Ecke gerade eine Frühlingsrolle platzt.

Besagte Ausnahme wagte ich während meines vergangenen Sommerurlaubs am Comer See. Ich bin bewusst davon abgewichen, Wettervorhersagen zu ignorieren, weil ich mir des Öfteren ein Boot ausleihen wollte. Diese Wasserpartien wollte ich tunlichst bei bestem Kaiserwetter unternehmen. Also habe ich mich entgegen meiner Gewohnheit auf die Welt der Märchen, Mythen und Sagen eingelassen – der Wettervorher-Sagen, um genau zu sein.

Und was hat mir diese Meteorological Mystery Tour gebracht? Die Wetterprognose im Internet wollte mir die Regentropfen, die gerade krachend gegen das Fenster meiner Urlaubsunterkunft prasselten, doch allen Ernstes als strahlenden Sonnenschein verkaufen. Und schon nagte an mir der Frust: »Was müssen das für Lauchstangen sein, die noch nicht mal in der Lage sind, die aktuelle Wetterlage richtig zu beschreiben?« Die Vorhersagen selbst lagen nicht minder daneben.

Was habe ich daraus gelernt? Dass sich das Wetter offensichtlich nicht voraussagen lässt. Seit dieser Pleite habe ich keine Wettervorhersage mehr gelesen oder im Fernsehen angeguckt. Stattdessen schaue ich morgens einfach aus dem Fenster und schätze das Wetter ein. Und was soll ich sagen, die Trefferquote ist höher als beim Schauen des Wetterberichtes.

Allerdings höre ich mir hin und wieder einen Wetterbericht an, jedoch nur als alte Aufnahme, eingespielt von der legendären Jazz-Fusion-Formation *Weather Report.* Deren größter Hit, »Birdland«, ist Ihnen unter Garantie auch schon mal unter die Ohren gekommen – vielleicht sogar in der bekannteren Coverversion des populären Vokalistenquartetts *Manhattan Transfer.* Spätestens, wenn zu Beginn der markante Basslauf einsetzt, erkennt jeder das Stück.

Warum eine Weltklasse-Band wie *Weather Report* allerdings darauf gekommen ist, sich ausgerechnet nach so einer profanen Ärger-Quelle wie einem Wetterbericht zu benennen, war mir ziemlich lange Zeit ein Rätsel. Bis ich auf die Erklärung von Joe Zawinul gestoßen bin, eines der Gründungsmitglieder von *Weather Report.* Und dieser Einschätzung kann ich nur zustimmen: »Warum hast du deine Gruppe damals *Weather Report* getauft? – Wir wollten Musik spielen, die man täglich hört – wie den Wetterbericht – und die sich ständig ändert – wie das Wetter.«[8]

Also hören Sie sofort damit auf, sich über Dinge zu ärgern, die Sie nicht beeinflussen können.

Vom Umgang mit Neidern

In den vorangegangenen Kapiteln habe ich Sie ermuntert, eingetretene Pfade zu verlassen, Routine zu überwinden, Ihr Potenzial zu entfalten, Ihren eigenen Weg zu gehen und sich dabei über Erwartungen hinwegzusetzen. Das ist doch etwas Schönes, meinen Sie. Ist es auch. Aber nicht unbedingt für die ganzen Ärger-Fritzen um Sie herum, die es nicht ertragen können, dass jemand wie Sie aus der Schafherde der vorgestanzten Lebensentwürfe ausbricht.

Also werden diese Trolle voller Bosheit so einiges gegen Sie in Stellung bringen, von dem Sie annehmen, dass es bei Ihnen eines auslöst: Ärger. Inzwischen wissen Sie ja, dass Sie selbst es in der Hand haben, ob sich solche Störfeuer bei Ihnen zu einem emotionalen Flächenbrand ausweiten. Oder ob diese Angriffe nach dem ersten wütenden Funkensprühen einfach verglommen sind wie eine alte Wunderkerze am Christbaum.

Entscheiden Sie sich für die Wunderkerzen-Option; alles andere wird Sie höchstwahrscheinlich daran hindern, Ihre Ziele zu erreichen. Auf diesem Weg zum Ziel sollten Sie sich von nichts und niemandem von Ihren Aktivitäten abhalten lassen. Auch nicht von Ihrem Ärger.

Das, was Ihren Ärger auslösen soll, sollten Sie als Störgeräusch einordnen. Auch in der Musik gibt es Störgeräusche. Die stören die Harmonie und heißen Dissonanzen. Wenn Sie als Musiker die Harmonie retten wollen, haben Sie nur eine Möglichkeit: eine Dissonanz nach der anderen zu entfernen. Machen Sie es mit Ihren Störgeräuschen genauso – entfernen Sie die.

In den vorhergegangenen Kapiteln bin ich schon mehrmals auf den »Herdentier«-Charakter beim Gros Ihrer Mitmenschen eingegangen; auf deren fatalen Fehlglauben, dass das Denken und Verhalten der Mehrheit automatisch unfehlbar ist. Deshalb wird man Menschen wie Sie immer mit Misstrauen beäugen: ausscheren? Eine eigene Meinung? Querdenken? Höchst verdächtig!

Deshalb müssen Sie schon aus rein statistischen Gründen damit rechnen, dass Ihnen die angepasste Mehrheit Steine des Anstoßes in den Weg legt – in der diabolischen Erwartung, dass Sie sich darüber ärgern. Otto Normallebenswegschleicher kann es einfach nicht ertragen, dass Sie mehr Mut, Selbstvertrauen, Individualität und Veränderungswillen entwickeln als er. Ihr Verhalten scharrt wie der schmerzende Finger in seiner eigenen seelischen Wunde, die daher rührt, dass der Normalo nicht dieselbe Kraft aufbringt wie Sie. Dass er nicht aus seiner eigenen Schockstarre ausbrechen kann. Dass er in seinem gewöhnlichen Leben steckenbleibt wie ein typischer Massenmensch. Was gefährlich sein kann, wie der Philosoph Jerome Anders warnt: »Normal ist, was der Masse entspricht, doch wer weiß schon, ob die Masse normal ist?«

Wissen Sie, was ich glaube? Dass es der wahren menschlichen Natur entspricht, außergewöhnlich zu sein. Dass Unnormalität und Vielfalt der Normalfall sein sollten und nicht umgekehrt. Weil die meisten Menschen jedoch gegen diese eigentliche Natur leben, fühlen sie sich als Versager vorgeführt, sobald jemand wie Sie ankommt, der als mutiger Gestalter auffällt und bewundert wird. Das schafft Neid. Und die Neider entwickeln – leider auf dem völlig falschen Terrain – eine geradezu überragende Erfinderkraft: Hunderte von Möglichkeiten lassen sie sich einfallen, um Sie auf Ihrem Erfolgsweg zu behindern.

Wie Sie darauf reagieren sollten, wollen Sie wissen? Das kommt darauf an, welcher Natur die Attacken sind, die gegen Sie geritten werden. Solange es bei verbaler Reiterei bleibt, sollten Sie diese Krawall-Kavallerie einfach an sich vorbeiziehen lassen. Einfach ignorieren.

Mir hilft dabei immer dieses kleine, wenn auch etwas unappetitliche Bild. Ich betrachte unangemessene verbale Attacken als Furz, den ich einfach durch ein geöffnetes Fenster an mir vorbeiziehen lasse. So what!

Also, lassen Sie sich von den Stänkereien Ihrer Mitmenschen nicht beeindrucken. Lassen Sie sich niemals abbringen von der Gewissheit, dass Sie großartig sind, richtig, echt und unverwechselbar.

Leben Sie Ihren Beat!

Hier geht es zum Musikbeispiel:

http://www.martinklapheck.de/lebedeinenbeat-kapitel5

KAPITEL 6

Ganz neue Töne: die eigene Kreativität aufspüren und nutzen

»Du, Martin ...«

Ups. Blaulicht im Gehirn: Immer, wenn ich auf diese Weise angesprochen werde, kann das nur zwei Dinge bedeuten: Entweder soll ich den Müll raustragen. Oder einem Bekannten einen Geldtipp stecken.

»Du kennst dich doch gut mit finanziellen Sachen aus.«

Wenn's um Geld geht: Martin fragen. Meinen Freunden ist natürlich nicht verborgen geblieben, dass ich früher als Bankkaufmann meine Brötchen verdient habe – bevor ich diesen Beruf gegen meine Berufung eingetauscht habe und seither ganz und gar als Piano-Referent aufgehe. Das Fachgebiet »Finanzielle Sachen« rangiert in meinem internen Navigationssystem folglich nicht gerade unter »Neuland«.

»Was willst du denn wissen?«, erkundige ich mich.

»Nun, Martin, hast du einen Tipp, wie ich mein Geld sicher anlegen kann? Bombensicher, meine ich. Sodass damit so rein gar nichts schiefgehen kann. Man hört ja so viel in letzter Zeit ...«

Diese Frage ist so alt wie der erste Staatsbankrott der Geschichte. (Die etwas älteren Leser unter Ihnen erinnern sich: Im Jahre 1345 ging England nach dem Hundertjährigen

Krieg pleite.) Und dass diese Bitte um Insider-Infos an einen Ex-Banker gerichtet wird, ist wohl so unvermeidlich wie der Faustschlag in einem Bud-Spencer-Film. Holen Sie sich an dieser Stelle am besten ein mir entfleuchendes, schicksalergebenes Seufzen vor Ihr geistiges Ohr.

Aber ich bin halt ein unverbesserlich netter Kerl. Ich verkneife mir daher übliche Retourfloskeln à la: »Totale Geldanlage-Sicherheit gibt es nirgendwo!« oder »No risk, no fun«. Diese fade Allgemeinplätzchenbäckerei kommt den Ratsuchenden schon aus den Ohren raus. Da spreche ich doch lieber aus, was diese netten Menschen hören wollen:

»Ja, klar. Du, da weiß ich in der Tat etwas!«

Aufmerksame Stille bei meinem Gegenüber.

»Es gibt sogar gleich zwei Investitionen, die ich dir empfehlen kann«, eröffne ich weiter. »Diese Anlageformen überstehen garantiert alles: Wirtschaftskollapse, Inflationen, Kriege, Naturkatastrophen – ja, sogar einen Staatsstreich.«

Ich genieße zwischendurch den Optik-Snack namens »überaus gespannte Gesichter«, lege meistens noch eine Kunstpause ein (so wie jetzt), um dann die Katze aus dem Sack zu lassen …

»Diese schier unzerstörbaren Besitztümer sind der Einfalls-Reichtum und das Vorstellungs-Vermögen. Darin solltest du dein Geld investieren.«

Rumms!

An dieser Stelle trennt sich regelmäßig die Spreu – das sind die Leute, die sich auf den Arm genommen fühlen, den Kopf schütteln oder auflachen – vom Weizen: jenen, die sich ein paar Augenblicke des Nachdenkens gönnen und so hinter meinen flapsigen Worten eine tiefe Wahrheit erkennen. Und damit goldrichtig liegen.

Wie steht's mit Ihnen? Wie würden Sie auf so eine unerwartete Anlageempfehlung reagieren?

Überlegen Sie bitte kurz, bevor Sie antworten: Von Bankräubern, Lottogewinnern und Millionenerben abgesehen – wer macht gutes Geld? Durchschnittsdenker ohne Fantasie? Dienst-nach-Vorschrift-Schieber? Wo denken Sie hin?

Nein, es sind Träumer und Fantasten mit anfangs verlachten Ideen und zunächst verrückt klingenden Visionen, die diese Welt lenken und verändern – und ihren materiellen Lohn dafür erhalten. Menschen wie Leonardo da Vinci, Steve Jobs, Bill Gates, Warren Buffet, Aristoteles Onassis, Henry Ford, Jules Verne, Thomas Edison, Nikola Tesla, Albert Einstein, die Gebrüder Albrecht, Pablo Picasso, Salvador Dalí, John Lennon, Lady Gaga …

Nur damit Sie jetzt keinen falschen Eindruck von mir haben: Finanzielle Freiheit ist mir wichtig, aber bei Weitem nicht das Wichtigste. Geld ist ein guter Diener. Aber es ist nicht mein Herr – und auch Sie sollten sich nicht von ihm beherrschen lassen.

Erfolg im Leben, so wie ich ihn sehe, bedeutet vor allem Glück und Erfüllung, Verwirklichung von Träumen und pralle Lebensfreude. Wenn Sie diese Werte in den Mittelpunkt Ihrer Aktivitäten rücken, werden Sie auch finanziell erfolgreich – gewissermaßen nebenbei. Nehmen Sie etwa Steve Jobs, den Gründer von Apple: Zeitlebens verfolgte er wie ein Besessener die Vision vom perfekten Produkt; das brachte ihn auf den Olymp der Visionäre. Und ihm schnell einige hundert Millionen aufs Konto.

Übrigens, auch ein verehrungswürdiger Musik-Gott wie Wolfgang Amadeus Mozart schwamm geradezu in Geld. Ja, ich weiß, dass man nicht müde wird, das Gegenteil zu behaupten. Aber das Bild vom armen, aber kongenialen Schlucker, der selbstvergessen in seinem erbärmlichen, nur von Dämmerlicht durchsickerten Kabuff hockt, um im trüben Schein seiner letzten Kerze bei zehn Grad minus demütig dahinsiechend versucht, der Welt ergreifend schöne Musik zu schenken – so leid es mir tut, es stimmt nicht.

In Wahrheit war diese Supernova am Komponistenhimmel ebenso einfalls- wie geldreich. Allerdings hat Mozart im Laufe seiner leider viel zu wenigen Schaffensjahre permanent in seine Honorar-Truhe gegriffen, um Kreuzer und Gulden mit übervollen Händen unbekümmert zu verprassen. Er lebte völlig über seine Verhältnisse. Zweifellos, seine Tonschöpfungen sind zum Niederknien hinreißend, einfach nur »bezaubernd schön«, wie Tamino es in Mozarts Zauberflöte besingt – entsprechend üppig wurde er von seinen Zeitgenossen dafür bezahlt. Aber auf haushälterischem Gebiet agierte das ewige Wunderkind als Voll-Punk, der es misstönend krachen ließ: Fast ein Fünftel seines Einkommens beispielsweise hat er schlicht und ergreifend für Trinkgelage vergeudet (oder ausgegeben – je nachdem wie man es sieht).

Geld verdirbt nämlich keineswegs den Charakter. Vielmehr potenziert finanzieller Reichtum die wahre Natur eines Menschen wie ein Megaphon Ihre Stimme: Bei seinen Kompositionen war Mozart nicht von dieser Welt, sondern beglückte sie mit einer geradezu verschwenderischen Fülle an prächtigen Tonschöpfungen. Leider blieb er seiner freigiebigen Natur beim Umgang mit Geld ebenfalls mehr als treu.

Aber zurück zum Thema. Auch wenn finanzieller Wohlstand oder gar Reichtum nicht zu Ihren vorrangigen Zielen gehören: Es lohnt sich dennoch, Ihre eigene Kreativität aufzuspüren und sich ihr zu öffnen. Warum? Weil es bereichernd und beglückend ist, sich sprudelnden Einfällen hinzugeben. Weil Ihr Leben vielfältiger und aufregender wird, wenn Sie Ihre Kreativität nutzen. Deshalb möchte ich Sie dazu anstiften.

Und ein positiver Nebeneffekt ist, dass sich dieser innere Reichtum früher oder später auch erfreulich auf Ihren Kontostand auswirken wird.

Also, sagen Sie Ja zu Ihrer Kreativität!

So, jetzt habe ich es oft genug betont, das vielleicht am meisten falsch verstandene Wort unserer Zeit – »Kreativität«.

»Nanu«, höre ich Sie raunen. »Was kann man denn an einem Begriff wie ›Kreativität‹ schon großartig falsch verstehen?«

Nun, ich weiß da so einiges.

Beispielsweise werden viele Menschen von dem Vorurteil beherrscht, dass Kreativität immer ein Zufallsprozess sei. Dass man gleichsam passiv auf den Musenkuss warten müsse. Natürlich gibt es sie, die spontanen und genialen Einfälle, die unerklärlich und wie aus dem Nichts zu kommen scheinen. Jene Geistesblitze, die wie aus heiterem Himmel einschlagen – wer kennt sie nicht. Und natürlich bedienen sich Künstler wie Musiker, Maler, Bildhauer, Dichter und Autoren, Tänzer, Sänger dieses Phänomens.

Aber das ist nur die halbe Wahrheit.

Neben dem Musenkuss, dessen Eintrittswahrscheinlichkeit Sie übrigens drastisch erhöhen, indem Sie bestimmte Rahmenbedingungen schaffen, gibt es auch kreative Prozesse, die Sie allein mit Ihrem Willen herbeiführen und beeinflussen können. Und hier komme ich zu einem Paradoxon. Es gibt zwei widersprüchliche Wege, dies zu erreichen. Einmal, indem Sie Grenzen auflösen, also Ihren Horizont erweitern. Die andere Möglichkeit ist es, sich Grenzen zu setzen.

An diesem Teil der Kreativität ist nichts »Abgehobenes«, Mystisches, Zu-Fälliges und Passives. Wie Sie das nutzen können? Darauf komme ich später zurück.

Also, Kreativität hat nicht immer etwas mit »künstlerischen« Aktivitäten zu tun. Hier irrt der Volksglaube. Übrigens, auch Künstler bedienen sich der Methoden, die willentlich herbeigeführt werden.

Kreativität enthält zudem mehr, als auf den ersten Blick zu sehen ist. So wie der berühmte »Necker-Würfel«: Wenn es Ihnen wie den meisten geht, sehen Sie seine Vorderfläche zunächst mal links unten angesiedelt. Recht schnell aber beginnt das Bild im Gehirn zu kippen – nun liegt die Vorderfläche plötzlich rechts oben. Zum Verrücktwerden, oder?

Ohne dass sich an der Darstellung auch nur eine Nuance ändert, entpuppt sich die scheinbar eindeutige Sachlage als simultane Doppelnatur – und das irritiert. Ähnlich verhält es sich mit Kreativität; sie zeigt bei näherem Hinsehen eine ungeahnte Vielschichtigkeit, bei der sogar vermeintliche, sich ausschließende Gegensätze harmonisch unter einem Hut versammelt sind.

Dabei ist Kreativität so untrennbar mit jedem Menschen verbunden wie die Klebefläche mit der Briefmarke – die allerdings bei älteren Exemplaren oft schon etwas vertrocknet ist (dieses Urteil trifft Menschen und Briefmarken gleichermaßen). Und sei dieser Mensch vermeintlich noch so »unmusisch« veranlagt (eine Anti-Eigenschaft übrigens, die es gar nicht gibt). Folglich ist Kreativität in jedem Menschen vorhanden. Wirklich in jedem. Und sie ist auch für jeden Menschen von Nutzen, ja, sogar überlebensnotwendig. Ergo: Je mehr es Ihnen gelingt, Ihre Kreativität zu nutzen, desto besser kommen Sie mit den kleinen und großen Herausforderungen des Lebens klar. Desto mehr sind Sie wirklich Mensch.

Sie schauen immer noch skeptisch drein, stimmt‘s? Weil Sie sich zu den Leuten rechnen, die mit beiden Beinen fest auf dem Boden stehen und deshalb ohne so etwas wie Kreativität auszukommen glauben? Sie sind der Meinung, man müsse lediglich alle Fakten kennen, alle Vorschriften und Gesetzmäßigkeiten, um sich damit im Alltag durchsetzen zu können? Einem Alltag, der auf den ersten Blick so rein gar nichts mit Kunst oder Kreativität gemein hat?

Schon Albert Einstein wusste, dass Fantasie wichtiger ist als Wissen, denn Wissen ist begrenzt. Wenn Sie es schaffen, beides zu kombinieren, dann sind Sie unschlagbar. Wenn nicht, könnten Sie sogar mit den nützlichsten Infos der Welt nichts anfangen.

Nehmen wir ein Beispiel aus dem Leben. Glauben Sie mir, es ist authentisch; so eine Anekdote lässt sich schwerlich erfinden. Dieses Plädoyer für mehr Alltagskreativität stammt aus dem Reich der Immobilien und des Insolvenzrechts. Herrje, mal ehrlich – gibt es etwas Wüstentrockeneres im Leben? Würden Sie hier Potenzial für überbordende Kreativität vermuten?

Warten Sie‘s ab!

Der Mann, um den es hier geht, besaß ein schickes Einfamilienhaus. Und wie das manchmal so ist: Er war in wirtschaftlich unruhiges Fahrwasser und damit beim Abzahlen der Hypothekenraten in Rückstand geraten. Die Bank (nein, es war nicht die, bei der ich mal beschäftigt war) tat nach außen hin verständnisvoll, wetzte im Geheimen aber schon die Messer: Die Zwangsversteigerung würde unvermeidlich sein. So weit, so schlecht, so normal, so unkreativ.

Unser bedrängter Freund war Realist. Natürlich wollte er sein Häuschen behalten; wer wollte das nicht. Aber er wusste zugleich, dass er gegenüber seinem Gläubiger schlechte Karten hatte. Verdammt schlechte. All die guten Ratschläge, die man ihm in seiner Not erteilte, würden in letzter Konsequenz nicht greifen: Ein lebenslanges Wohnrecht für ihn und seine Familie etwa würde bei einer Zwangsversteigerung hinfällig; auf so was kann der neue Eigentümer getrost pfeifen. So ein Recht also würde ihm den Hals gewiss nicht retten.

Auch bei den anderen Lösungsvorschlägen war sein Scheitern vorprogrammiert. Denn sie fußten alle auf dem stupiden, uninspirierten Wissen um bundesdeutsches Recht und Gesetz. Entsprechend ausgetreten zeigten sich die Pfade, auf denen sie sich bewegten. Das Zwangsversteigerungsrecht ist gnadenlos einseitig zugunsten der Gläubiger ausgerichtet. Da ist »mit Bordmitteln« nichts zu machen.

Verflixt, so langsam wurde es brenzlig. Seine Angstträume nahmen zu, und in denen sah er sein hart erarbeitetes

Betongold schon in den Klauen seiner Widersacher – und sich selbst mit seinen Lieben im Obdachlosenheim. Zum Kuckuck, gab es denn gar nichts, mit dem er dem Banker in die Parade fahren konnte? Es musste doch einen Weg geben. Musste! Musste! Musste!

Und plötzlich flammte er in seinem Kopf auf: der zündende, der absolut geniale Einfall, der ihn retten würde. Heureka! Dieses Schlupfloch gab es doch tatsächlich. Zugegeben: das, was seine Kreativität da im Stillen für ihn ausgebrütet hatte, war verrückt, außerhalb des Normalbereichs, jenseits aller Regeln, ausgebufft, noch nie da gewesen – aber es war einen Versuch wert und durch und durch legal. Er musste ja nur …

Ja, was musste er nur? Wollen Sie es wissen?

Klar wollen Sie das. Ich verrate es Ihnen. Versprochen. Aber später, zum guten Kapitelschluss.

Stoooopp! Nicht vorblättern! Hiergeblieben! Denn ich möchte Sie an dieser Stelle erst noch um etwas bitten …

Lassen Sie doch Ihre eigene Kreativität sprudeln!

Sie sehen ja, dass es in diesem Fall nicht um klassische Kunst geht wie Bilder malen, Gedichte schreiben oder Lieder komponieren; Nein, Sie sollen ein weltverbundenes, profanes, drängendes Problem lösen.

Also, was würden Sie an der Stelle unseres Unglücklichen tun? Sie sind sicherlich ein zivilisierter Mensch, und deswegen dürften die Beschränkungen bei Ihrer Suche nach der ultimativen Lösung auf der Hand liegen: Auf einen Mord am Gläubiger reagiert man in unseren Breitengraden meist etwas verschnupft. Aber ich kann Ihnen versichern: Man kann seinen Hals auch ohne Blutvergießen aus der Versteigerungsschlinge ziehen. Man muss nur kreativ werden …

Ich mache Ihnen einen Vorschlag: Lassen Sie Ihr Unterbewusstsein im Hintergrundmodus an dieser Knobelarbeit tüfteln, während Sie mir mit Ihrem Wachbewusstsein ein wenig auf das weite Feld der Kreativität folgen. Einverstanden?

Gut, dann habe ich gleich mal eine Frage an Sie: Ist Ihnen aufgefallen, wie wenig Kreativität die meisten Beiträge aufbringen, die sich ausgerechnet über Kreativität auslassen?

Die »nützlichen Hinweise« kommen über den Aktionsradius des Altbekannten oft nicht hinaus. Sie beschränken sich auf herkömmliche Methoden wie etwa Brainstorming. Und um die Sache auszubremsen, schließt sich noch die Standard-Empfehlung an, an ein solches Brainstorming unbedingt zeitliche Vorgaben zu knüpfen.

Ich habe nichts gegen Brainstorming. Brainstorming markiert einen guten, vielversprechenden Anfang. Aber der reicht oft nicht aus, um unseren gesamten Einfallsreichtum zur Entfaltung zu bringen.

Diese 08/15-Tipps sind alles andere als ungewöhnlich, unvorhersehbar und erstaunlich. Sondern bestenfalls gut und richtig. Gut und richtig aber ist eine Beschreibung, die auch auf Muzak zutrifft.

Muzak? Nun, das ist der etwas feinere Ausdruck für das, was Kulturmenschen als Fahrstuhlmusik geringschätzen. Kaufhäuser und Restaurants lassen dieses Easy Listening ebenfalls bereitwillig auf wehrlose Ohren los. Muzak, das ist jene Art von Plätscher-Pop, der einfach nur nett, belanglos und aufheiternd ist. Dieses musikalische Äquivalent zur Raufasertapete ist zweifellos »richtig« und »gut« komponiert.

Aber ist dieses Zeug kreativ? Nein, das ist es nicht.

Übrigens, dieses Grundrauschen nach Noten ist nicht sonderlich neu. Schon vor Jahrhunderten füllten ansonsten durchaus um einfallsreiche und bedeutsame Kompositionen bemühte Tonschöpfer das leere Portemonnaie gerne mit so genannter Tafelmusik ohne künstlerischen Tiefgang auf, die vorwiegend bei adligen Gelagen zur Aufführung kam. Gewissermaßen nebenbei, um die eher unschönen Körperöffnungsgeräusche der Hochwohlgeborenen bei solchen Fressorgien zu übertönen.

Sind nicht viele Äußerungen zum Thema »Kreativität« so etwas wie Muzak in Papierform? Man nickt deren Inhalt ab, weil er sich stimmig anhört. Weil man ihn so vorhergesehen hat. Aber ist nicht genau das Zufriedenstellen von Erwartungen das Gegenteil von Kreativität? Sind Kreativität und Vorhersehbarkeit nicht wie Feuer und Wasser?

Deshalb will ich jetzt etwas anderes versuchen. Ich sprach darüber, dass Kreativität auch durch Grenzen erzeugt werden kann.

Deshalb möchte ich Sie mit einer kleinen kreativen Stichelei anpiksen, die Sie so sicherlich nicht erwartet haben. Festhalten, bitte …

Ich spreche ein Lob aus – ein Lob auf alle Grenzen, die das Leben uns setzt. Ein Hoch auf die vielen Knüppel, die uns das Schicksal zwischen die Beine wirft. Es lebe die Niederlage.

Ja, richtig gelesen. Freuen Sie sich! Wenn schon nicht über die Krise an sich, so doch darüber, zu welch atemberaubenden Veränderungen Sie diese Bredouille anspornen wird. Denn worauf bereits die wunderbare Motivationstrainerin Edith Neu hingewiesen hat: »Krisen sind keine Strafen, sondern ein Weckruf. Sie sind ein Hinweis zur Frage: ›Was kommt zu kurz in meinem Leben? Was ist in der Waagschale, die sich gerade nach unten neigt? Womit schaffe ich den Ausgleich?‹«

Betrachten Sie materielle und ideelle Grenzen als einen Tritt Ihrer Kreativität in Ihren Allerwertesten. Als günstige Gelegenheit, Ihr Leben mit den richtigen, befreienden Ideen zu bereichern.

Grenzen und Fehlschläge sind
»Kopfnüsse des Schicksals« …

… sie tun weh, bringen Sie aber nicht gleich um. Sie erinnern Sie daran, dass es Zeit wird, den Kurs Ihres Lebens zu prüfen und zu korrigieren.

Härter als Grenzen und Fehlschläge treffen uns Krisen und Schicksalsschläge.

Krisen und Schicksalsschläge sind gewaltige, schmerzhafte Grenzen, mit denen wir unfreiwillig konfrontiert werden. Sie sind keine Kopfnüsse, sondern Kokosnüsse. Will heißen – die tun richtig weh, wenn sie den Kopf treffen.

Nehmen Sie etwa Paul Carl Hermann Wittgenstein. 1887 in Wien geboren, entdeckte er rasch seine Liebe zum kultivierten Klavierspiel, und er schlug die Laufbahn eines Konzertpianisten ein. Sein Debüt feierte er 1913 im Musikverein der Hauptstadt der K.u.K.-Monarchie, und ihm stand eine vielversprechende Karriere als Tastenvirtuose offen.

Stand, wohlgemerkt. Denn seinem künstlerischen Durchmarsch schleuderte das Schicksal nur ein Jahr später eine Kokosnuss entgegen, die jeden normalen Menschen umhauen musste: Zu Beginn des Ersten Weltkriegs wurde Wittgenstein eingezogen und beim ersten Gefecht sofort schwer verwundet. Die furchtbare Folge: Sein rechter Arm musste amputiert werden – ihm, einem hoffnungsvollen, hoch begabten Konzertpianisten.

Familie, Freunde, Förderer, alle waren entsetzt. Was für ein grausamer Schlag. Nur ein einziger Mensch stimmte nicht in dieses Lamento ein und bewertete die Lage anders – Wittgenstein selbst: Schon während seiner Genesung schwor er sich, diese Grenze nicht zu akzeptieren, sondern seine Karriere fortzusetzen. Was andere als Traumtänzerei oder Irrsinn einstuften, nahm Wittgenstein nach Kriegsende sofort in Angriff: Er arrangierte Klavierwerke von Bach, Beethoven, Chopin und vielen anderen Komponisten so um, dass er sie allein mit seiner Linken am Flügel vollendet vortragen konnte.

Zudem gab er bei vielen zeitgenössischen Komponisten Klavierwerke nur für die linke Hand in Auftrag. Der vielleicht bekannteste war der Franzose Maurice Ravel, geistiger Vater des feurigen »Bolero« oder der elegischen »Pavane pour une infante défunte«. Zehn Jahre nach Kriegsende brachte Ravel für den ehemaligen Erbfeind das meisterliche »Klavierkonzert in D-Dur für die linke Hand« aufs Notenpapier. Das Stück gehört bis heute zum Repertoire angesehener Orchester, Dirigenten und Pianisten. Wobei die meist beidhändigen Klavierspieler keineswegs »mogeln«, also mit beiden Händen in die Tasten greifen, sondern die Beschränkung auf ihre linke Spielhand als kreative Herausforderung begreifen.

John Lennon hatte recht, als er sagte: »Leben ist das, was passiert, während du fleißig dabei bist, andere Pläne zu schmieden.« Und es steht keineswegs fest, dass sich all Ihre Pläne so vorteilhaft entwickeln, wie Sie sich das vorgestellt haben. Hin und wieder schützt Sie das Leben rechtzeitig vor Ihren eigenen Vorhaben – ohne Ihr Wissen. Meist ist es dabei nicht zimperlich, und dieser Schutzprozess verläuft keineswegs immer schmerzlos.

»Nanu? Wünscht mir der Martin Klapheck jetzt etwa die Pest an den Hals?«

Natürlich nicht. Ehrlich, ich gönne Ihnen nichts mehr, als dass Sie Ihr Lebtag lang gesund und munter bleiben. Und dass Sie niemals von Unfällen, Krankheiten und anderen Leiden heimgesucht werden.

Aber Sie wissen so gut wie ich, dass das Leben manchmal Wendungen nimmt, in denen wir auf Anhieb schwerlich so etwas wie einen »positiven Sinn« erkennen können. Gemeint sind Rückschläge, die uns Worte abringen wie »furchtbar« oder »tragisch«. Erbarmungslos »pocht das Schicksal an die Pforte«, wie Ludwig van Beethoven das weltberühmte musikalische Thema seiner Fünften Sinfonie – ganz genau, jenes wuchtige »Pamm-pamm-pamm-paaaaahm!« – in Worte gefasst haben soll.

Genau dieses Schicksal hat Beethoven die wohl härteste und grausamste Prüfung aufgebürdet, der sich ein kreativer Komponist stellen muss: Es »strafte« ihn im fortgeschrittenen Alter bekanntlich mit Taubheit. So die vordergründige Interpretation. In Wahrheit schenkte Beethoven in seinen letzten Schaffensjahren, völlig gehörlos geworden, der wahren, unerschöpflichen Quelle seiner Inspiration seine volle Aufmerksamkeit: seiner inneren Stimme. Um deren kreative Einflüsterungen zu hören, brauchte er seine Ohren nicht.

Beethovens Taubheit setzte nämlich keineswegs schlagartig ein; tatsächlich wurde der Meisterkomponist von einem schleichenden Verlust seines Gehörsinns gequält. Jeder neue Tag raubte ihm ein Stück mehr seiner kostbaren Fähigkeit, Geräusche und Klänge wahrzunehmen. Man stelle sich das vor: Sein gesamter Lebenssinn versank allmählich in einem unentrinnbaren Treibsand aus totaler Stille – und Beethoven, ebenso hilflos wie seine Ärzte, fand nicht das geringste Mittel, um diese Erosion seiner Selbst aufzuhalten.

Und wie reagierte Beethoven auf diese Katastrophe? Nicht anders, als die meisten von uns, würde sie ein vergleichbarer Schlag treffen: Wut, Zorn und Verzweiflung verdunkelten seine ohnehin schon schwierigen Wesenszüge mehr und mehr. Dunkler klang aber auch seine Musik: Hatte dieser Titan der Tonkunst in seinen frühen Schaffensjahren das gesamte Tonhöhenspektrum genutzt, prägten mit fortschreitendem Gehörverlust meist nur noch tiefe und mittlere Töne seine Kompositionen.

Der Grund ist nicht allein in der seelischen Niedergeschlagenheit zu suchen: Beethovens nachlassendem Gehör blieb der Hochtonbereich zunehmend verschlossen. Damit er sich vom tatsächlichen Klang seiner eigenen Kompositionen überhaupt noch ein akustisches Bild machen konnte, griff er ausschließlich auf jene Noten zurück, die den zunehmend dichter werdenden Vorhang aus Taubheit überhaupt durchdringen konnten – die tiefen und mittleren Töne eben.

Beethovens Melodien sind gewissermaßen ein Spiegel seines Krankheitsverlaufs, und es würde uns nicht überraschen, hätte diese traurige Entwicklung in freudloser kompositorischer Stille ihr Ende gefunden. Aber Beethovens Kreativität brach sich auf ganz andere Art Bahn: Stocktaub geworden, schwang sich sein musikalischer Genius zu derart lichten Höhen auf, dass sie im Rückblick und angesichts seiner tragischen Lebensgeschichte schier unglaublich erscheinen. Sein körperliches Gehör war Beethoven entglitten, aber inmitten dieser unendlichen Stille konnte sich Beethovens innere, kreative Stimme umso mehr Raum und Gehör verschaffen. Beethoven hörte in seinen letzten Lebensjahren mit dem Herzen. Deshalb – und wahrscheinlich nur deshalb – konnte er der Welt so unsterbliche Meisterwerke schenken wie die vor mitreißender Fröhlichkeit geradezu überschäumende »Ode an die Freude«. Und nicht wenige Experten bewerten die Kompositionen des völlig ertaubten Beethoven als seine schönsten.

Oder denken wir an Niccolò Paganini, der in der ersten Hälfte des 19. Jahrhunderts als »Teufelsgeiger« die europäischen Konzerthäuser in Grund und Boden spielte. Was für eine glutvolle Kreativität. Was für eine rasante Ausdrucksstärke, wuchtig und porzellanzart zugleich. Zeitgenössische Kritiker überschlugen sich fast vor Begeisterung, Bewunderung und Ehrfurcht vor dem atemberaubend furiosen Umgang des Meisters mit Saiten und Geigenbogen.

Aber auch bei Paganini forderte das Schicksal seinen Preis im Gegenzug für diesen einzigartigen Zenit an Talent und Schöpferkraft: Der berühmte Geigenvirtuose wird seine kreative Kunst des schier übermenschlich klingenden Violinspiels einer krankheitsbedingten und abnormen Überdehnbarkeit seiner Handgelenke verdankt haben. Starke Schmerzen dürften seine ständigen Begleiter gewesen sein.

Lassen wir es bei diesen Beispielen bewenden.

Denn eins sollten Sie inzwischen erkannt haben: Jede Grenze kann uns aufhalten oder zu kreativen Höchstleistungen anspornen. Die Entscheidung treffen Sie selbst.

Und das Leben fordert meistens einen Obolus dafür, dass wir uns für die Kreativität und für das Gelingen entscheiden. Freilich – in aller Regel fällt die »Bezahlung« nicht ganz so drastisch aus wie bei Wittgenstein, Beethoven oder Paganini.

Ich habe jetzt viel über Grenzen gesprochen, die uns das Leben setzt. Über Schicksalsschläge und persönliche Katastrophen. Es gibt aber auch eine ganz andere Art von Grenzen; Grenzen, die uns nicht weniger behindern als Schicksalsschläge. Ich spreche von denjenigen, die ausschließlich in unserem Kopf existieren.

Haben Sie Lust auf ein kleines Gedankenexperiment? Dann stellen Sie sich doch mal einen archetypischen Grenzbalken vor: so eine rotweiß gestreifte, waagerechte Stange, rechts mit einer Achse versehen, damit man sie hoch- und runterklappen kann, links ein senkrechter Stützpfahl. Haben Sie‘s vor Augen?

Und nun frage ich Sie: Wer hindert Sie daran, an diesen Balken heranzutreten, sich aufzustützen, die Arme einmal kräftig durchzudrücken und sich mit einem Schwung auf die andere Seite zu bewegen? Es ist doch nur Ihre Überzeugung, dass man solch einen »hoheitlichen« Grenzbalken gefälligst zu respektieren hat. In Wahrheit aber können Sie dieses Teil ganz leicht überwinden.

Oder denken Sie daran, wie indische Arbeitselefanten vom Weglaufen abgehalten werden: Man bindet ihnen eine lächerlich dünne Schnur ums Bein. Mehr nicht. Ein solcher Koloss könnte diese Kordel wie Papier zerreißen – eigentlich. Aber er macht es nicht. Warum? Weil diese Dickhäuter schon kurz nach ihrer Geburt mit eben dieser Schnur angebunden werden. In diesem zarten Baby-Alter haben sie noch nicht genug Kraft, um dieses Band zu zerfetzen. Und genau diesen Fehlschlag merken sie sich. Sie gewöhnen sich einfach daran und versuchen es im Erwachsenenalter erst gar nicht mehr. Diese Elefanten zementieren ihre schlechten Erfahrungen zu einem Vorurteil, dem sie zum Opfer fallen.

Aber sind Sie ein Elefant? Nein. Sie können erkennen, dass es nur Ihre Vorurteile sind, die Sie aufhalten. Sobald Sie diese vermeintlich unüberwindbaren Hindernisse als Chance betrachten, werden Sie staunen, wie einfach Sie den »Grenzbalken« letzten Endes überwinden können. Das, was vordergründig ein Hindernis gewesen ist, bringt Sie dazu, diese Lage zu hinterfragen, Ihre alten Ansichten abzustreifen und Neuland zu betreten.

Wodurch entstehen diese Grenzen im Kopf?

Ich möchte hier die beiden Hauptursachen ansprechen.

Ich nehme an, Sie haben wie ich die starren Schul- und Ausbildungs-Gleise durchfahren, die für unsere Breiten typisch sind. Dann ist es wahrscheinlich, dass man Ihnen Schöpferkraft, Vorstellungsvermögen, Einfallsreichtum und Fantasie nach Kräften »ausgetrieben« hat. Im Kindergartenalter dürfen die meisten von uns ja noch unbekümmert kreativ sein – aber spätestens mit der ersten Klasse fängt er an, der viel zitierte »Ernst des Lebens«.

Bis dahin sprühen wir als Kinder geradezu vor Kreativität. Eine Studie der US-Raumfahrtbehörde NASA hat ergeben, dass 98 von 100 Fünfjährigen bei der Lösung der unterschiedlichsten Probleme überaus kreativ sind. Aber nicht mehr lange: Fünf Jahre später (also nach vier Jahren Schulbesuch) sind die 98 Prozent auf 30 Prozent zusammengeschmolzen, wie ein Schneemann, der zu viel in der Sonne gebadet hat. Der Grundschule sei Dank.

Noch einmal fünf Jahre weiter, mit 15 Jahren, sind gerade noch einmal erbärmliche 12 Prozent der Jugendlichen in der Lage, aus eingetrichterten und ausgetretenen Denkpfaden auszubrechen und kreativ zu sein.

Was für ein Wahnsinn!

Welche Blüten es treiben kann, wenn ein Lehrer ein Ergebnis haben möchte, das er in seinem Kopf als richtig abgespeichert hat, habe ich als Grundschüler selbst erlebt.

Eines Schultages bekamen wir die Aufgabe, Bäume zu malen. Keine bestimmten Bäume, sondern solche, die uns besonders in Erinnerung geblieben sind. So weit, so gut.

Mit kindlichem Feuereifer legte ich los und zeichnete meinem Lehrer einige Bäume – und zwar so, wie ich sie bei mir zu Hause gesehen hatte, als ich am Morgen aus dem Haus ging: mit kahler Krone und abgesägten Ästen. Denn die Gehölze am Straßenrand waren vom Stadtgärtner angesichts des heranrückenden Winters beschnitten worden. Genau diese jahreszeitlich angepasste Darstellung aber ging meinem Kunstlehrer gegen den Pinselstrich: »Um Himmels willen – so sehen doch keine Bäume aus« Er forderte mich auf, gefälligst »richtige« Bäume aufs Papier zu bringen. Ich weigerte mich. Schließlich wusste ich, was ich gesehen hatte: dass es auch Bäume mit gestutzten Ästen und kahler Krone gibt. Und diese hatten bei mir einen bleibenden Eindruck hinterlassen. Meinen Widerstand nahm diese »Leerkraft« zum Anlass, mich mitsamt meines »missratenen Geschmieres« nach vorn zu zitieren und vor meinen Mitschülern aufs Übelste lächerlich zu machen. Für einen »normalen« Lehrer wäre das schon schlimm genug. Aber für einen »Pädagogen«, der sich zumindest im Studium mal mit Kunst, Kreativität und Denkfreiheit beschäftigt haben sollte, eine nicht hinnehmbare Total-Verfehlung.

Derartige Demütigungen nach Stundenplan mögen heute nicht mehr an der Tagesordnung sein. Aber das Grundübel unseres Schulsystems hält sich hartnäckig wie Kaugummi im Teppichboden: Schulen »produzieren« möglichst uniforme Schüler und Schulabgänger.

Im Herbst vorigen Jahres habe ich meine Frau zum Elternsprechtag für meinen Sohn Jannis, der damals die vierte Klasse der St. Martin-Grundschule besuchte, begleitet. Seine Klassenlehrerin Frau S. sagte: »Ihr Sohn gibt uns Rätsel auf. Einerseits ist er ein guter Schüler, andererseits behindert er den Unterricht häufig durch unangemessenes Fragen.« »Unangemessenes Fragen« – da wurde ich hellhörig und bat Frau S. um Beispiele. »Ja, wenn Sie mich jetzt so fragen, fällt mir gerade keines ein.« Nach längerem Überlegen fiel ihr dann doch noch ein Beispiel ein. »Letzte Woche, als ich die Anmeldebögen für die Klassenfahrt verteilte, fragte Jannis, warum auf dem Bogen zuerst der Nachname und dann der Vorname abgefragt wird. Ich sagte ihm: »Jannis, das ist nicht wichtig, höre auf zu fragen.« Aber Ihr Sohn ist da manchmal hartnäckig und es kostet manchmal einige Kraft, ihn in Zaum zu halten.«

So weit, so ungut. Ich sprach Jannis später darauf an. Er sagte: »Papa, wenn ich sonst immer zuerst meinen Vornamen und dann meinen Nachnamen schreiben muss und es jetzt auf dem Anmeldebogen zum ersten Mal genau umgekehrt ist, dann muss ich doch fragen, wieso.« Wie recht mein Sohn doch damit hat. Ich rief Frau S. an und sagte ihr: »Sie haben sich die falsche Frage gestellt. Die Frage hätte nicht lauten müssen, wieso Jannis diese umgekehrte Reihenfolge von Vor- und Nachname hinterfragt; die richtige Frage hätte lauten müssen, wieso die anderen 26 Kinder seiner Klasse das nicht hinterfragen.« Am anderen Ende der Leitung betretenes Schweigen.

Wenn so etwas einmal vorkommt, mag es nicht schlimm sein, wenn es aber öfter passiert, lernt das Kind, dass eigenes Nachdenken nicht erwünscht ist und das hat fatale Konsequenzen.

In diesem Bildungssystem, das sich, so unglaublich das klingt, fast eins zu eins aus dem 19. Jahrhundert zu uns herübergerettet hat, bleibt einfach kein Platz für die Bildung eigenständiger, schöpferischer Problemlösungen. Bildung bedeutet auch heute noch überwiegend Anpassung an äußere Umstände – etwa an die Schulglocke. Auch wenn die heutzutage meistens als melodisch klingender, polyphoner Gong ertönt, bringt diese Nachahmung der Werkssirene unseren Schülern vor allen Dingen eins bei: »Starre Zeitvorschriften sind wichtiger als Lösungen. Und es lohnt sich nicht, eine Sache zu Ende zu bringen.« Diese unsinnigen Beispiele, mit denen sich unser Schulsystem selbst ad absurdum führt, könnte ich noch reichlich fortführen.

Nicht nur, dass wir mit der systematischen Austrocknung kreativer Quellen bei Kindern den Wesenskern dieser jungen Menschen beschädigen. Nein, auf diese Weise berauben wir uns selbst des besten »Rohstoffs«, den unser ansonsten ziemlich bodenschatzarmes Land aufbieten kann. Mit unserem Schulsystem, dessen Wesensart aus dem völlig überholten Zeitalter der Industrialisierung kommt, sägen wir den wirtschaftlichen Ast ab, auf dem wir sitzen.

Mal eine Frage an die »Hardcore-Kapitalisten« unter Ihnen: Kann man sich etwas Dümmeres und Unprofitableres vorstellen, als wertvolle Rohstoffe zu verschwenden und dadurch der Konkurrenz das Feld zu überlassen? Warum also begehren nicht viel mehr Menschen, insbesondere die Wirtschaftsführer, gegen diesen staatlich geschützten Wahnwitz und diese Geldverbrennung auf?

Bei mir zu Hause müsste die NASA
nicht erst eine Sonde vorbeischicken,
damit ich bemerke, wie viel gottgegebene
Kreativität Kinder an den Tag legen …

Als mein Sohn noch ganz klein war, stülpte er sich mal am Esstisch spontan einen halbvollen Breiteller über den Kopf, um ihn anschließend stolz zum »Hut« zu erklären. Meine Frau war entsetzt. Ich aber staunte über so viel Kreativität: Klar, warum kann so ein Teller nicht auch als Kopfbedeckung funktionieren?

Ein paar Jahre später hatte ich mich mit meiner Frau in der Wolle: Sie hatte neben unserer dunkelbraun gestrichenen Gartenhütte ein gelbes Hühnerhaus errichtet. So weit, so harmonisch. Mit dem Ehefrieden war es aber vorbei, als wir neben dem Gartenhäuschen eine weitere kleine Hütte für Hühnerutensilien aufstellten. Aufgrund dieser räumlichen Nähe zur braunen Gartenhütte war ich der Meinung, dass auch dieser kleine Neubau braun gestrichen werden müsse. Dem widersprach meine Frau: Als Anstrich käme selbstverständlich nichts anderes infrage als die Farbe Gelb; schließlich ginge es ja um die Hühner.

Die lachten noch über unseren Zwist, als ihn mein Sohn durch seine kindliche Kreativität im Handumdrehen beenden konnte: »Macht es doch zweifarbig. An der einen Seite, die der Gartenhütte zugewandt ist, braun und an der anderen gelb, so wie das Hühnerhäuschen.« So einfach war das. Aber wir Erwachsenen sind nicht auf diese Lösung gekommen.

Wir sind es gewohnt (oder daran gewöhnt worden), in vorgefertigten Gedankenstrukturen zu denken. Alles, was außerhalb dieser Bereiche liegt, erschließt sich uns oft nicht. Unsere Gedanken bewegen sich meist so eingeengt wie Schwimmer, die nur in einer fein säuberlich abgetrennten Schwimmbahn ihre Schwimmzüge vollführen. Obwohl sie leicht unter der Styroporbällchenkette durchtauchen und dann ganz andere Winkel des Beckens erreichen könnten. Aber dieser Ausbruch aus gewohnten Bahnen gäbe ja Ärger mit dem Bademeister.

Ich bin mir sicher: Auch Sie wurden mit Erwartungen, Erfahrungen, Normen und Konventionen bombardiert. Viele ungefragte Ratgeber und selbst ernannte Experten haben Ihnen vorgeschrieben, was »man« macht und was »man« nicht macht. Sie haben auch oft gehört, was geht und was nicht geht, was zu Ihnen passt und was nicht zu Ihnen passt. All das hat dazu geführt, dass sich falsche Glaubensmuster in Ihrem Kopf festsetzt haben.

Ich habe mich als Kind immer gefragt, wer wohl dieser mächtige anonyme »man« ist. Kennengelernt habe ich ihn nie.

Denken Sie an die Episode mit dem Hühnerhaus, als meine Frau und ich unsere eingeschliffenen Konventionen gegeneinander in Stellung gebracht haben wie Feldherren ihre Soldaten. Gerade solche Normerwartungen sind die wahren, heimlichen Herrscher unseres Alltags.

Nicht wenigen Menschen ist der Ablageplatz bestimmter Dinge des täglichen Gebrauchs so heilig, wie es der Karfreitagsfisch für den Papst ist.

All diese »Must Dos« oder »No Gos«, jenes »Was sollen denn die Leute denken?« und all die anderen versteckten Drahtzieher unserer Handlungen bremsen unsere Kreativität nach Kräften aus. Unser tiefstes Inneres würde ja gern frei und ungebunden sich selbst ausleben, aber diese Anstandsdamen, die in unseren Kopf eingepflanzt wurden, beschränken unseren Entfaltungsradius enorm. Das, was es an Freiheitsdrang von innen nach außen schafft, wird beschnitten, quasi zensiert. Daher sprechen Fachleute von »inneren Zensoren«. Die sind verantwortlich dafür, dass wir schon ab Schulkindesbeinen mehr und mehr Blockaden ausbilden – Blockaden, gegen die unsere angeborene Kreativität schwer ankommt. Wenn überhaupt.

Oder nehmen Sie den Satz: »Das haben wir ja noch nie so gemacht«. Das Schlimme an solchen Konventionen ist, dass es kaum einer wagt, sie zu hinterfragen. Sie werden uns als »alternativlos« verkauft (auch so eine hohle Konventionsphrase von »ganz oben«).

Konventionen, Erfahrungen, Erwartungen, Regeln und Begrenzungen gepaart mit blinder Ergebenheit ersticken Ihre Kreativität und sind Kreativitätskiller. Sie meucheln Ihre Vorstellungskraft und Ihren Ideenreichtum so reihenweise wie einst Jack The Ripper die Londoner Freudenmädchen. »Jacks« Identität ist bis heute ein Geheimnis – die wahre Natur Ihrer Widersacher im Bereich der Kreativität indes ist bestens bekannt.

Ein Beispiel für »blinde« Ergebenheit in das Prinzip »Das haben wir immer schon so gemacht, auch wenn es keinen Sinn ergibt« liefert der altehrwürdige Duden. Er praktiziert gewissermaßen starrsinnig Unsinn (oder unsinnigen Starrsinn), wortwörtlich wie er im Buche steht. Wenn Sie dort nämlich nachschlagen wollen, wie ein Wort richtig geschrieben wird, müssen Sie vorher (!) die richtige Schreibweise in Erfahrung gebracht haben, damit Sie es im Duden überhaupt finden. Geht's noch? Schon mal drüber nachgedacht? Die Duden-Macher offenbar nicht. Gerade bei Fremdwörtern kann einen dieses »bewährte« Prinzip zur Verzweiflung treiben – und in die Arme der wesentlich kreativeren Google-Suchmaschine, wo man Wörter aufs Geratewohl eingeben kann und so gut wie immer eine korrekt geschriebene Antwort bekommt: »Meinten Sie XY?«

Vergessen Sie dieses ewige »Was sollen denn die Leute denken?« Lassen Sie sich nicht leben, sondern leben Sie aus sich heraus. Bauen Sie Ihr Selbstvertrauen aus, Ihr Selbstwertgefühl, Ihre Selbstsicherheit. Denn Kreativität kommt von innen; sie lässt sich nicht verordnen oder durch ein »Brainstorming pünktlich um 10:15 Uhr in Konferenzsaal 7« herbeizwingen. Und Ihre verdrängte Kreativität kann sich nur Bahn brechen, wenn Sie selbst genug Rückgrat entwickeln, um zu sich selbst zu stehen – und eben nicht nur die Erwartungen anderer zu erfüllen.

Das ist übrigens ein Prozess, dessen Faktoren sich gegenseitig verstärken: Je souveräner und unabhängiger Sie Ihr eigenes Leben führen, desto stärker wird die Kreativität aus Ihren Kindertagen wiederbelebt. Und je kreativer Sie werden, desto selbstbewusster agieren Sie.

Haben Sie eben bei meiner Bemerkung über Brainstormings etwas gezuckt? Sind das nicht die »Kreativitätsschmieden« schlechthin? Nun, auch das fällt unter die Rubrik »Mythen der Arbeitswelt«.

Wie schon weiter vorne gesagt: Generell habe ich nichts gegen anregenden Ideenaustausch. Das Problem dabei ist nur, dass Sie sich als Teilnehmer zwar in eine hohe Suchspannung versetzen, Sie also brennend daran interessiert sind, ein Problem zu lösen – so weit, so gut. Schlecht ist indes: Bei einem Brainstorming im Kreise von Kollegen oder gar im Angesicht des Chefs können Sie sich beim Nachdenken in aller Regel nicht entspannen. Sie können das Problem und die gewohnten Denkstrukturen (Ihre inneren »Schwimmbahnen«) nicht verlassen. Denn schließlich müssen Sie Ihrem Vorgesetzten beweisen, dass Sie daran »arbeiten«. Wozu werden Sie schließlich bezahlt? Also hängen Sie im Extremfall noch eine Arbeitsstunde dran, um die »richtige Idee« zu entwickeln – und werden dabei garantiert scheitern.

Denn Entspannung ist für kreative Leistungen unabdingbar – bildet sie doch im Verbund mit der hohen Suchspannung den Zündfunken, der Ihre schlummernde Kreativität auflodern lässt und den Zensor in Ihrem Kopf schachmatt setzt.

Wissen Sie, wie Mozart seine Schöpferkraft auf Trab gebracht hat, wenn er sich mit einem Problem herumgeschlagen hat?

Er legte sich schlafen. Dabei hielt er einen Arm aus seiner Bettstatt und zugleich einen Metalllöffel in der Hand. Unter der Hand hatte er eine Messingschale platziert. Dann dachte der König der Komponisten über die Lösung dessen nach, was ihn beschäftigte, dämmerte langsam in den Schlaf hinüber, geriet dadurch in den Zustand eines höchst kreativen Alphazustands, seine Hand erschlaffte – und KLIRR! Der Lärm des in die Metallschale polternden Löffels riss den Genius sofort aus den Träumen. Folge: Die kreativen Lösungen, die das Unterbewusstsein uns Menschen im Traum präsentiert und die wir nach dem Wachwerden meistens wieder vergessen, konnte Mozart noch rechtzeitig in sein Wachbewusstsein herüberretten.

Versuchen Sie das doch auch mal. Aber bitte nicht im Großraumbüro und im Kreise der mehr oder minder lieben Kollegen. Denn auch die sind durch Schulen und gesellschaftliche Erwartungen derart negativ konditioniert, dass sie garantiert kein Verständnis für Ihre unkonventionellen Methoden aufbrächten. Ebenso würden die Ideen, die Ihnen dabei kämen, möglicherweise von allerlei Bedenkenträgern sofort in Grund und Boden getrampelt – wie ein zartes Pflänzchen. Bieten Sie diesen empfindlichen Keimlingen also genügend Schutz, und sorgen Sie dafür, dass die kreativen Lösungen nicht schon im Keim erstickt werden.

Am besten fangen Sie klein an. Ganz klein. Beginnen Sie, all die in der Tarnung der Unbedeutsamkeit daherkommenden alltäglichen Regeln und Mythen zu hinterfragen und sie beherzt zu brechen. Diese Anfangserfolge werden Ihnen die Kraft schenken, sich nach und nach an die Spitze ihrer eigenen Kreativität vorzuschwingen.

Und denken Sie immer daran: Kreativität ist wie die Stadt Rom – es führen viele Wege dorthin.

Auf manche davon werden wir unfreiwillig gestoßen; wir werden nicht gefragt und müssen sie wohl oder übel beschreiten wie die verdächtig wacklige, aber lebensrettende Feuerleiter an einem Hochhaus, das in Flammen steht – denken Sie an die grausamen Eingrenzungen, mit denen Wittgenstein, Paganini oder Beethoven fertigwerden mussten.

Aber die »heimlichen Vorteile« solcher Grenzen haben Sie ja weiter vorne schon kennengelernt.

Was hindert Sie eigentlich daran, Ihre Kreativität durch absichtlich herbeigeführte Grenzerfahrungen zu befeuern?

Schreiben Sie doch wieder mal ein Gedicht. Lyrik weist bekanntlich zwei »Grenzen« in Form von unverzichtbaren Voraussetzungen auf: den Reim und den Rhythmus. Warum versuchen Sie nicht, Ihre nächste Aktennotiz in Reimform abzufassen?

Nutzen Sie die Tatsache, dass Sie geborene Kreativ-Meister um sich scharen können – Ihre Kinder und deren Spielkameraden. Erfinden Sie gemeinsam Drei-Wort-Geschichten: Werfen Sie sich gegenseitig drei Wörter zu, und spinnen Sie sie im Familien- und Freundeskreis zu einer Story aus. Spannend, was sich zum Beispiel aus »Hund«, »Haus« und »Nikolaus« so alles entwickeln lässt.

Das lässt sich natürlich vielfältig abwandeln: Formulieren Sie Sätze, deren Wörter stets mit demselben Buchstaben beginnen. Zum Beispiel: »Berta baut bunte Brücken bis Bonn. Bernd bestimmt: Baumaterialien beispielsweise Beton, Bimsstein, Bitumen.«

Ein privates Beispiel: Ich erzähle meinem Sohn jeden Abend eine Indianergeschichte. Die Akteure sind immer dieselben: John, der Vater, Josefine, die Mutter, und Johnny, der Sohn. Seit sechs Jahren schon halte ich diese Tradition eisern durch. Das zwingt mich, ständig kreativ zu sein. Denn natürlich muss die Erzählung immer wieder neue Verläufe nehmen, sonst würde sie ja langweilig. Also füge ich an einem Abend Elemente aus Harry Potter ein, am anderen Tag bediene ich mich ungeniert bei Star Wars. So kommt die Geschichte allabendlich im neuen Gewand daher: Neue Handlungsstränge, Umgebungen, Nuancen wechseln sich mit Wendungen ab, die mal ins Aufregende reichen, mal ins Romantische oder Freundschaftliche. Und mein Sohn fordert mir dabei ziemlich viel ab. Er erkennt Wiederholungen und Widersprüche auf Anhieb und weist mich schonungslos darauf hin. Zugegeben, diese bohrenden Forderungen nach einer Kurskorrektur sind manches Mal unbequem. Aber genau das hält meinen Kreativitätskessel immer unter Volldampf.

Auch als Pianist kann ich den Effekt nutzen, Kreativität durch selbst gesetzte Grenzen zu erzeugen.

Wenn ich mich beispielsweise beim Improvisieren beschränke, sei es auf eine bestimmte Tonart, z.B. C-Moll, oder auf eine bestimmte Anzahl von Tönen, die ich verwenden darf. Es ist belebend für meine geistige Schaffenskraft, wenn ich mich auf fünf oder gar nur drei Töne statt der üblichen elf auf der Tonleiter beschränke.

Jetzt komme ich zu dem schon beschriebenen Paradoxon.

Dass Begrenzungen Ihrer Kreativität förderlich sind, ist nur die eine Seite der Medaille. Das Gegenteil kann ebenso wirkungsvoll sein: Erweitern Sie Ihre Räume und Ihren Horizont.

Als Pianist kann ich andere musikalische Räume schaffen, indem ich die musikalischen Rahmenbedingungen ändere. Zu einem Klangteppich aus Dinner-Jazz improvisiere ich anders als zu einem indischen Soundtrack oder zu einem Gregorianischen Choral. Ich bereite mir entsprechend vielfältige Soundkonserven vor, zu denen ich dann nach einem Zufallsprinzip improvisiere. Diese neuen musikalischen Räume bringen kreative Leistungen zu Tage, die mich immer wieder selbst überraschen. Und das ist aufregend.

»Na gut«, werden Sie vielleicht entgegnen. »Sie sind Pianist, ein Künstler. Ich bin Hausmeister. Wie soll das bei mir gehen?«

»Gehen« ist ein gutes Stichwort: Gehen Sie doch mal gewohnte Wege rückwärts, buchstäblich mit dem Rücken voran. Zum Bäcker vielleicht? Oder laufen Sie Ihre vertraute Joggingstrecke umgekehrt, also vom Ziel zum Start. All diese räumlichen Wechsel und Raumerweiterungen versorgen Sie mit neuen Sichtweisen und letztlich Erkenntnissen. Und jede einzelne kann der entscheidende Weckruf für Ihre Kreativität sein.

Sie können auch andere Räume schaffen, indem Sie mit Analogien arbeiten. Angenommen, Sie betreiben ein Geschäft und werden von Ladendieben geschädigt. Wie können Sie das verhindern?

Benennen Sie den Wesenskern des Problems (»Bei uns kommt etwas weg, von dem ich nicht will, dass es wegkommt«), und finden Sie Analogien dazu, also Probleme, die den gleichen Wesenskern haben. Denken Sie etwa an eine Katze, die Thunfisch aus der Dose klaut, oder an Kinder, die heimlich Kekse mopsen. Wie können Sie diese Missstände abstellen?

Den vier- und zweibeinigen Naschkätzchen könnte man Herr werden, indem man die Thunfisch- bzw. Keksdose wegstellt oder verschließt. Auch ein Hund als Aufpasser kann Wunder wirken – oder als Spielkamerad für Ablenkung sorgen.

Lassen Sie Ihre Ideen frei fließen, bremsen Sie nichts aus – so verrückt Ihnen Analogie und Lösung auch erscheinen mögen. Gerade die verrückten Einfälle führen oft zu genialen Lösungen. Dann übertragen Sie diese Lösungen auf das Ursprungsproblem »Ladendiebstahl«: Verschließen Sie die Waren in Vitrinen, oder lassen Sie sie ganz weg, indem Sie nur noch Online-Bestellungen aufnehmen. Bauen Sie zusätzliche Überwachungskameras ein usw.

Richten Sie in Ihrem Tagesablauf möglichst viele »Treffpunkte mit Ihrer eigenen Kreativität« ein. Das erweitert Ihren Horizont.

Hier einige einfach umzusetzende Anregungen ...

Beobachten Sie Wolken und feiern Sie ein Wiedersehen mit den Fantasiefiguren, die Sie als Kind noch auf Anhieb darin entdeckt haben.

Hören Sie konzentriert Musik, insbesondere auch mal solche, die Ihnen völlig unbekannt oder sogar zuwider ist – YouTube und Musik-Steaming-Portale wie spotify und tidal sind wahre Fundgruben.

Wir neigen dazu, uns immer mit dem gleichen Typ Mensch zu umgeben. Durchbrechen Sie das und mischen Sie sich bewusst unter ganz andere Menschen, als die, die Sie normalerweise treffen. Gehen Sie z. B. als »Normalmensch« mal in die Hamburger Kneipe »Clochard« und treffen Sie Nichtsesshafte, die sich dort die kostenlosen Schmalzbrote schmecken lassen.

Oder spüren Sie die Sonne in Ihrem Gesicht und schauen, was das in Ihnen bewirkt (auch wenn sie hinter Wolken liegt).

Klasse ist auch der Trick, Ihre PC-Maus eine Weile mit Ihrer schwachen Hand zu bedienen (bei Rechtshändern die Linke, bei Linkshändern die Rechte). Das bringt Schwung in die jeweils andere Gehirnhälfte.

Wenn Sie geistig einmal festhängen, sorgen Sie für körperliche Bewegung. Schon die alten Römer wussten, dass ein gesunder Geist in einem gesunden Körper steckt. Und ein beweglicher Geist braucht einen beweglichen Körper – logisch, oder? Je fitter Sie also in körperlicher Hinsicht sind, desto quirliger agiert Ihr »Oberstübchen«, denn auch Ihre kleinen grauen Zellen profitieren von einer besseren Durchblutung und optimaler Sauerstoffversorgung. Das ist der Grund, warum ich und meine Angestellten bei geistigen Tiefpunkten gerne unser firmeneigenes Trampolin nutzen. Das haben wir auf einem Waldgrundstück aufgebaut, nur ein paar Schritte von unserem Büro entfernt. Einige wenige Hüpfer auf diesem Sprunggerät – und schon haben wir unseren ermüdeten Gehirnen auf die Sprünge geholfen. Körperlich und geistig.

Auch wenn Sie noch nie auf so einem Trampolin gestanden haben, können Sie sich wahrscheinlich vorstellen, dass so ein Ding ungeheuren Spaß macht. Auf und nieder, immer wieder ... Aber nicht alle Tätigkeiten, die wir dermaßen gleichförmig ausüben, machen uns Freude. Denken Sie nur mal ans Staubsaugen, Gartenzaunstreichen oder Kartoffelschälen. Wer wollte ernsthaft behaupten, dass solche Arbeiten etwas mit Kreativität zu tun haben?

Nun, ich behaupte das. Womit wir bei einem weiteren springenden Punkt wären. Nutzen Sie jene Phasen, in denen Sie im Alltag stupide, mechanische Tätigkeiten ausüben. Diese Routinebewegungen befreien das Gehirn von seinem »Kontroll-Job« und versetzen Sie in eine Art Trance. Die wirklich bahnbrechenden Ideen für Buchtitel, Produktverbesserungen und Hit-Melodien sind den Leuten nicht bei Brainstormings gekommen, sondern beim Rasieren. Oder beim Bügeln, Rasenmähen, Autofahren ... Der berühmte Bundesbahn-Kreativ-Knüller »Alle reden vom Wetter. Wir nicht!« soll seiner Schöpferin Margot Müller beim Rückenschrubben in der Badewanne eingefallen sein.

Und was mir besonders am Herzen liegt: Verabreden Sie sich einmal pro Woche mit Ihrem »inneren Künstler«.

Was heißt das? Nehmen Sie sich zwei Stunden Zeit pro Woche, die Sie strikt dafür reservieren, etwas zu tun, das einen künstlerischen, spirituellen Aspekt hat. Und zwar nur zum Spaß. Sie haben richtig gelesen: Nur zum Spaß. Wichtig! Machen Sie es unbedingt allein. Besuchen Sie zum Beispiel das Ausländerviertel Ihrer Stadt und lassen Sie ungewohnte Eindrücke auf sich wirken. Besuchen Sie einen Abendkurs in griechischem Volkstanz, eine Autorenlesung oder ein Konzert. Wichtig: Verbinden Sie diese Zeit keineswegs mit irgendwelchen Produktivitätsabsichten oder mit einem schlechten Gewissen, dass Sie währenddessen »nichts Richtiges geleistet« hätten.

Denn genau darum geht es ja: Nur ohne »kommerzielle Hintergedanken« kommen Sie mit Ihrem inneren Künstler wirklich in Kontakt. Dieser Künstlertreff hat zwei atemberaubende Wirkungen: Er steigert Ihr Selbstwertgefühl, da Sie etwas nur für sich tun, für das Sie sich gewöhnlich keine Zeit nehmen. Und er füllt gleichzeitig Ihren persönlichen Kreativitätspool auf.

Kurz und bündig: Kreativität ist aufregend, abenteuerlich und macht Spaß. Sie bewahrt Neugierde, begeistert, macht aktiv; sie hält die eigenen Träume nicht nur lebendig, sondern hilft auch, diese zu verwirklichen. Kreativität erhöht Ihre Lebensqualität dramatisch. Oder noch einfacher: Erst die Kreativität macht uns zum wahren Menschen. Allein deshalb sollten Sie Rahmenbedingungen für Einfallsreichtum und kreative Verrücktheiten schaffen.

Und wo wir schon von »einfallsreich« gesprochen haben: Wollen Sie wissen, wie es unser kreativer Hausbesitzer geschafft hat, der Schlange namens Zwangsversteigerung die Giftzähne zu ziehen?[9] Sie erinnern sich: Das Gesetz half ihm nicht – wohl aber seine Kenntnis der Rechtslage. Er fand irgendwann heraus, dass einzig und allein Wegerechte versteigerungsfest sind. Sprich: Auch der neue Besitzer ist gesetzlich gezwungen, die alten Wegerechte widerstandslos einzuräumen. Heureka! Was tat unser Held? Kreativ, wie er war, ließ er für seine Schwiegermutter ein Wegerecht ins Grundbuch eintragen – und zwar mitten durchs Schlafzimmer.

Man stelle sich vor: Als neuer Hausherr muss man jeden Abend mit der Gewissheit ins Bett steigen, dass mitten in der Nacht unvermittelt fremder Leuts Schwiegermutter klingeln und mit Fug und Recht kreuz und quer über die Matratze krabbeln darf, so lange sie will. Da ist weder an Schlaf zu denken noch an die Ausübung anderer Tätigkeiten, die in solchen Räumen öfters mal liebend gern in Angriff genommen werden.

Als dieses Wegerecht vor Gericht zur Verlesung kam, fiel dem düpierten Bankvertreter die Kinnlade runter – bis in den Aktenkeller. So eine Sch…, das Haus war durch dieses Wegerecht ja praktisch wertlos. Es wird Sie nicht sonderlich überraschen, dass die Kompromissbereitschaft des Gläubigers nach diesem schockierenden Wertverfall auf wundersame Weise exorbitant zugenommen hat.

Hand aufs Herz: Wären Sie auf diesen Clou gekommen? Glauben Sie jetzt immer noch, dass kreatives Denken etwas ist, das nur Künstler & Co. gebrauchen können?

http://www.martinklapheck.de/lebedeinenbeat-kapitel6

KAPITEL 7

Abenteuer Crossover: Grenzen überwinden

Grenzen, Regeln, Vorschriften: Sie begleiten uns durchs ganze Leben. Was wahrscheinlich daran liegt, dass wir zumindest im Säuglingsalter mit grenzenloser Freiheit überhaupt nichts anfangen können. Dass Freiheit uns in diesem zarten Alter sogar ängstigt.

Haben Sie Kinder? Egal, wie alt Ihr Nachwuchs im Moment ist, werden Sie eines feststellen oder festgestellt haben: Gerade in den ersten Lebenstagen und Lebenswochen brauchen Kinder extrem enge räumlich-körperliche Begrenzungen. Je enger es in der Wiege ist, desto wohler fühlen Neugeborene sich. Anscheinend brauchen wir in diesem Alter eine greifbare Erinnerung an die Geborgenheit des Mutterleibes. Dort herrscht ja auch nicht gerade ein Platzangebot wie auf der Bundeskegelbahn. Aber instinktiv verbinden wir diese extreme Enge in unseren ersten Lebenstagen draußen in der kalten Welt offenbar mit Geborgenheit und Schutz.

Für Babys ist das ja auch voll okay. Bedenklich wird es, wenn wir allzu enge Grenzen auch noch im höheren Alter nicht nur akzeptieren, sondern mit Sicherheit verwechseln. Logisch – wenn Sie Ihr Lebtag lang niemals über die Grenzen gehen, die Ihnen, von wem auch immer, gesetzt worden sind: Wie wollen Sie dann jemals herausfinden, welches Potenzial Sie verwirklichen können?

Zum glücklichen, selbstbestimmten Leben gehört für mich das Überwinden von Grenzen unbedingt dazu. Deshalb rufe ich Ihnen zu: »Hinterfragen Sie Regeln und Vorschriften!« Sie müssen Sie nicht alle brechen. Aber bei der einen oder anderen bietet es sich vielleicht geradezu an.

Obwohl – die Deutschen stehen ja für ziemlich viele durchaus gute Eigenschaften. Als Regelbrecher oder gar Revoluzzer aber sind wir nun wirklich nicht bekannt. Was schon ein wirklicher Revolutionär, nämlich Wladimir Iljitsch Lenin, der Anführer der russischen Oktoberrevolution von 1917, zu der Klage verleitet hat: »So eine Revolution wie bei uns wird es in Deutschland niemals geben. Wenn deutsche Revolutionäre einen Bahnhof stürmen wollten, würden sie sich erst mal eine Fahrkarte kaufen.«

Wo sie recht haben, haben sogar solche zweifelhaften Figuren der Weltgeschichte nun mal recht. Wie steht es eigentlich mit Ihrem offenen, hinterfragenden Geist in Alltagsdingen? Lassen Sie alles mit sich machen? Oder stellen Sie alles grundsätzlich in Frage?

Weder das eine noch das andere Extrem ist auf die Dauer wirklich förderlich. Im Umgang mit Regeln erscheint mir die viel zitierte goldene Mitte der richtige Weg zu sein. Schütten wir also mit dem Bad nicht gleich auch das Kind aus, wenn es um Regeln geht.

Denn was ist der ursprüngliche Sinn von Regeln?

Kurz gesagt: dort Ordnung zu schaffen, wo Ordnung sinnvoll ist und Vorteile bringt. Es gibt Bereiche im Leben, die funktionieren mit einer festen, allgemein anerkannten und von allen unterstützten Struktur einfach besser. Hier erscheint uns der Nutzen dieser Struktur weitaus attraktiver als die unweigerliche Kehrseite der Medaille, die darin liegt, dass solche Strukturen automatisch auch Begrenzungen mit sich bringen.

Wie ginge es beispielsweise im Straßenverkehr zu – so ganz ohne Regeln? Blechschäden und Dauerstaus wären noch die harmloseren Auswirkungen, sobald jeder Autofahrer nur das machen würde, was ihm in den Kram passt. Zum Glück ist es anders.

Kämen Sie jemals auf die Idee, sich ans Steuer zu setzen mit dem festen Entschluss, heute spaßeshalber mal auf »Rechts vor links«-, »Zebrastreifen«-, »Vorfahrt beachten!«-Schilder und andere lästige Begleiterscheinungen der »freien Fahrt für freie Bürger« zu pfeifen? Zugegeben, solche Gasfuß-Djangos dürfte es vereinzelt geben. Und sollten Sie zu dieser Spezies zählen, bitte ich Sie inständig, ab sofort den Großraum Bad Honnef weiträumig zu umfahren – dort wohne ich nämlich.

Allen anderen sei gesagt: Natürlich kämen Sie niemals auf diesen verrückten Gedanken. Warum auch? Ganz instinktiv wenden Sie ein Prinzip an, das allen menschenfreundlichen Philosophien, Weltanschauungen und Religionen seit Jahrtausenden zugrunde liegt – und das sich auf die einfachen Worte reduzieren lässt: »Was du nicht willst, das man dir tu, das füg auch keinem and'ren zu.« Der Paragraph 1 der Straßenverkehrsordnung klingt inhaltlich fast genauso, und diese zum geflügelten Wort gewordene 14-Wörter-Grundregel würde eigentlich reichen, um das Zusammenleben von uns Menschen auf allen Gebieten zufriedenstellend zu regeln. An diesem Beispiel zeigt sich, dass es vereinzelt Regeln gibt, die durchaus ihren Sinn haben. Die Betonung liegt auf »vereinzelt«.

Geschwindigkeitsbegrenzungen in Wohngebieten und Vorfahrtsregeln sind nicht die einzigen Bereiche, in denen Beschränkungen Sinn machen und die das Leben vereinfachen – oder beim Autofahren überhaupt erst absichern. Im sozialen Miteinander können Sie dasselbe Phänomen beobachten: Von irgendwelchen Sozial-Rüpeln abgesehen, akzeptiert jedermann, dass Behindertenparkplätze Menschen vorbehalten sind, die mit gewissen körperlichen Einschränkungen leben müssen. Einem älteren Menschen im Bus den eigenen Sitzplatz anzubieten oder in Gegenwart von schwangeren Frauen nicht zu rauchen – auch das sollte einem »anständigen« Menschen so selbstverständlich sein, dass man dafür nicht eigens Regeln erfinden muss. Denn wir sind ja alle an dieser Sicherheit interessiert und wollen, dass unser Leben möglichst angenehm verläuft.

Nicht zuletzt können Regeln dazu beitragen, dass wir unsere wahren Potenziale zur Entfaltung bringen können. Kommen wir auf das Beispiel des Straßenverkehrs zurück: Stellen Sie sich vor, Sie seien ein mathematisches Genie (ja, die Vorstellung ist ganz angenehm, nicht wahr?). Und fügen wir diesem Bild eine weitere Komponente hinzu: Sie arbeiten gerade an einer wichtigen Formel. Wenn Sie die knacken können, wäre das ein gigantischer Sprung für die Menschheit. Und um die Vorstellung rund und realistisch zu machen, rufen Sie sich bitte vor Ihr geistiges Auge, dass Sie Tag für Tag von zu Hause zur Universität fahren, um an dieser Formel zu arbeiten.

Was aber würde passieren, wenn es keine Straßenverkehrsregeln gebe? Im schlimmsten Fall kämen Sie niemals an der Universität an. Und falls doch, hätten Sie einen Großteil Ihrer geistigen Kapazitäten darauf verschwendet, sich Ihren Weg durch das Verkehrschaos zu bahnen. Sie wären derart entnervt, dass an einen sinnvollen Einsatz Ihrer eigentlichen Kernkompetenzen nicht im Traum zu denken wäre.

Ich denke, dass an dieser Stelle ein kleines Zwischenfazit sinnvoll ist …

Begrenzungen sind nicht per se schlecht. Schlecht ist es, dass Begrenzungen häufig unangemessen ausgedehnt werden und dann überhandnehmen.

Und es ist dieses Überbordende von Begrenzungen, das nicht nur unnötig ist, sondern Ihr Leben sogar regelrecht behindert. Denn wenn Ihre individuelle Freiheit schon eingeschränkt wird, dann sollte diese Einschränkung mit einem sinnvollen Äquivalent für jemand anderen einhergehen. Anders gesagt: Sie geben ein Stück Ihrer Freiheit auf, damit andere in ihrer Freiheit nicht übermäßig eingeschränkt werden. Dieses Gleichgewicht ist sinnvoll – aber sobald es kippt, wird es gefährlich. Und zwar für alle Seiten.

Ihren Mangel an Rückgrat und Alltagscourage machen viele Menschen geradezu überdeutlich – durch eine übermäßige Kniefälligkeit vor selbst ernannten Autoritäten und Uniformträgern. Und natürlich Regeln, Regeln, Regeln ...

Ich habe selbst häufig beobachtet, wie leicht hierzulande Menschen durch eine sinnlose Regel zu beeinflussen sind. Durch eine Regel, die eine Grenze lediglich im Kopf erzeugt und die real gar nicht vorhanden ist. Unfassbar, in welch grotesker Weise sich diese mentale Grenze auf das Verhalten mancher Menschen auswirkt.

Hier ein selbst beobachtetes Beispiel. Diese Real-Posse ereignete sich im gräflichen Park in Bad Driburg, einer hübschen Wellness-Oase. Dort erstreckt sich im hinteren Bereich ein prächtiger Garten. Wie sich das für einen guten deutschen Garten gehört, gibt es auch einen Gartenzaun. Und in diesem Gartenzaun gibt es ein Gartentor (oder soll ich besser sagen: ein Gartentörchen). Denn der Gartenzaun und das Gartentörchen waren nicht viel höher als ein Gartenzwerg. Als ich diese Szene beobachtete, zierte das Gartentörchen ein Schild. Auf diesem war sinngemäß zu lesen:

Man möge sich doch bitte den Schlüssel an der Rezeption holen, wenn man durch das Gartentörchen hindurch möchte. Sie lachen jetzt. Ich habe das eine ganze Weile beobachtet – und war fassungslos: 80 Prozent aller Erwachsenen, von denen ich annehme, dass sie mit einem normalen Gehirn ausgestattet sind, dackelten brav zur Rezeption, um wie empfohlen oder besser befohlen den Schlüssel zu holen. Und das, obwohl sie dieses Bonsai-Hindernis von Zaun doch einfach hätten übersteigen können.

Man fragt sich unweigerlich, ob all diese Menschen nicht mehr alle auf dem Zaun hatten. Schwer zu sagen. Wesentlich leichter fällt uns da eine andere Erkenntnis: Sie sollten Regeln nicht einfach befolgen und Grenzen als gegeben hinnehmen, ohne nachzudenken. Und wenn da tausend hochoffiziell aussehende Schilder stehen, kann dieser Schilderwald doch niemals ein gleichwertiger Ersatz für Ihr eigenständiges Denken sein. Wobei »Schild« in diesem Kontext gleichbedeutend für Traditionen steht, für Verhaltensregeln, Bräuche, Konventionen. Und vor allem für dieses unsägliche »Was sollen denn bloß die Leute denken?«

Vielmehr sollten Sie bei jeder Regel hinterfragen: Was ist der Sinn dieser Verhaltensvorschrift? Wem nutzt sie? Wem schadet sie? Welches Motiv hat derjenige, der sie aufgestellt hat? Und das Wichtigste: Sehen Sie einen Nutzen darin, diesen Erwartungen Folge zu leisten – für sich selbst oder andere Menschen?

Besteht diese Grenze tatsächlich in der Realität oder ist sie lediglich fiktiver Natur? Kauern Sie gar im Schatten einer Grenze, die künstlich erzeugt wurde, nur in Ihrem Kopf vorhanden ist und dann als negativer Glaubenssatz (»Ich kann das nicht, ich bin eben nicht erfolgreich, ich habe kein Recht auf Glück …«) sein Unwesen in Ihrer Seele treibt?

Nur wenn Sie Regeln hinterfragen und unsinnige brechen, überwinden Sie auch diese imaginären Grenzen. Und eines können Sie mir glauben: Es sind diese verflixten mentalen Limits, die am schwierigsten einzureißen sind.

Jahrelang hatte man etwa im Sport eine solch willkürliche Grenzbefestigung hochgezogen und gepflegt: Kein menschliches Wesen, so hieß es noch vor einigen Jahrzehnten, könne die 100 Meter jemals unter zehn Sekunden laufen. Und tatsächlich bissen sich an dieser »Schallmauer« ganze Kohorten von Sprintern die Zähne aus, Jahr für Jahr, Rennen für Rennen. Bis ein gewisser Jim Hines bei den Olympischen Spielen 1968 diese Grenze einfach nicht länger akzeptierte und es tatsächlich schaffte, den 100-Meter-Sprint in einer Zeit zu wetzen, bei der eine angeblich utopische neun vor dem Komma zu finden war. Eine Sensation? Ein neuer Fabel-Weltrekord? Eine Ausnahme von der »Das schafft niemand«-Regel? Keineswegs. Denn kurz darauf konnten auch andere Läufer diese künstliche Grenze in ihren Köpfen ad absurdum führen – sie liefen einfach schneller, als die Expertenmeinung es »erlaubte«. Denn jetzt wussten sie ja, dass diese Grenze nur in ihren Köpfen vorhanden war.

Durchforsten Sie Ihr Denken nach ähnlichem mentalem Totholz. Lichten Sie es anschließend aus. Rigoros! Nur so schaffen Sie Platz für neues mentales Wachstum.

Unser Leben ist voller absurder
Regeln und Fehlvorstellungen …

Sind Sie als Kind mit Spinat vollgestopft worden? Weil man Ihrer Mutter eingeimpft hat, dass dieses Grünzeug besonders viel Eisen enthalten soll und man Kindern mit dieser Zwangsspeisung etwas ungeheuer Gutes tut? Dass das ein Irrtum ist, weiß die Fachwelt schon seit den 1930er-Jahren. Tatsächlich enthält sogar die ernährungstechnisch verpönte Schokolade mehr wertvolles Eisen als dieses aufgewärmte

Karnickelfutter. Dennoch lässt sich diese Essregel zum Leidwesen vieler minderjähriger Schutzbefohlener bis heute nicht ausrotten.

Noch eine falsche Regel aus der Welt der Küche: »Nimm Schneidebrettchen aus Plastik, die sind hygienischer.« Pustekuchen: Holz hat – im Gegensatz zu Kunststoff – sogar keimtötende Eigenschaften. Wer hätte das gedacht?

Apropos Hygiene: Zu viel davon kann es gar nicht geben, oder? Jedenfalls folgen ganze Legionen junger Mütter noch heute der uralten Hebammenregel, ihre Neugeborenen tunlichst vor jedem Bakterium zu schützen, das im Kinderzimmer kreucht und fleucht. Gut gemeint – schlecht gemacht: Studien der Berliner Charité haben ergeben, dass Hyper-Hygiene im Babyalter die Hauptursache für Asthma und Heuschnupfen in späteren Lebensjahren ist. Denn unser Immunsystem muss in unseren ersten Lebenstagen erst noch trainiert werden – was in einer sterilen Umgebung natürlich nie und nimmer funktioniert. Fazit: Sie müssen Ihr Kleines zwar nicht gerade mit Straßendreck panieren, aber die ganz normale, keimstrotzende Umgebung eines durchschnittlichen Haushalts dürfte das Beste sein, was einem abzuhärtenden Säuglingskörper passieren kann.

Auf eine absurde Geschwindigkeitsbegrenzung auf schnurgerader, überschaubarer Landstraße pfeifen Sie wahrscheinlich viel eher, als dass es Ihnen gelingt, eine mentale Grenze zu überwinden. Denn bei der Geschwindigkeitsbegrenzung tritt die überbordende und zugleich sinnfrei erscheinende Regulierungswut als äußerlicher Einfluss auf Sie zu. Und so etwas fordert unsere angeborene Aufsässigkeit geradezu heraus. Haben Sie sich nicht früher als Kind auch am brennendsten für jene Filme und Fernsehsendungen interessiert, »die für Zuschauer unter 18 Jahren nicht geeignet sind«?

Die inneren, die mentalen Grenzen jedoch erlegen Sie sich selbst auf. Unbewusst meist, aber Sie tun es. Und eine Rebellion gegen diese Einschränkungen auf geistiger Ebene wird damit unweigerlich zur Rebellion gegen sich selbst, zum Infragestellen des eigenen Ichs. Nicht umsonst weiß der Volksmund, dass der Sieg über sich selbst der schönste Triumph von allen ist – aber auch der schwierigste.

Ich habe jetzt einige Gedanken zu Grenzen, die uns unnötig einschränken, mit Ihnen geteilt. Aber nur, wenn Sie zumindest töricht und haltlos gezogene Grenzen überwinden, sind Sie frei. Nur dann können Sie sich ausleben. Ohne jene Grenzen, die bei Licht betrachtet nichts weiter als Schikanen sind, wird Ihr Leben aufregender und intensiver. Das und nur das ist pralles Leben.

Auch setzen außergewöhnliche Erfolge voraus, dass Regeln gebrochen und Grenzen (sowohl gedankliche als auch tatsächliche) überwunden werden.

2004 begann bei einem amerikanischen Unternehmen die Entwicklung des »Project Purple«. Dieses Projekt war so streng geheim, dass selbst die an der Entwicklung beteiligten Mitarbeiter keinen vollständigen Überblick über das Produkt und deren Funktionen hatten.

Der CEO des Unternehmens brach etliche Regeln und ignorierte trotz vieler Warnungen von Experten das bis dahin übliche Konsumentenverhalten. Er schuf ein Produkt, das völlig anderes benutzt werden musste, als alle bis dahin vorhanden vergleichbaren Produkte. Aber eben auch ein Produkt, das völlig neue Möglichkeiten eröffnete und ein bis dahin nicht gekanntes Nutzenerlebnis bot.

Am 9. Januar 2007 war es schließlich soweit. Steve Jobs stellte das erste iPhone vor. Man hatte ihm vorausgesagt, dass die Kunden kein mobil device annehmen werden, das nur über eine Bildschirmtastatur zu bedienen sei und zudem keine externe Schnittstelle habe, wie beispielsweise einen usb-Anschluss. Ein weiterer Grund, weshalb es sich beim iPhone um ein totgeborenes Kind handeln würde, wäre, dass der Akku nicht durch den Kunden ersetzt werden kann. Bis dahin ein No-Go.

Vielleicht haben Sie auch noch das hämische Lachen vor Augen, mit dem Steve Ballmer, der damalige Mirosoft-Chef reagierte, als er gefragt wurde, was er vom iPhone hielte. Sinngemäß antworte er: »Ein Telefon zu 500 Dollar, hähähä; das noch nicht einmal eine Tastatur hat, hähähä. Warum sollte irgendjemand einen solchen Unsinn kaufen?« Im Unterschied zu Steve Jobs war Steve Ballmer nicht in der Lage, sich vorzustellen, dass User in Zukunft Geräte völlig anders nutzen würden, als sie es in der Vergangenheit getan haben.

Ich brauche Ihnen nicht zu sagen, welche gigantische technische und gesellschaftliche Revolution durch das iPhone in Gang gesetzt wurde. Per Mitte 2016 wurden übriges mehr als 900 Millionen iPhones verkauft.

Vielleicht entgegnen Sie mir jetzt: »Ich habe zwar keine dem iPhone vergleichbare Erfindung gemacht, aber vor einem 30 Zentimeter hohen Gartentörchen zu kuschen – das wäre mir im Leben nicht passiert. Das trifft auf mich nicht zu.« Nicht so voreilig. Die Welt da draußen strotzt nur so vor »Gartentörchen en miniature« – im übertragenen Sinne. Wenn Sie das nicht glauben wollen, wird Sie mein Experiment vielleicht vom Gegenteil überzeugen …

Bestimmt haben Sie in Ihrem Bad unter Ihrem Badezimmerspiegel eine Ablage für Rasierwasser, Gesichtscreme, Parfüm und Deoroller. Und sehr wahrscheinlich wenden Sie dort ein bestimmtes Ordnungssystem an. Machen Sie doch mal folgenden Selbsttest: Räumen Sie diese Utensilien um, verändern Sie die Reihenfolge. Wenn diese neue Reihenfolge für Sie unerträglich ist, ja vielleicht sogar Schmerzen auslöst, dann sind Sie Opfer künstlicher, einengender Normen. Bei manchem Zeitgenossen genügt es schon, Deoroller und Co. einfach umzudrehen, um negative Gefühle auszulösen.

Wenn Sie nicht allein leben, ist dieses kleine Experiment besonders spannend. Mal schauen, was Ihr Partner zu Ihrem neuen Ordnungssystem sagt. Probieren Sie es aus!

Wenn es Ihnen schwerfällt, Regeln zu brechen und Grenzen zu überwinden – dann sind Sie vielleicht auch ein Mensch, der selten Grenzen setzt.

Dabei ist die Fähigkeit zur Abgrenzung extrem wichtig. So paradox das klingt: Sie ist eine Voraussetzung dafür, dass Sie Ihrerseits Grenzen überwinden. Sobald Sie eine Grenze setzen, überwinden Sie eine andere, eine innere: nämlich die Erwartung anderer nicht zu erfüllen. Entweder die Erwartung, »ja« zu sagen, oder die Erwartung, einen Missstand nicht anzusprechen.

Vor einigen Wochen besuchte ich mit meiner Tochter Paula das Café Nottebrock bei uns in Bad Honnef. Wir hatten beide Lust auf einen schönen Kakao und betraten die Räume voller Vorfreude. Beim Hereinkommen nahm uns sofort die Kellnerin ins Visier. Ihr Blick schien uns zu vernichten. Dabei waren wir uns keiner Schuld bewusst.

Angriffslustig stemmte sie beide Hände in ihre Hüften, um anschließend zunächst uns und dann einen Punkt hinter uns in Richtung Zimmerdecke zu fixieren.

Was war da bloß an der Decke? Neugierig drehte ich mich um – und entdeckte das, was den Blick der Dame einfing: Da hing ja eine Uhr, die unmissverständlich anzeigte, dass es 18:15 Uhr war.

Aha – daher wehte also der Wind: »Mensch, diese Trottel!«, wird sich die Tablett-Dompteuse wohl gedacht haben. »Müssen die denn wirklich noch um 18:15 Uhr eintrudeln, 15 Minuten vor Feierabend? Wenn die eine Weile bleiben, könnte es sein, dass ich nicht pünktlich rauskomme.« Diese Amtsstuben-Einstellung mitten in der gastronomischen Wirtschaft hat mir nicht gefallen. Zumal meine Tochter, die sich auf einen leckeren Kakao gefreut hatte, spürte, dass etwas nicht in Ordnung war. Natürlich hätte ich über diese stille, aber unmissverständliche Ablehnung hinwegsehen können, aber das tat ich nicht.

Also sprach ich die Kellnerin auf ihr Verhalten an: »Können Sie sich vorstellen, was das für mich und meine Tochter für ein Gefühl ist, wenn wir Ihr Café voller Vorfreude auf einen leckeren Kakao betreten? Und Sie? Statt uns freundlich zu begrüßen, schauen Sie mit einem angespannten, unfreundlichen Gesichtsausdruck zur Uhr und sagen uns dadurch, dass wir nicht willkommen sind, weil Sie Ihren Feierabend womöglich fünf Minuten später beginnen müssen.«

Ich habe hier also eine Grenze gesetzt. Unmissverständlich. Und siehe da: Die Servierkraft hat sich zerknirscht entschuldigt; meine Tochter bekam ihren Kakao sogar umsonst. Und schon war die Welt wieder in Ordnung.

Beobachten Sie Ihre Umwelt und Ihre eigenen Reaktionen auf bestimmtes Verhalten. Gibt es Situationen, in denen Sie sich schlecht behandelt fühlen, aber nicht dagegenhalten – aus welchen Gründen auch immer?

Vielleicht flüchten Sie sich in den Gedanken: »So schlimm ist es doch auch wieder nicht«, »Das lohnt nicht, da was gegen zu sagen« oder »Das geht doch jedem so«. Seien Sie lieber ehrlich zu sich selbst – und gestehen Sie sich ein, dass Sie oftmals die Konfrontation scheuen. Dass Sie keine Szene machen wollen. Dass Sie um des lieben Friedens willen klein beigeben. Es kostet ja auch etwas Mut, das nicht zu tun.

Ei, da sind sie ja wieder, diese vertrackten mentalen Grenzen: Das tut man nicht, das kann man doch nicht machen …

Auch wenn es Sie Überwindung kostet: Gewöhnen Sie sich an, Stellung zu beziehen und Grenzen zu setzen. Stinkt es Ihnen, dass Sie im Restaurant einen schlechten Sitzplatz bekommen haben, direkt neben der Toilettentür? Sie sind doch Gast und zahlen für die Leistung. Also, verlangen Sie einen anderen Platz. Wenn Sie keine bekommen, verlassen Sie das Lokal.

Oder wenn Sie im Kaufhaus vom Verkäufer unfreundlich behandelt werden, sprechen Sie ihn darauf an. Sie haben das Recht auf eine respektvolle, freundliche Behandlung. Leider fällt es nicht schwer, Beispiele im Buch wahrer Kundenleidensgeschichten zu finden. Neulich beim Obi …

Im Obi, nahe an meinem Wohnort, wird viel gebaut – Bockmist vor allem. Zumindest in verkäuferischer Hinsicht. Denn was erlebte ich dort ein ums andere Mal?

Ich suche etwas, finde es aber nicht. Also frage ich einen Verkäufer – falls ich den finde. Denn einen Verkäufer im Obi zu finden, ist noch schwieriger als einen bestimmten Artikel. Und mal angenommen, mir gelingt diese Quadratur der Kreissäge, liefert mir der Verkäufer meist eine komplizierte Erklärung und schickt mich durch ein Labyrinth von Gängen, durch die ich irrend wandle wie weiland Odysseus durch die Ägäis, ohne das Gesuchte in den Einkaufswagen legen zu können.

So ging es mir eine Weile – bis ich das geändert habe: »Danke für Ihre Auskunft«, kontere ich nun diese Abwimmelversuche. »Ich nehme an, dass Sie sich hier wesentlich besser auskennen als ich. Es wäre nett, wenn Sie mich kurz begleiten; dann geht es für mich schneller.« Sollte sich ob meines Vorschlags die Euphorie auf Verkäuferseite in Grenzen halten, treibe ich es gern auf die Spitze und lasse mir spontan noch ein paar weitere Artikel einfallen, zu denen mich der Verkäufer begleiten darf, ohne dass ich vorhabe diese zu kaufen.

Damit Sie mich nicht falsch verstehen …

Ich möchte Sie nicht dazu ermuntern,
ein Querulant zu werden.

Setzen Sie vielmehr dort Grenzen, wo Sie sich schlecht behandelt fühlen. Ihr Bauchgrummeln liefert einen guten Indikator, ob Sie etwas unternehmen sollten oder nicht.

Für die andere Richtung gilt selbstverständlich dasselbe: Sie werden mit guten Leistungen verwöhnt? Nehmen Sie solch vorbildlichen Service nicht als Selbstverständlichkeit hin. Bedanken Sie sich und loben Ihr Gegenüber. Damit bereiten Sie diesem Menschen eine Freude und sich selbst ebenso. Loben macht einfach Spaß. Und macht die Welt ein Stückchen besser. Erfreulicherweise gibt es dazu viele Gelegenheiten.

Aber zurück zu den Grenzen. Sie helfen nicht nur sich selbst, wenn Sie Grenzen setzen, sondern auch demjenigen, dem Sie zeigen, wo der Hammer hängt. Sie geben diesem Menschen wertvolles Feedback. Sie schenken ihm die Möglichkeit, sein Verhalten zu überdenken und zu korrigieren. Und Sie selbst werden sich besser und selbstbewusster fühlen; schließlich haben Sie sich nicht alles gefallen lassen, sondern sich geschützt. Auch die bessere Behandlung, die Ihnen nach Ihrer Intervention zuteilwird, stärkt Ihr Selbstbewusstsein.

Allerdings – ein Zuckerschlecken ist das gerade zu Beginn ganz gewiss nicht. Stellung zu beziehen ist schwierig. Intervenieren nicht minder. Übung macht aber auch hier den Meister. Sie werden sehen: Mit jedem Mal, wo Sie Grenzen setzen, wird es immer einfacher. Irgendwann wird es ganz selbstverständlich für Sie wie das morgendliche Zähneputzen.

Und wenn Ihnen das Grenzen Setzen von Mal zu Mal immer besser gelingt, wird es Ihnen auch leichter fallen, Grenzen zu überwinden.

Grenzen überwinden heißt »sowohl als auch« statt »entweder – oder«; Vielfalt statt Einfalt. Und Vielfalt ist immer positiv.

Einfältig wollte ich mein Leben niemals verbringen. Ich fand es immer schon aufregender, mehrspurig zu fahren und die Vielfalt zu genießen. Gewissermaßen »Crossover« unterwegs zu sein, also wie im gleichnamigen Musikstil Grenzen zu überwinden und vermeintlich Unvereinbares zu vereinbaren. Das habe ich mir schon von Kindesbeinen an geschworen.

Musik wird gerne in so genannte Genres, also in Musikrichtungen, eingeteilt. Besonders hartnäckig achten Kulturbeflissene bei der Unterteilung von »ernster« (klassischer Musik) und »unterhaltender« Musik auf diese Grenzziehung. Beide Lager sind nahezu verfeindet.

Wie unsinnig das ist, hat mir ein selbst erlebtes Ereignis deutlich vor Augen und Ohren geführt.

Ich habe viele Jahre für einen Kunden klassische Konzerte organisiert, zu denen mein Kunde Mitglieder des Europäischen Parlamentes einlud. Mein Auftraggeber war ein bedeutender Verband aus der Kreditwirtschaft; vielleicht war es dieser Tatsache geschuldet, dass er bei seinen Gästen stillschweigend ein überdurchschnittlich ausgeprägtes, anspruchsvolles kulturelles Niveau vorausgesetzt hat.

Um in den Genuss dieses Konzerts zu kommen, mussten die Europaparlamentarier gar nicht weit reisen: Die Klassik-Veranstaltung fand stets im »Concert noble« in Brüssel statt, einem besonders feinen Ort, an dem sogar die Fliegen Fliege tragen. Für mich bestand die Herausforderung darin, jedes Jahr einen renommierten klassischen deutschen Künstler oder ein entsprechendes Ensemble zu finden, der oder das zu diesem hochwohlgeborenen Ambiente passte. Bekannt mussten die Künstler sein, dazu auf hohem künstlerischen Niveau wandeln und – ganz, ganz wichtig – ausschließlich Stücke aus dem Bereich der »E-Musik« zur Aufführung bringen.

Puh, gar nicht so einfach, etwas Passendes zu finden. Diese Aufgabe wurde von Jahr zu Jahr schwieriger. Einmal schlug ich das Ensemble *German Brass* vor. In dieser Musikformation haben sich zehn professionelle Bläser der Spitzenklasse zusammengefunden, allesamt die Besten ihres jeweiligen Fachs. So spielten die meisten von ihnen bei den renommierten Berliner Philharmonikern: ein Qualitätsbeweis erster Güte, der für sich spricht und die Verpflichtung zur bloßen Formsache machen würde – dachte ich.

Die Entscheiderin tickte nämlich anders. Diese kulturbewanderte Dame hatte auf diesen Klangkörper ein besonders kritisches Auge geworfen – und ihr war dabei in selbiges gesprungen, dass die Musiker sich einer unverzeihlichen Todsünde schuldig gemacht hatten. Stellen Sie sich vor: Setzen sie die Mundstücke ihrer Instrumente doch nicht nur an die Lippen, um ernsthafte klassische Stücke zu spielen, so wie es sich gehört. Nein, diese Barbaren erdreisteten sich, gleichberechtigt so genannte U-Musik zu schmettern. Heiliger Sankt Karajan – diese Musikferkel suhlten sich doch tatsächlich genüsslich im Pfuhl von Evergreens, Dixieland-Jazz und Pop-Songs. Und dass sie E- und U-Musik sogar frech mischten, oh Gott, das war ja wohl unterste Kultur-Schublade. Pfui, eine Schande für Deutschland, und das nach Noten. Angesichts dieser Freveltat, so meine Gesprächspartnerin, musste sich jeder Klassik-»Experte« ja wohl entrüsten.

Diese unerbittliche Eiserne Lady im Kampf für kulturelle Reinheit zu überzeugen, dieses todsündenbefleckte Ensemble doch noch zu verpflichten, machte mir ungefähr so viel Spaß wie eine Untersuchung beim Urologen. Witterte diese Dame ja die ständige Gefahr, dass das erlesene Publikum die Veranstaltung als kulturell minderwertig empfinden könnte.

Mit Engelszungen konnte ich sie schließlich dazu bewegen, diese obskuren Musiker zu engagieren. Dazu musste ich aber zusichern, dass German Brass auf gar keinen Fall und überdies nie und nimmer an diesem Konzertabend ein Stück aus dem Bereich der U-Musik zum Vortrage bringen würde. Unter gar keinen Umständen dürfe auch nur ein Tönchen aus Niederungen, die nicht zu 100 Prozent dem klassischen Bereich zuzuordnen sind, die erlauchten Gehörgänge beleidigen. Ich versprach es und vergatterte das Ensemble entsprechend. Und Sie dürfen mir glauben: Dabei wählte ich so eindeutige, hartnäckige und scharfe Worte, wie sie ansonsten nur ein Unteroffizier an seine Rekruten richten würde.

Wie ich mich auf diesen Abend freute! Diese Vorfreude war sogar berechtigt: Die Politiker, ebenso die Finanzexperten, erlebten bei German Brass Klassik auf höchstem Niveau. Alles war so wunderbar wie in den Jahren zuvor, also vom Allerfeinsten. Ich ließ meinen Blick erleichtert über das Auditorium streifen und blickte in Gesichter voll intellektuellem Ernst. Stocksteif, als habe man ihre Mienen vor Konzertbeginn mit Viagra gepudert, »genossen« die vornehmen Damen und Herren die klassische Musik.

Aber was war das? Mon Dieu – ausgerechnet beim letzten Stück setzte die kulturpolitische Kernschmelze ein …

Diese unverschämten Bläser bliesen mir nämlich was auf unserer Absprache – und internierten keck ein schmissiges Dixielandstück namens »American Patrol«. Um Gottes Willen … Die-Xie-Läääänd! Dieser schändliche Musik-Tsunami würde Folgen haben.

Und tatsächlich – kaum waren die ersten Takte dieses musikalischen Affronts erklungen, warf mir die Iron Lady, gerade in Schockstarre verfallend, mit ihren brechenden Augen einen vernichtenden Blick zu. Ihre Pupillen fixierten mich mit dem rasiermesserkalten Groll eines zu allem entschlossenen Mafia-Meuchlers. Vergeblich versuchte ich, schutzsuchend zwischen den Polsterfasern meines Sitzkissens zu versinken.

Doch was war das? Träumte ich etwa?

Denn das Publikum verließ nämlich keineswegs empört den Saal. Nicht mal ein missbilligender Pfiff gellte durch den Raum. Ganz im Gegenteil: Die Gäste wurden lockerer, wippten mit den Füßen, einige sprangen nach und nach von ihren Stühlen auf und swingten begeistert im Takt der munteren Musik mit. Das Strahlen in diesen endlich vom verordneten Kulturballast erlösten Gesichtern hätte gereicht, den gesamten Saal zu erhellen – ganz ohne Deckenbeleuchtung.

Was soll ich sagen? Nie zuvor und nie mehr danach habe ich den obersten Funktionsträger meines Kunden, den Präsidenten höchstpersönlich, derart begeistert und gut gelaunt erlebt, wie in diesem Augenblick. Während die Kulturkampf-Streiterin die Welt nicht mehr verstand, nötigte das übrige Publikum German Brass zu einer Zugabe nach der anderen. Und zwar – halten Sie sich fest – ausschließlich aus dem Bereich der ach so grausigen U-Musik. So schön klang ein wirklich großartiger Abend aus, fröhlich und furios.

Was lehrt uns diese Episode? Dass natürlich Unterschiede zwischen U- und E-Musik bestehen, keine Frage. Beides hat seinen Reiz und seine Existenzberechtigung. Aber die strikte Grenzziehung macht keinen Sinn, ja kann sogar schaden, weil Sie Freude verhindert.

Wieder einmal haben die Vielfalt und die Grenzverletzung die Einfalt geschlagen. Und das ist gut so.

Was brauchen Sie, wenn Sie Grenzen überwinden wollen? Oder besser: Was brauchen Sie nicht? Nun, Sie sollten sich ab und an von einem Ratgeber trennen, der in unseren Breiten im Rang einer schier sakrosankten Unangreifbarkeit steht: dem Verstand. Schalten Sie ihn ab.

Zugegeben, der Verstand ist ein wichtiges Werkzeug, um rationale Denkaufgaben zu lösen. Aber er betätigt sich nebenbei auch als Bremser, Einwanderheber und Bedenkenträger. Er sagt Ihnen: »Das schaffst du nicht, das ist nichts für dich, denk mal an die Nachteile, Schuster, bleib bei deinen

Leisten.« Kommt Ihnen das bekannt vor? Dann verbieten Sie diesem Einflüsterer den Mund, und folgen Sie Ihrem Gefühl, Ihrer Intuition.

Die Bedeutung des Verstands wird in den Industrieländern oft überbewertet. Wie beklagte schon Einstein: »Der intuitive Geist ist ein heiliges Geschenk und der rationale Geist ein treuer Diener. Wir haben eine Gesellschaft erschaffen, die den Diener ehrt und das Geschenk vergessen hat.«

So, und jetzt sind Sie dran! Überwinden Sie ganz bewusst mal ein paar (unsinnige) Grenzen. Sie können gern mit Kleinigkeiten beginnen und sich dann immer mehr steigern. Warum das Ganze? Ganz einfach: Wenn es Ihnen bei Kleinigkeiten gelingt, Grenzen zu überwinden, schaffen Sie das genauso bei großen Projekten. Und dann können Sie auch Verrücktes tun und der Gewöhnlichkeitsfalle entrinnen.

Beginnen Sie zum Beispiel damit, im Aufzug, wo wir meist betreten nebeneinanderstehen, einfach mal ein Lied zu singen. Fällt Ihnen das schwer? Warum eigentlich? Was kann passieren? Alle fühlen sich wohler und ich erlebte es sogar, dass einige der anderen Fahrgäste nach einer kurzen Zeit der Irritation fröhlich einstimmten.

Oder fahren Sie mit dem Auto über eine durchgezogene Linie. Dabei passiert nichts und es tut auch nicht weh. Ich bin mal eine Weile, wenn ein Polizeifahrzeug hinter mir fuhr, in Schlangenlinien gefahren. Stets wurde ich angehalten, meist musste ich in den Alkoholtester blasen. Aber sonst ist nichts passiert. Ich durfte die Mundstücke des Alkoholtesters sogar mitnehmen und hatte irgendwann so viele, dass ich mir eine Kette daraus basteln konnte, was ich auch getan habe. So habe ich ein schönes Erinnerungsstück an diese Aktion.

Oder laufen Sie über den Rasen, wenn dort ein »Betreten verboten«-Schild steht, besonders, wenn derjenige, der für die Einhaltung des Verbotes verantwortlich ist, zusieht.

Ja das sind alles Kleinigkeiten. Aber oft sind es schon die Kleinigkeiten, bei denen es uns schwerfällt, Grenzen zu überwinden, ja ein klein wenig mutig zu sein.

Ein Beispiel, bei dem das »Crossover im Kleinen« keine Übung war, sondern zu einem guten Stück mehr schönes Leben führte, erlebte ich bei meiner Zahnärztin.

Ich ging also dort hin, um mir mein »Esszimmer« renovieren zu lassen. Es war mein erster Besuch in ihrer Praxis – und als ich dieser Dame erstmals vis-à-vis gegenübersaß, hätte ich ob ihres Anblicks und ihrer Ausstrahlung sogar einer Wurzelextraktion ohne jede Betäubung liebend gern zugestimmt. Ohne zu zögern. Die Frau war einfach hinreißend.

Für nicht wenige Angehörige meines Geschlechts ist nicht nur das Traktiertwerden mit Spritze und Bohrer eine schmerzhafte Grenzerfahrung. Nein, auch wenn wir Männer gerne den coolen Draufgänger geben – einfach so einen »steilen Zahn« ansprechen und zum Essen einladen? Für viele ist allein schon diese Alltags-Grenze ein paar Lagen zu hoch gemauert. Den Mund würden sie nur aufmachen, um dem Bohrer den Weg freizumachen – aber ansonsten gehemmt und verschüchtert die Klappe halten.

Ich dachte mir, hier kannst du mehr gewinnen als verlieren, und ritt sofort und entschlossen zur Attacke. »Würden Sie mit mir essen gehen?«, fragte ich rundheraus. »Nein«, antwortete sie spontan. »Von Patienten nehme ich grundsätzlich solche Einladungen nicht an.«

Ich akzeptierte diese Grenze einfach nicht. Respektiert habe ich diese Antwort natürlich schon. Fürs Erste. Denn wie das bei Zahnärzten meistens so ist: Mit nur einer Sitzung war es nicht getan. Im Gegensatz zur Zahnärztin bohrte ich nicht weiter nach, sondern tat so, als hätte ich diese Abfuhr hingenommen. Erst, als der letzte Termin gelaufen war, wiederholte ich meine Einladung. Und schaute in ein erstauntes Gesicht: »Ich habe Ihnen doch schon gesagt, dass ich mit Patienten nicht ausgehe.« Und meine Antwort darauf? »Das stimmt. Aber jetzt, wo die Behandlung abgeschlossen ist, bin ich ja kein Patient mehr. Also, würden Sie jetzt mit mir essen gehen?« Und kapitulierend lächelnd nahm sie meine Einladung an und es wurde ein wunderschöner Abend. Und nicht nur einer.

Wie gesagt, wenn es Ihnen zunächst gelingt, kleine, recht unbedeutende Grenzen regelmäßig zu überwinden, gelingt Ihnen das nach und nach auch bei großen Grenzen, so wie Sue Austin.

Sue Austin ist seit 1996 an den Rollstuhl gebunden. Gleichzeitig liebt sie das Tauchen. Irgendwann fiel ihr auf, dass die Bindung an einen Rollstuhl bei der Fortbewegung nicht nur Nachteile hat, sondern für Menschen mit Behinderung den Blickwinkel, ja das Terrain erweitert. Genauso wie beim Tauchen. Nur dass das Tauchen als etwas Abenteuerliches angesehen wird, während Menschen im Rollstuhl bemitleidet werden. Sie entschied sich, beides zu kombinieren, den Rollstuhl und das Tauchen.

Dazu war es nötig, einen Unterwasserrollstuhl zu entwickeln. Die Ingenieure wurden nicht müde, ihr zu versichern, dass es nicht möglich sei, einen Unterwasserrollstuhl zu bauen. Akzeptierte Sue Austin diese Grenze, die von Experten permanent wiederholt wurde? Nein. Sie hielt an ihrem Ziel fest und machte weiter. Suchte nach neuen, fantasievolleren Experten. Als sie die gefunden hatte, entwickelte sie gemeinsam mit denen, probierte aus und veränderte. Dabei brach sie Regeln und veränderte Grenzen. Zunächst Grenzen im Kopf, dann konstruktionsbedingte.

Das Ergebnis: Sie entwickelte den ersten Unterwasserrollstuhl mit Düsenantrieb – und Sue Austin taucht. Und nicht nur das: Sie macht Loopings und Spiralen und ist mit ihrem Unterwasserrollstuhl beweglicher als nicht gehandicapte Taucher.

Apropos Experten! Lassen Sie sich von Expertenmeinungen nicht einschüchtern. Der wunderbare Sir Peter Ustinov erzählte mir mal die folgende Anekdote: »Das Letzte, was man hört, bevor die Welt explodiert, ist ein Experte, der sagt: ›Das ist technisch unmöglich‹.« So viel dazu.

Manchmal betrachten wir auch unser Alter als Grenze, die uns ausbremst. Wir haben eine klare Vorstellung davon, was zu welchem Alter passt und was nicht. Diese Einstellung engt uns ein; sie verhindert intensives Leben. Wer hat eigentlich anhand welcher Kriterien festgelegt, dass man ab einem gewissen Alter zu betagt für gewisse Dinge zu sein hat? Lösen Sie sich von solchen absurden Vorstellungen.

So wie Opa Seifert aus Recklinghausen.

Ich erinnere mich noch gut an meine Zeit als Vermögensberater bei der Kreissparkasse Recklinghausen. Dort gab es einen alten Kunden, der war weit über 70 Jahre alt. Wir nannten ihn Opa Seifert. Opa Seifert war nicht nur wegen seines üppigen Depots bekannt, sondern besonders deshalb, weil er regelmäßig in einem Café abhing, in dem sonst nur 20-Jährige waren. Ich ging mal hin, um zu sehen, wie Opa Seifert dort ankam. Bestimmt wird er verhöhnt – dachte ich. Die Wahrheit war, dass die Jugendlichen sich um ihn scharten und sich darum rissen, mit ihm zu reden, um von seinen Ansichten und seiner Lebenserfahrung zu profitieren. Sie waren beeindruckt von seiner weltoffenen Art und seinem Wissen. Oft saßen die hübschesten Frauen an seinem Tisch und himmelten ihn an, während ich allein an meinem Tisch versauerte.

Sie können mit 70 in die Zeltstadt fahren, die jedes Jahr um das Pfingst-Jazz-Festival in Moers aufgebaut wird, und die ganze Nacht mit den Jugendlichen kiffen und trommeln. Sie können dort auch nur trommeln. Aber machen Sie es.

Warum soll sich ein Rentner nicht ins Heavy-Metal-Mekka Wacken aufmachen, um dort inmitten der Menge den Headbanger zu geben? Schließlich sind auch AC/DC, Ozzy Osbourne, Deep Purple und viele andere langmähnige Rock'n'Roll-Recken selbst nicht mehr ganz fangfrisch.

Oder sieh sich einer diesen Gotthilf Fischer an! Er, dem als Gründer und Leiter der »Fischer-Chöre« jahrzehntelang der Ruf des unverbesserlichen Volksmusikanten anhaftete, sprang als 72-Jähriger über seinen Schatten: Im Jahr 2000 trat er auf dem Berliner Techno-Spektakel »Loveparade« auf.

Apropos 72 Jahre: Das ist der Altersdurchschnitt der »Rollators«, einer echten Rockband aus Hessen, die nur aus Rentnern besteht. Mit Spaß an der Sache und herrlich selbstironischen Texten beweisen die betagten Neu-Rocker der staunenden Musikwelt, dass man dem Mythos von der zwangsweisen »Altersruhe« ruhig mal eine lange Nase drehen kann.

Sie können in jedem Alter ein künstlerisches Fach studieren ganz so zum Spaß, ein Instrument lernen und vieles mehr. Pfeifen Sie auf gesellschaftliche Konventionen. Hinterfragen und brechen Sie Regeln. Akzeptieren Sie keine Grenzen im Kopf und überwinden auch real vorhanden Grenzen. Es ist weitaus mehr möglich, als Sie glauben.

Es sitzt so viel drin im Leben, wenn Sie nicht Regeln und Anordnungen, sondern Ihrem Herzen folgen.

http://www.martinklapheck.de/lebedeinenbeat-kapitel7

KAPITEL 8
Große Oper in der Tasche: Träume in den Alltag integrieren

Krise ... Krise ... Krise ...

Kriegen Sie auch die Krise, wenn Sie an all die vielen Krisen denken, die von Medien und Mitmenschen tagtäglich in die Welt gesetzt werden?

Lassen Sie mich Ihnen einen Weg zeigen, wie Sie völlig ohne Krisen, sprich: Negativ-Abenteuer Ihr Leben spannender und aufregender gestalten können. Ohne mit dem Bad gleich das Kind mit auszuschütten. Wie Sie häufig ein vor Schwung strotzendes Abenteurerleben führen, ohne auf die Vorzüge einer gesicherten bürgerlichen Existenz pfeifen zu müssen. Das geht wirklich.

Aber zurück zum Modewort schlechthin – der Krise. Keine Angst, ich wärme hier nicht wieder das Thema »Schlechte Nachrichten und warum Sie sie möglichst oft meiden sollten« auf. Das hatten wir ja schon. Ich werde in diesem Kapitel nur zweimal ein Wort in den Mund nehmen, das seit Mitte der 1970er-Jahre einen geradezu rasanten, aber aus meiner Sicht unverdienten Aufstieg hingelegt hat.

Sie alle kennen dieses Wort. Ein schlimmes Wort. Ganz schlimm. Es geht um die »Midlife Crisis«.

Wussten Sie, dass es vor 1974 diese Lebensmitten-Krise

offiziell überhaupt nicht gab? Dieses Unwort wurde nämlich erst in diesem Jahr in die Sprachwelt gesetzt, und zwar von der US-Autorin Gail Sheehy. In ihrem Werk »In der Mitte des Lebens« beschreibt sie die Symptome von Schein-Beschwerden, die durch die Bank jeden Mann so um die 40 bis 50 heimsuchen sollen.

Zugegeben, all diese Symptome wie Unsicherheit, Unzufriedenheit mit dem bisher Erreichten, Grübeleien mag es ja geben. Aber inzwischen werden Sie meine grundsätzliche Einstellung kennengelernt haben und wissen, was mich an diesem Begriff stört: die »Crisis«, die Krise, die Gefahr, die Schwarzmalerei, das Negative.

Warum wird das Hinterfragen des alten Trotts gleich als Krise abgewertet? Das Hinterfragen ist der erste Schritt, Missstände zu erkennen und dann etwas zu verändern. Von daher ist das Hinterfragen dringend erforderlich und bringt Ihnen jede Menge Nutzen. Das Einzige, was ich kritisch, also krisenhaft an der Midlifecrisis finde, ist, dass dieses Hinterfragen des alten Trotts viel früher stattfinden sollte und nicht erst zwischen 40 und 50.

Daher gefällt mir ein anderes Wort weitaus besser: Midlife Chance.

Im Prinzip bezieht sich Midlife Chance auf dieselbe Beobachtung: Irgendwann, meist so zwischen 40 und 50, packt sie den Menschen am Schlafittchen – die ultimative Sinnfrage. Ausgedrückt durch Worte wie: »Soll's das jetzt gewesen sein? War das jetzt schon alles in meinem Leben? Ist da nicht mehr drin? Bin ich jetzt also tatsächlich so alt, wie ich mich als Jugendlicher niemals fühlen wollte? Bleibt mir nur noch das Warten auf den Sensenmann?«

Von der Erkenntnis der eigenen Endlichkeit und Unzulänglichkeit überwältigt, will man das Ruder noch einmal herumreißen. Kurz geklagt: Man(n) ist völlig von der Rolle. Jener Rolle, die einzunehmen ihm gesellschaftliche Klischees und Konventionen unbedingt vorschreiben wollen.

Um mal mit einem gängigen Klischee aufzuräumen: Nicht nur Männer, sondern Frauen legen dieses Verhalten ebenso an den Tag.

Auch Frauen juckt es in den Fingern, dem Steuerruder ihres Lebens einen ganz radikalen Schwung zu versetzen. Auszubrechen. Ihrer biologischen Natur zu folgen.

Bei Frauen kann das sogar hyper-extreme Ausmaße annehmen. Für die meisten Menschen sicherlich zu extrem. Ich rede von der »Opt out«-Revolution[10], einem Phänomen, das in den Geschäftsetagen vieler mehr oder minder großer Unternehmen heutzutage ebenso gefürchtet wird wie das Gespenst des Kommunistischen Manifests vor 150 Jahren. Geht es den Big Bossen doch auch dieses Mal radikal ans Kapital – ans Humankapital, um genau zu sein. Opt out heißt, die Karriere radikal zu beenden.

Denn für dieses Opt out entscheiden sich immer häufiger erfolgreiche Karrierefrauen, die bis dahin den radikalen Gegenentwurf zur Hausfrau verkörpert haben. Diese perfekten Blaupausen aller Fundamental-Feministinnen haben es geschafft – sollte man meinen: Es ist die karrierefördernde Top-Berufsausbildung und die Top-Bezahlung, die diese begehrten weiblichen Fach- und Führungskräfte verbindet; weibliche Koryphäen, um die sich die Headhunter rudelweise reißen und die entweder schon ziemlich weit oben an der unternehmerischen Nahrungskette weiden oder ziemlich kurz davor sind.

Und was dann? Dann schmeißen manche dieser Frauen doch tatsächlich alles hin. Unglaublich! Sie praktizieren Hals über Kopf den Opt out und erfüllen dabei alle Facetten dieses unscheinbaren Begriffs. Umfasst »Opt out« doch Bedeutungen wie aussteigen, ablehnen, abspringen, kündigen, sich anders entscheiden …

Warum?

Diesen beruflich so erfolgreichen Frauen wird schlagartig mit kaltem Grausen klar, dass die einseitige Konzentration auf ihre Karriere weniger Erfüllung gebracht hat, als sie angenommen haben. Dass sie auch dafür einen Preis gezahlt haben.

Mit einem Mal entdecken diese weiblichen Berufs-Draufgänger, dass ihnen trotz oder gerade wegen der Turbokarriere etwas fehlt. Auch sie stellen sich die Frage: »Soll es das jetzt gewesen sein?« und stellen fest, dass ihnen etwas fehlt – und zwar die eigene Familie.

Bemerkenswert finde ich die Konsequenz, mit der diese Frauen, die »alles hatten«, diese Kehrtwende durchziehen. In Sachen Konsequenz haben viele Frauen den Männern etwas voraus. Wenn Männer von der Midlife Chance beglückt werden, schlagen sie diese Gelegenheit zum Neubeginn oft aus. Sie rütteln höchstens mal kurz an den Gitterstäben, die sie seit Jahrzehnten eingeschlossen halten – aber das war's dann schon. Männer wollen nämlich ungern auf jene liebgewonnenen materiellen und ideellen Statussymbole verzichten, durch die sie sich und ihr Selbstwertgefühl leider viel zu oft definieren.

Die andere Hälfte der Menschheit ist da anders gestrickt: Die Opt-out-Revolution beweist, dass Frauen sich nicht mit dem Rütteln begnügen. Frauen brechen oft komplett aus. Wenn sie so etwas schon machen, dann machen sie es radikal.

Ob Sie Leser oder Leserin sind, es macht Sinn, den täglichen Trott zu hinterfragen und zu durchbrechen. Und meine eigene Erfahrung, wie viel dann drin sitzt im Leben, war ja auch mein Motiv, dieses Buch zu schreiben.

Der Weg, den ich in meinem Buch beschreibe, ist für viele Menschen umsetzbarer und damit kompatibler mit ihren bisherigen Lebensentwürfen, als die Wege, die in sehr radikalen Motivationsbüchern empfohlen werden. Diese haben oft folgende Grundstory:

Menschen halten es in ihrer bürgerlichen, von Käfigstäben aus Konventionen, Erwartungen und Vorgaben umzingelten Welt nicht mehr aus. Irgendwann wird es unerträglich – sie brechen mit ihrer alten Welt, schmeißen alles hin und steigen aus.

Aus der Lektüre solcher Bücher habe ich noch die Geschichte eines ehemaligen Versicherungsmaklers vor Augen, der eines Tages seinem richtig gut bezahlten Arbeitsplatz ebenso Adieu gesagt hat wie seiner Familie. Danach drängte es ihn zur Überquerung der Hochgebirgskämme in die Alpen.

Ein anderes Beispiel ist die Geschichte eines Bauunternehmers, der alles, was ihm bis dahin etwas zu bedeuten schien, hinter sich ließ, um mit einem selbstgebauten Katamaran über die europäischen Meere zu schippern. Und das alles ohne einen Cent in der Tasche.

Zweifellos, diese und andere Radikalaussteiger-Storys verfehlen bei Ihnen und mir keinesfalls ihre Wirkung. Wahrscheinlich werden auch Sie solche Menschen bestaunen, bewundern und vielleicht beneiden.

Aber eines werden Sie wahrscheinlich nicht – diese Menschen beerben. Sprich:

Nicht für jeden ist so eine radikale Änderung des Lebenskurses die richtige Wahl.

Ich will bewusst einen Kontrapunkt zu den Radikalempfehlungen manch anderer Autoren setzen …

So durch die Bank gleich alles aufgeben, was das eigene Leben definiert … Obendrein noch die Familie oder den Liebespartner allein oder sogar im Stich lassen: Es ist nur allzu verständlich, dass die meisten Menschen Angst vor einem solchen Schritt haben. So ein Schritt gaukelt vor, dass es nur ein Entweder-Oder gibt. So wie es einst auch Julius Caesar tat.

Als der römische Feldherr und spätere Diktator mit seiner Armee in Großbritannien einfiel, versammelte er seine Legionäre um sich. Während seiner Ansprache bemerkten ein paar seiner Soldaten voller Entsetzen, dass die Schiffe, mit denen sie kurz zuvor auf den britischen Inseln gelandet waren, lichterloh in Flammen standen. Der Eroberer klärte seine aufgeregten Männer auf: Er selbst sei es gewesen, der die Landungsboote habe anzünden lassen. Durch die Vernichtung jedweder Rückzugsmöglichkeit wolle er die Entschlossenheit seiner Truppen befeuern: Entweder würden sie es schaffen, dieses fremde Territorium zu erobern – oder sie würden diesen Feldzug nicht überleben. Entweder-Oder-Radikalität in Reinkultur.

Diese Cäsaren-Pistole auf der Brust gemeiner Truppenangehöriger gehört zum Standardrepertoire vieler selbst ernannter Motivationstrainer. Ich selbst halte die Story für reichlich kontraproduktiv, wenn es darum geht, »normale« Menschen zu inspirieren, mehr aus ihrem Leben zu machen. Dieses »Alles oder nichts«-Prinzip mag einem römischen Kaiser und Weltgeschichten-Lenker anstehen; für viele Menschen hingegen hat das zu viele Nachteile. Und ich zeige Ihnen, dass es gar nicht nötig ist, auf der Suche nach mehr Lebensqualität und dem prallen Leben sämtliche Brücken hinter sich abzubrechen. Warum auch?

Heißt das, dass Sie alles so lassen sollen, wie es ist? Natürlich nicht, denn es gibt eine goldene Mitte. Sie müssen sich weder vom Ungeheuer Skylla namens »Gefangenschaft in einem fremdbestimmten Dasein« noch von Charybdis, als »totaler Neuanfang und dem Abbrechen aller Brücken« verschlingen lassen.

Es ist ja doch nicht alles schlecht in Ihrem jetzigen Leben, oder?

Ja, zugegeben, wenn Sie zu denen gehören, die ein gutbürgerliches Leben führen, lassen die Gedanken daran vielleicht nicht unbedingt Ihr Herz im Leibe hüpfen. Aber bei Licht betrachtet, können Sie sicherlich einige Dinge aufzählen, die Sie liebgewonnen haben: Wollen Sie wirklich aus lauter Abenteuerlust und Freiheitsdrang Ihre gesamte Familie aufgeben? Sie würden wahrscheinlich zudem Ihre Freunde vermissen, Ihren Wohnort, ja, vielleicht sogar Ihren Arbeitsplatz – aller Verwünschungen zum Trotz, die Sie ihm hie und da entgegenschleudern. Das alles hinschmeißen? Für ein Abenteuer mit ungewissem Ausgang? Ein Abenteuer, das Ihnen noch nicht mal die Gewähr bieten kann, reumütig in Ihr altes Leben zurückzukehren, wenn das neue Leben vielleicht doch nicht der Hit war, den Sie sich erhofft haben?

Die goldene Mitte finden Sie zwischen tagtäglichem Einerlei auf der einen Seite und häufigem Abenteuer auf der anderen: Das ist das, was sich die meisten Menschen wünschen. Sie auch? Dann habe ich jetzt eine gute Nachricht für Sie …

Es gibt ein Leben, in dem Sie zwischen diesen beiden Extremen sanft hin und her schwingen können.

Damit ich als Musiker im Timing eines Musikstückes bleibe, also im richtigen Tempo spiele, kann ich als Hilfsmittel ein Metronom benutzen. Sie haben vielleicht schon ein konventionelles Metronom gesehen: Die älteren Modelle erinnern an eine lang nach oben gestreckte Pyramide. Etwa auf

Höhe des unteren Drittels ragt aus einer Seite dieser Pyramide ein dünner Metallstab lotrecht heraus. Diese Mechanik ähnelt dem Pendel einer alten Regulator-Standuhr, mit dem Unterschied, dass dieses Pendel beim Ausschlag seitlich über das Pyramidengehäuse hinausragt. Auf diese Weise schwingt der Stab gleichmäßig von links nach rechts. Und zwar in dem Tempo, das Sie voreinstellen, in dem Sie ein Gewicht, das an dem Metallstab angebracht ist, nach oben oder nach unten verschieben. Immer, wenn der Metallstab die linke oder rechte Seite erreicht, gibt es ein Geräusch, ein schönes Klacken, aus dem sich das Timing (das Tempo) ergibt.

Aus eigenem Erleben und vielen Beobachtungen bin ich fest davon überzeugt, dass unser Leben besonders erfüllend ist, wenn es schwingt wie das Pendel eines Metronoms. Also dann, wenn sich die Ereignisse und Dinge des Lebens in ihren Gegensätzen abwechseln: Hunger – Sättigung, Anspannung – Entspannung, Nähe – Distanz, Ruhe – Action, Einsamkeit – Zweisamkeit. Also auch das Schwingen zwischen den Polen »bürgerliches Leben« auf der einen Seite und »Abenteuer« auf der anderen Seite.

Das Schwingen zwischen den Extremen hat viele Vorteile – das heißt nämlich für Sie …

Das, was Sie an Ihrem jetzigen Leben schätzen, können Sie auch weiterhin behalten. Zugleich können Sie Ihre Arbeit weitermachen – meistens zumindest. Dadurch bleiben Sie auf finanziell berechenbarem Terrain und müssen sich nicht mit dem Gedanken quälen, ob Sie als »gescheiterter Abenteurer« eventuell im alten Job wieder neu anfangen können – oder ob Sie vor dem finanziellen Ruin stehen. Ihrer Partnerin oder Ihrem Partner müssen Sie ebenfalls nicht Lebewohl sagen.

Sogar Ihre Kinder brauchen Sie nicht aus dem Leben zu streichen und sich dadurch nicht dem Vorwurf auszusetzen, eine von Vergnügungssucht gestreute Rabenmutter oder ein entsprechend veranlagter Rabenvater zu sein. Und sogar der vertraute Freundeskreis bleibt Ihnen, denn Sie tauschen ja nur Erlebnisarmut gegen jede Menge abwechslungsreicher Alltagsabenteuer. Dass Sie sich viele Ihrer Herzenswünsche erfüllen können, sei nur am Rande erwähnt. Ebenso gilt, dass Sie das Tempo des Schwingens, die Frequenz also, ganz nach Ihrem Bedarf wählen können. Das geht bei einem Metronom ja auch.

Wie beginnen Sie denn nun am besten mit dem harmonischen Pendeln zwischen Träumen und Alltag, zwischen Sicherheit gebender Tagesroutine und der punktuellen Frischzellenkur für Ihr Seelenleben, den aufregenden kreativen Verrücktheiten?

Wie gelangt die große Oper in Ihre Tasche? Den Schalter in Ihrem Kopf umlegen …

Manche Menschen glauben, dass bestimmte Dinge oder Erfolge nur bestimmten Menschen zustünden. Menschen vielleicht, die nicht durch einen bürgerlichen Beruf oder eine Familie gebunden und eingeschränkt sind. Menschen, die mehr Geld verdienen oder solche, die sportlicher und schöner sind.

Alles Bullshit.

Sie kennen sicher Clubs und Diskotheken, an deren Eingang ein massiv gebauter Türsteher regelt, wem Einlass gewährt wird und wem nicht. Wenn Sie in der »Einlasspolitik« trotz guten Willens kein sinniges Prinzip erkennen und schon mal versucht haben, mit diesen Türstehern darüber zu diskutieren, haben Sie vielleicht feststellen können, dass die Intelligenz dieser Zyklopen oft reziprok zur Muskelmasse verläuft.

Als ich mal im Kölner Ivory von einem Türsteher abgewiesen wurde und nach dem Grund fragte, habe ich als Antwort erhalten, dass es an meinen Turnschuhen läge. »Ich muss dir zwar nichts sagen, aber mit Turnschuhen kommt hier keiner rein und jetzt verpiss dich«, erklärte der freundliche Arnold. Nun war ich schon damals recht selbstbewusst, zudem glaubte ich, dass meine stylischen Caterpillar-Schuhe, die fast 200 Euro gekostet hatten, durchaus passend und hipp für einen solchen Club wären, wovon ich den Türsteher zu überzeugen versuchte. Als vor mir jemand mit deutlich hässlicheren Turnschuhen eingelassen wurde, verstieg ich mich an den Türsteher gewandt in die Bemerkung, dass er sich bei seinem Einkommen solche Caterpillar-Turnschuhe leider niemals leisten würde können. Ich gebe zu, das war arrogant, was der Türsteher wohl auch so sah. Denn er belohnte meine Behauptung nicht mit dem begehrten Einlass, sondern mit einem weniger begehrten Faustschlag.

Warum erzähle ich Ihnen das? Es gibt in Ihrem Leben bei vielen Gelegenheiten solche Türsteher. Menschen, die nicht müde werden, Ihnen weiszumachen, dass bestimmte Dinge nichts für Sie sind. Menschen, die Sie nicht reinlassen wollen. Lassen Sie sich das nicht gefallen. Lassen Sie sich weder Unsinn einreden noch aufhalten. Machen Sie sich bewusst: Sie sind der wichtigste lebende Mensch.

Sie haben das Recht auf ein erfülltes Leben voller Schönheit, Freude und Faszination. Ich hoffe, natürlich, dass Sie glimpflicher davonkommen als ich vor der Diskothek.

Für diejenigen von Ihnen, die jetzt denken: »Siehste, Klapheck, hättest du mal lieber deine Klappe gehalten. Außer einem blauen Auge hat dir deine Intervention nichts gebracht«, schildere ich jetzt noch ein anderes Erlebnis. Ein Erlebnis, das zeigt, dass eine solches »Türstehergespräch« Leben verändern kann.

Es war vor der Tiefgarageneinfahrt der damaligen Sparkasse Bonn.

Dort fand zur Weiberfastnacht eine legendäre Party statt. Ich ging mit meiner damaligen Freundin und jetzigen Frau Kirsten dahin. Die wiederum hatte ihre Freundin, die liebe Caro, im Schlepptau. Wie nicht anders zu erwarten, stießen wir wiederum auf einen Türsteher. Anders als erwartet jedoch ließ der uns aber nicht hinein. Unerwartet deshalb, weil ich damals bei der Sparkasse Bonn angestellt war. Wir diskutierten eine Weile herum, erfolglos, und die Meute, die hinter uns wartete, wurde schon ungeduldig. Belehrt durch den für mich ungünstigen Diskussionsverlauf vor dem Kölner Ivory ging ich die Sache diesmal intelligenter an, setzte alles auf eine Karte und sagte: »Guter Mann, ich finde es klasse, dass Sie den Einlass hier verantwortungsvoll regeln – Kompliment, aber wir sind eingeladen von Michael Kranz, dem Vorstandsvorsitzenden der Sparkasse Bonn.« Ersteres stimmte. Letzteres nicht – wir waren nicht eingeladen von Michael Kranz.

Ups, jetzt wurde es spannend. Würde Michael Kranz jetzt geholt, und würde der dem Schwindel ein jähes Ende bereiten? Würde ich am Ende blamiert dastehen? Aber der Türsteher reagierte anders. Er ließ uns sofort rein und sagte: »Entschuldigen Sie, das konnte ich nicht wissen, ich wünsche Ihnen viel Spaß.«

Und jetzt kommt's. Auf dieser Party lernte Caro den Wolf kennen (also nicht in Form eines Wolfkostüms, der heißt wirklich so). Die beiden verliebten sich, sind seit vielen Jahren glücklich verheiratet und Eltern von zwei gemeinsamen Kindern. Hätte ich nicht interveniert, hätte Caro wohl niemals ihren Wolf kennengelernt, und ihr Leben wäre komplett anders verlaufen. Also ich hoffe, Sie sind jetzt überzeugt, dass es sich lohnt, zu kämpfen.

Ihre Ziele für alle Lebensbereiche definieren …

Erschreckend, wie viele Menschen lediglich beim beruflichen oder geschäftlichen Erfolg Ziele haben. Karriereschritte und Einkommenssteigerungen sind zweifellos von Bedeutung. Und auch Unternehmer brauchen Ziele im Bereich Umsatz, Gewinn und Marktanteile. Das alles ist nicht falsch – falsch ist lediglich, diesen Zielen alles andere unterzuordnen.

Denn Ereignisse, die Sie emotional berühren, sind unterm Strich viel entscheidender dafür, wie gelungen Sie Ihr Leben empfinden. Aber leider rücken diese Dinge viel zu oft an das Ende der Prioritätenliste. Wenn überhaupt, werden sie erst dann in Angriff genommen, nachdem die rein rationalen Businessziele erreicht sind. Und genau das ist ein grundlegender Fehler. Ändern Sie das!

Klasse, wenn Sie weiterhin Ziele definieren. Aber wäre es nicht großartig, wenn Sie dabei sämtliche Lebensbereiche einschlössen, die Ihnen wichtig sind? Ich meine zum Beispiel Ziele für Ihre Beziehungen. Das allein umfasst schon ziemlich viel – die Liebe ebenso wie die platonischen und sozialen Kontakte oder auch Ihre Freundschaften (wobei ich die echten Freundschaften meine, nicht diese Facebook-One-Click-Stands).

Genau zu bestimmen, wo Sie in einem gewissen Zeitrahmen künstlerisch und spirituell stehen wollen, ist ebenso wichtig.

Abenteuer und Reisen, Zeiten der Entspannung, Sport und Fitness – auch das ist mindestens ebenso bedeutend wie ein Businessziel und sollte deshalb mit derselben Sorgfalt geplant werden. Vergessen Sie auch Ihre unerfüllten Wünsche nicht und alles andere, was Ihnen sonst noch wichtig ist. Und bitte halten Sie das schriftlich fest. Anderenfalls garantiere ich Ihnen, dass Ihre noch so guten Vorsätze rasch versanden. Auch lässt sich eine schriftliche Aufzeichnung wesentlich leichter regelmäßig kontrollieren. Machen Sie sich mehrmals im Jahr bewusst, wo Sie gerade stehen und welche Kurskorrekturen notwendig sind – und nicht nur am Jahresanfang.

»Wie soll das gehen?«, werden Sie mir jetzt vielleicht entgegnen. »Für andere Ziele als meine beruflichen oder familiären (oder was auch immer) habe ich doch gar keine Zeit.« Oh doch, Sie haben diese Zeit. Zeit ist zwar das absolut kostbarste Gut auf der gesamten Welt, zugleich aber herrscht im gesamten Universum ein geradezu perfekter Ur-Kommunismus, wenn es um die Zeit geht. Denn wirklich jeder Mensch, egal, ob Multimillionär oder armer Schlucker, hat pro Tag exakt dieselbe Menge davon zur Verfügung: 24 Stunden. Die Kunst ist eben, dieses fixe Kontingent gut und klug zu nutzen. Denn jede Minute, die verronnen ist, ist unwiederbringlich verloren.

Schnallen Sie sich doch mal im Geiste einen Rucksack auf den Rücken. Und nun packen Sie all die vielen ungeliebten, ja vielleicht sogar verhassten Dinge hinein: all Ihre Verpflichtungen, die Ihnen zum Halse heraushängen. Unliebsame Termine. Begegnungen mit Menschen, wobei Ihnen die Begegnungen ebenso unlieb sind wie die Menschen. Pöstchen und Funktionen. Und ganz oben packen wir noch die Dinge drauf, zu denen Sie wetterwendisch ja gesagt haben, während Sie viel lieber abgelehnt hätten. Und bei denen Sie deshalb nicht mit dem Herzen dabei sind.

Schon während des Packens werden Sie gemerkt haben, dass die Last auf Ihrem Rücken schwerer und schwerer geworden ist.

Und dann packen Sie noch stundenlanges Fernsehen in den Rucksack und das Pflegen von Facebook-Freundschaften oder sinnloses Surfen im Internet.

Und je mehr Sie draufpacken, desto schlimmer wird es – bis der Rucksack schließlich schmerzhafte Druckstellen verursacht und Sie regelrecht an den Boden festgenagelt. An normales Gehen ist nicht mehr zu denken.

Da ist es kein Wunder, dass Sie die Resignation so sehr am Wickel hat, dass Sie sich mit einer passiven Zuschauerrolle zufriedengeben. Vielleicht fühlen Sie sich auch schon so ausgelaugt, dass Ihnen jede Gestaltungskraft fehlt und Sie Aktivität durch Passivität ersetzt haben. Mit solch einem schweren Rucksack können Sie ja gar nicht aktiv sein.

Was also ist die einzige sinnvolle Konsequenz? Na klar – Sie müssen diesen Rucksack entrümpeln. So lange, bis Sie die Last auf Ihrem Rücken nicht mehr spüren und Sie nicht nur gerade so eben in Teppichbodenhöhe herumkriechen, sondern endlich wieder beschwingt hüpfen können.

Trennen Sie sich beherzt und konsequent von allen Beschwernissen, von den vielen Aufgaben und Rollen, die Sie übernommen haben, obwohl Sie Ihnen gar keinen Spaß machen. Alles, was nicht Ihrem wahren Ich entspricht, was nicht mit Ihrer Lebensmission im Einklang steht, behindert Sie und bremst Sie aus.

Ihre Arbeitszeit in Schach halten …

Viele Selbstständige und engagierte Arbeitnehmer fragen mich oftmals völlig entgeistert: »Wie machen Sie das bloß, dass Sie für all die schönen Dinge im Leben so viel Zeit haben?« – »Ganz einfach«, antworte ich darauf. »Ich lege abends fest, wie lange ich am nächsten Tag arbeiten werde. Und wenn diese Zeit abgelaufen ist, gehe ich einfach aus dem Büro.« Dementsprechend bleibe ich nicht im Büro, bis ich alles weggearbeitet habe, vielmehr gehe ich zur geplanten Zeit. Und was, wenn etwas meine Aufmerksamkeit kurz vor dem geplanten Gehen so stark erregt, dass ich doch länger bleibe, als ich mir vorgenommen habe? Dann gleiche ich das am nächsten Morgen sofort wieder aus. Ich belohne mich dann, indem ich den Tag nicht mit Arbeit starte, sondern mit einem Waldlauf oder mit einem schönen Frühstück in einem Café. Dann kann mein Schreibtisch mich mal … später empfangen.

Also halten Sie Ihre Arbeitszeit in Schach.

Ich weiß natürlich, dass Angestellte nicht die Freiheit genießen, dieses Prinzip eins zu eins umzusetzen. Aber auch als »abhängig Beschäftigter« können und sollten Sie Grenzen setzen. Lassen Sie es nicht zu, dass Ihre Arbeitszeit so weit ausufert, dass die »Pflicht« Sie packt und erdrückt wie eine Krake ihr Opfer mit ihren vielen Fangarmen.

Wobei es klar ist, dass Sie für diesen Freiraum einen Preis bezahlen müssen – Ansehensverlust bei Arbeitskollegen, Karriere im Kriechgang oder Ähnliches. Entscheiden Sie selbst, ob Sie bereit sind, diesen Preis zu zahlen. Sie wissen am besten, was Ihnen wichtig ist und was Ihnen guttut. Ich habe mich in solchen Fällen immer für die Lebensqualität entschieden.

Das war auch so, als ich Firmenkundenberater bei der Sparkasse Bonn war. Was habe ich da meist gemacht, wenn die offizielle Arbeitszeit zu Ende war? Wenn es irgendwie möglich erschien, bin ich gegangen. Meine Kollegen aber haben noch länger ausgeharrt und nach dieser Zeit ihre Bürotür geöffnet. Warum? Damit der Chef auf seinem Weg nach Hause auch ja sehen konnte, dass sie brav und freiwillig unbezahlte Überstunden schoben. Mein Ding war das nicht, wenn es die Aufgabe nicht erforderte. Ich habe mich viel lieber auf die Uni-Wiese gelegt und gelesen oder nette Studenten und Studentinnen kennengelernt. Geschadet hat es mir nicht.

Ich habe oben bei dem Aufzählen der Vorteile des Konzeptes »Schwingen zwischen den Extremen« geschrieben, dass Sie Ihre Arbeit behalten können. Das muss ich an dieser Stelle etwas relativieren.

Wenn Sie Ihre Arbeit als Mühe und Last empfinden – als großes Minus –, dann ändern Sie diesen Zustand – unbedingt. Ja, ich weiß, das ist leichter gesagt als getan. Aber dieser Bereich ist sehr wichtig. Denn nur dann, wenn Sie in Ihrer Arbeit Erfüllung finden, wird es Ihnen leichtfallen, Träume in den Alltag zu integrieren. Erinnern Sie sich noch, was ich in Kapitel 4 zu Ihren Stärken geschrieben habe? Halten Sie sich das bitte vor Augen.

Wenn Sie Ihre Arbeit nicht ändern können oder wollen, aus welchen Gründen auch immer, kommt womöglich eine andere Option in Frage. Vielleicht gehören Sie zu den 38 Prozent aller Arbeitnehmer in Deutschland, die sich laut einer Forsa-Umfrage sehnlichst zumindest eine vorübergehende Auszeit von Arbeitsplatz und Alltag wünschen – ohne die Traute zu entwickeln, sie wirklich zu nehmen. Trauen Sie sich.

Oder zählen Sie gar zu den ganz Privilegierten, den Staatsdienern und Beamten? Schließlich haben Sie als Angehöriger des Ordens der Stempelritter von Rechts wegen einen Anspruch auf ein Sabbatical, also einen bezahlten, befristeten Radikal-Ausstieg aus Ihrem Amtsstubendasein. Ein ganzes Jahr lang werden Sie vom Dienst freigestellt und bekommen von Vater Staat dennoch zwischen zwei Drittel und sechs Siebtel Ihres Salärs weiter aufs Konto.

Aber auch in der Privatwirtschaft werden solche Sabbatical-Modelle immer öfter angeboten. Fragen Sie Ihren Arbeitgeber einfach mal danach, und versuchen Sie, das durchzusetzen.

Und wenn Sie selbst Unternehmerin oder Unternehmer sind: Warum nehmen Sie dieses Angebot nicht in den Kanon Ihrer »Sozialleistungen« auf? Schließlich ist die Chance auf ein solches Sabbatical vielen händeringend gesuchten Fachkräften heute genauso wichtig wie ein gutes Gehalt. Bekämpfen Sie den Fachkräftemangel auch dadurch, dass Sie, selbst wenn es paradox klingt, für ein Jahr auf die Leute verzichten (würden). Dieses Angebot bringt Ihnen Pluspunkte im härter werdenden Kampf um begehrte Köpfe.

Es richtig krachen lassen … Was ist bisher zu kurz gekommen in Ihrem Leben?

Haben Sie, wie in Kapitel 1 angeregt, eine Bestandsaufnahme gemacht? Holen Sie die doch noch mal hervor. Schauen Sie sich die Dinge an, von denen Sie glauben, dass es nicht möglich ist, sie umzusetzen. Dinge, für die Sie sich bisher keine Zeit, keinen Mut oder kein Geld genommen haben.

Dinge, von denen alle sagen, dass Sie das nicht machen können. Sei es, weil Sie dazu gesellschaftliche Normen verletzen müssten oder sei es, weil es nicht zu Ihrem Alter, Ihrem Status oder Ihrer gesellschaftlichen Einbindung passt.

Ich weiß natürlich nicht, wie Ihre Träume konkret aussehen. Vielleicht endlich den Bootsführerschein zu machen, ein paar Flugstunden zu nehmen, eine Band zu gründen, durchs Atlasgebirge in Marrakech zu wandern, durch die Steppen der Mongolei zu reiten, nach Haifischen zu tauchen oder einfach Zeit in der Natur zu verbringen. Was immer es ist, machen Sie es. Sie haben jetzt den nötigen Freiraum dazu geschaffen.

Trauen Sie sich, spontan auftauchenden Wünschen ganz spontan zu folgen. So ein spontaner Wunsch tauchte voriges Jahr kurz vor Weihnachten bei mir auf. Und ich habe ihn umgesetzt. Ich bin ganz spontan nach Istanbul geflogen. Einfach so. Weil ich gehört hatte, dass man in dem Istanbuler Stadtteil Taxim gut feiern kann. Ich finde es aufregend, mich nachts in einer fremden Stadt in ein Taxi zu setzen und dem Fahrer nur den Stadtteil zu nennen, zu dem er mich bringen soll. Ich will gar nicht wissen, wo ich genau landen werde. Ich lasse mich einfach wie ein Nacht-Streuner umhertreiben und mich dahin ziehen, wo Geräusche und Licht mich eben hinziehen. Voller Freude verwandle ich mich in ein Blatt, das durch den Wind irgendwohin getragen wird – ohne zu wissen, wo es landen wird. Das ist ein wunderschönes Gefühl von Freiheit. Bei Ihnen können ganz andere Dinge dieses Gefühl auslösen. Das ist gut so. Hauptsache, Sie folgen diesen Dingen.

Heute traf ich beim Frühstück in einem Café auf Palma die hübsche Claudia. Wir kamen ins Gespräch und sie erzählte mir ihre Geschichte. Sie ist in Österreich geboren und hat dort im Bereich IT gearbeitet. Das Meer begann sie zu faszinieren. Aus der Faszination wurde der Wunsch, mal per Schiff über die Meere zu reisen. Dieser Wunsch wurde immer stärker. Aber sie hatte kein Geld für ein eigenes Boot auch nicht für die Miete eines Bootes. Hat sie dieser Mangel von ihrem Traum abgehalten? Nein – vor Kurzem ist Claudia von Österreich nach Palma in eine WG gezogen. Jeden Tag spricht sie hier im Hafen Schiffseigner wegen eines Jobs an Board an. Ob sie den Schiffsboden putzt, für die Schiffseigener einkaufen geht oder die Leinen zurechtlegt, ist ihr egal. Hauptsache, sie kann ihren großen Traum von der großen Reise übers Meer verwirklichen. Ob sie sicher sei, einen solchen Job zu finden, und ob sie denn keine Angst vor der unsicheren Zukunft habe, fragte ich sie. »Doch«, sagte sie, »klar habe ich Angst. Doch ich würde es mir nie verzeihen, es nicht versucht zu haben.«

Achten Sie auch auf Ihre Partnerschaft ...

Wenn Sie sich in einer Partnerschaft befinden, sollten Sie Ihren Partner bei diesem Veränderungsprozess mit einbeziehen. Bei dem Menschen, mit dem Sie Ihr Leben teilen, können Sie durchaus auf Widerstand stoßen. Das ist normal. Schließlich muss sich Ihr Lebenspartner erst einmal daran gewöhnen, dass Sie einen Teil Ihrer Zeit plötzlich ganz anders nutzen. Dass Sie aufblühen. Dass Sie vielleicht mehr Zeit für sich allein beanspruchen. Oder sich einem Hobby zuwenden, das Ihr Partner als verrückt bezeichnen wird.

Gestehen Sie deshalb diesem Menschen zu, dass auch er sich selbst solche Zeiten gönnt und motivieren Sie ihn dazu. Im Gegenzug sollten Sie sich Freiräume für Ihre Liebesbeziehung freihalten – vorausgesetzt, diese Beziehung ist Ihnen wichtig. Ist sie das?

Dann achten Sie darauf, wie stark Sie sich um alles Mögliche kümmern. Aber das vielleicht Wichtigste im Leben, Ihre Beziehung, rangiert bei den Prioritäten unter ferner liefen. Stimmt's? Die unterschätzte Gefahr liegt darin, dass man sich beim Partner das meiste Verständnis dafür erhofft, dass der eigene, volle Terminkalender alles andere im Leben beiseiteschiebt. Und ehe Sie es sich versehen, haben sich beide dadurch auseinandergelebt.

Aber was heißt das schon: »auseinandergelebt«?

Man lebt sich nicht einfach so auseinander. Dieser Zustand ist vielmehr das Ergebnis mangelnden Interesses und mangelnder Lebens- und Liebesintensität. Diese Unwetterwolken am Partnerschaftshorizont habe ich auch mal heraufziehen sehen – und mit meiner Frau deshalb folgendes Ritual eingeführt: Mindestens einmal pro Woche vereinbaren wir ein Date. Und zwar ein Date mit uns selbst. An diesem besonderen Tag bringen wir die Kinder früh ins Bett, damit wir den ganzen Abend Zeit für einander haben. Wir kochen etwas Leckeres und öffnen eine gute Flasche Wein.

Wir müssen bei unserem Date nicht jedes Mal sofort übereinander herfallen – aber wir können es. Probieren Sie das mit dem Date doch ebenfalls. Es ist ein großer Unterschied, ob Sie sich mit Ihrem Partner bewusst verabreden und dafür andere Dinge hintanstehen lassen oder ob Sie sagen: »Wir machen mal was zusammen, wenn ich Zeit habe.« Und Sie werden über die Wirkung bei Ihrem Partner staunen.

Auf Pilgerreise gehen und Alltagswunder entdecken …

Nun möchte ich Ihre Aufmerksamkeit auf Faszinationen lenken, die oft einfacher zu realisieren sind, als es krachen zu lassen. Auf die Alltagsfaszinationen. Alltag und Faszination – das ist doch ein Widerspruch? Dazu ein klares Nein.

Wenn Sie jüngere Kinder haben, können Sie meine nun folgenden Gedanken gut nachvollziehen. Und Sie können täglich an Ihren Sprösslingen beobachten, wie diese mit Leichtigkeit die Faszination des Alltäglichen, die Alltagswunder erkennen und genießen. Wenn Sie keine Kinder haben oder Ihr Nachwuchs schon erwachsen ist, dann versuchen Sie doch, sich an Ihre eigene Kindheit zu erinnern.

Wissen Sie noch? Was hat Sie als Kind nicht alles am Alltag fasziniert? Feuchte Wiesen, ein bunter Vogel, barfuß hüpfen im Gras, Sand zwischen den Fingern rieseln lassen, mit den Fingern im Kuchenteich matschen, Wasser auf Papier tropfen lassen …

Ich selbst kann das gerade jetzt, wo ich diese Zeilen schreibe, wieder beobachten: Meine Frau ist gerade vom Einkauf zurückgekommen und hatte unter anderem Cornflakes im Einkaufskorb. Meine Tochter Paula ist vor schierer Freude aus dem Hüpfen nicht mehr rausgekommen, als sie die Cornflakes in eine Vorratsbox kippen durfte. So viel Spaß hat ihr das bloße Knistern bereitet, das durch das Umschütten hervorgerufen worden ist. So einfach kann es sein, das höchste Glück auf Erden zu genießen.

Wie arm dran sind wir doch, sobald wir erwachsen geworden sind. Wer von uns schafft es wirklich noch, sich von solchen Alltäglichkeiten wie dem Knistern von Cornflakes faszinieren zu lassen? Dabei sind all diese faszinierenden Dinge noch da. Holen Sie sich ein Stück Ihrer kindlichen Faszination für den Alltag zurück.

Aber oft nehmen wir diese Dinge gar nicht wahr. Das liegt daran, dass wir häufig nicht aufmerksam sind. Dass wir Unwichtigem eine zu große Bedeutung beimessen.

Üben Sie immer wieder, mit all Ihren Sinnen im Augenblick zu leben.

Ein erster Schritt kann es sein, einfach mal öfters Ihr Smartphone abzuschalten, speziell dann, wenn Sie sich in der Natur aufhalten oder sich mit anderen Dingen des realen, des wirklichen Lebens beschäftigen. Smartphones sind praktisch, kein Zweifel, aber sie sind nicht das wahre Leben. Immer dann, wenn Sie wie hypnotisiert auf diese kleine Glasplatte starren und wie ein Pawlow'scher Hund hektisch auf jedes »Ping!« von WhatsApp reagieren, wird Ihr Blick abgelenkt für die wahren Schönheiten, die Sie umgeben. Sie werden gewissermaßen blind für die Geschenke, die die Welt in jeder Sekunde und auf jedem Quadratzentimeter um Sie herum bereithält.

Entwicklungen wie die Apple Watch, die auch ich technisch faszinierend finde, gehen komplett in die falsche Richtung, wenn es darum geht, mit allen Sinnen den Augenblick zu genießen. Präsent und konzentriert das zu genießen, was Sie gerade machen. Eine Idee der Apple Watch ist ja, dass Sie noch schneller gestört werden, als wenn Ihr Störenfried nur iPhone heißt. Jetzt macht es beim Joggen »Ping«, und Sie sehen, dass eine neue Nachricht da ist, ohne dass Sie das Smartphone aus der Tasche holen müssen. Und Sie können auch direkt antworten. Wie toll. Ihr echtes Leben wird unterbrochen, seziert und zerstückelt von einem kleinen Krawallmacher am Handgelenk.

Damit Sie mich nicht falsch verstehen. Ich bin kein technikfeindlicher Neandertaler. Im Gegenteil: Ich finde die mobile devices und gerade die von Apple faszinierend und nutze sie auch intensiv. Dadurch sind viele neue Möglichkeiten, das Leben einfacher zu gestalten, entstanden. Möglichkeiten, mit Menschen einfach und unmittelbar zu kommunizieren. Kreative Anwendungen, die früher nur intellektuellen Gutverdienern zur Verfügung standen, sind kostengünstig und simpel geworden, so dass sie jetzt von jedem Menschen genutzt werden können.

Missstände in der Welt, die beseitigt werden müssen, können binnen Minuten weltweit verbreitet werden. All das ist gut.

Nur sollten wir uns von diesen Gefühlen der Faszination nicht so weit blenden lassen, dass wir das reale Leben immer seltener ungestört genießen.

Ich staune oft darüber, wie viele Menschen freiwillig bereit sind, ihr reales Leben permanent durch ein virtuelles zu ersetzen. Früher haben die Menschen es auf später verschoben, ein wirklich pralles Leben zu führen. Diesen Zeitpunkt haben sie dann leider oft nicht mehr erlebt. Schlimm genug. Heute indes ist es noch schlimmer: Wir verschieben diesen Zeitpunkt nicht nur auf später, sondern wir verfrachten das reale Leben zusätzlich in das virtuelle.

Und wenn Sie es geschafft haben, zumindest zeitweise, ganz im Augenblick zu sein, dann laufen Sie mal wieder barfuß übers Gras. Fühlen Sie den Sand in Ihren Händen, umarmen Sie einen Baum, sprechen Sie mit Tieren. Das Sprechen mit Tieren machen Sie vielleicht am besten, wenn keine anderen Menschen dabei sind.

Es gibt so viele Möglichkeiten, sich die schönen Dinge des Lebens zurückzuholen und sie zu genießen.

Ich gehöre zu den Menschen, die stundenlang mit geschlossenen Augen und einem guten Whisky in der Hand intensiv Musik über einen Kopfhörer hören. Hören? Das trifft es noch nicht. Auf diese Weise fühle und erlebe ich Musik. Und damit ich dieses wunderbare Erlebnis so intensiv wie möglich auskosten kann, habe ich mir eigens dafür einen sehr guten Kopfhörer gekauft. Auch an einem sehr bequemen Sessel und einem sehr guten Whisky habe ich nicht gespart. Diese drei Elemente bilden ein unschlagbares Trio, das mir immer wieder aufregende Alltagsabenteuer schenkt. Es bereitet mir freudiges Herzklopfen, wenn ich Musik derart eindringlich fühle. Das weiß ich als gutes Stück Leben zu schätzen. Es ist einfach umzusetzen. Und ich bin sicher: Auch Sie kennen so eine Quelle, von der aus Sie ein Alltagsabenteuer nach dem anderen erleben können. Auch wenn es nichts mit Musik zu tun haben sollte.

http://www.martinklapheck.de/lebedeinenbeat-kapitel8

Outro

Das also ist sie, Ihre »große Oper in der Tasche«. Für die richtige Oper würden Sie Karten kaufen und sich dafür (meistens) in Schale schmeißen. Bringen Sie Ihrer »Taschen-Oper« denselben Respekt entgegen und reservieren Sie für sie verbindliche Zeiten in Ihrem Alltagsablauf.

Und ich wünsche mir noch etwas von Ihnen – etwas, das sehr wichtig ist: Bleiben Sie neugierig. Es ist bezeichnend, dass Sie einem Kind diese Mahnung gar nicht geben müssen – denn als Kinder platzen wir von Natur aus vor Neugier. Aber diese wunderbare Eigenschaft fällt mit zunehmendem Alter der zunehmenden täglichen Routine zum Opfer. Der Alltag saugt die Neugier auf wie ein Ameisenbär die Ameisen. Schwups – weg ist die Neugier. Ist das nicht jammerschade?

Lassen Sie das nicht zu. Und wenn es schon geschehen ist, dann entzünden Sie das Feuer Ihrer Neugier aufs Neue. Lassen Sie es richtig prasseln. Seien Sie gierig nach Neuem. Und was auch kommt – lassen Sie sich nicht aufhalten. Leben Sie in Ihrem Beat!

Kennen Sie noch diese Spieluhren, die in einer schönen kleinen Holzkiste eingebaut sind?

Die Welt ist eine wunderschöne Spieluhr, die vor Ihnen steht. Wenn Sie mit offenen Armen darauf zugehen und den Deckel öffnen, ertönt eine wunderschöne Melodie. Worauf warten Sie noch?

Anmerkungen

1. http://www.spektrum.de/lexikon/psychologie/waisenkinderversuche/16645
2. George Michael, »Wham!«, veröffentlicht am 03. 12. 1984
3. http://www.gigapolis.com/kitaro/de/biography/index.php
4. Seite »Jimmy Page«. In: Wikipedia, Die freie Enzyklopädie. Bearbeitungsstand: 19. April 2015, 10:39 UTC.
5. http://www.wiwo.de/erfolg/trends/schwerwiegende-irrtuemer-diese-fehler-haben-geschichte-geschrieben/10004208.html
6. http://www.ipersonic.de/blog_files/Glueckstipp-der-Woche-Laecheln-macht-gluecklich.html
7. http://www.songtexte.com/songtext/stoppok/arger-63ce0a0b.html
8. Seite »Weather Report«. In: Wikipedia, Die freie Enzyklopädie. Bearbeitungsstand: 21. Februar 2015.
9. Vgl. Radermacher, Schütze und Rette Haus und Hof: Die Rettung in der Zwangsversteigerung, 2011.
10. http://www.nytimes.com/2013/08/11/magazine/the-opt-out-revolution.html?_r=0